KB018731

꿀벌 없는 세상,
결실 가을

꿀벌 없는 세상, 결실 없는 가을

초판 1쇄 발행일 2009년 3월 20일   초판 2쇄 발행일 2022년 4월 29일

지은이 로완 제이콥슨 | 옮긴이 노태복 | 감수 우건석
펴낸이 박재환 | 편집 유은재 | 마케팅 박용민 | 관리 조영란
펴낸곳 에코리브르 | 주소 서울시 마포구 동교로15길 34 3층(04003) | 전화 702-2530 | 팩스 702-2532
이메일 ecolivres@hanmail.net | 블로그 http://blog.naver.com/ecolivres
출판등록 2001년 5월 7일 제201-10-2147호
종이 세종페이퍼 | 인쇄 · 제본 상지사 P&B

ISBN 978-89-6263-013-8 03330

책값은 뒤표지에 있습니다.   잘못된 책은 구입한 곳에서 바꿔드립니다.

꿀벌 없는 세상,
결실 없는 가을

로완 제이콥슨 지음 | 노태복 옮김 | 우건석 감수

Fruitless Fall

에코리브르

꿀벌의 실종, 어떻게 할 것인가

꿀벌이 아무런 이유 없이 집을 나선 다음 돌아오지 않는 꿀벌의 실종 사건이 있었습니다. 2006년 11월 미국 플로리다에서 날아온 서글픈 소식입니다.

이 책《꿀벌 없는 세상, 결실 없는 가을》은 어느 날 갑자기 꿀벌이 사라진 정체를 알 수 없는 사건, 즉 군집 붕괴 현상(Colony Collapse Disorder)을 다루고 있습니다. 이 불길한 징후를 두고 지금까지도 미국을 중심으로 한 각국에서 왜 이러한 일들이 일어나게 되었는지 살펴보고 있지만, 종합적인 결론에 이르지 못하고 있습니다.

로완 제이콥슨은 환경과 생태에 깊은 관심과 지식을 지닌 작가로서 이러한 꿀벌의 실종 사건이 우리 인간들에게 얼마나 중요한 문제인지 일깨워주고 있습니다. 아직 우리나라에 이 같은 현상이 공식적으로 보고된 바는 없지만, 앞으로 나타날 가능성은 충분히 잠재되어 있습니다.

저자는 꽃가루를 날라 옮기는 꿀벌의 소임을 상세하게 설명하면서 그들이 자연계에서 차지하는 중요성을 우리들의 먹이식물과 연결하여 친근함을 더해주고 있습니다. 꿀벌은 8000만 년 전부터 식물에서 꽃꿀을 취하고 꽃 가루받이를 도와왔습니다. 특히 이 책에서 화분(꽃가루) 매개를 연대별 변천사로 설명한 것은 매우 중요한 항목으로 해석됩니다.

본문 4장 '원인을 찾아서'에서 꿀벌의 실종 현상이 왜 일어났는지 그 원인을 분석하기 위해 미국 외의 사례를 수집하려고 노력한 점과, 5장 '서서히 퍼지는 독'에서 농업 경영에 필수적인 농약 사용이 이번 꿀벌의 실종에 간접적으로 영향을 미쳤음을 추적한 점 등은 우리가 특히 주목해야 할 부분입니다. 이제까지 농업과 양봉 산업의 관계는 세간의 이목을 끌지 못했습니다. 그러니 자연히 농업 경작에서 양봉이 차지하는 자리와 그 필요성에 대해서도 대개는 의식하지 못하며 살아가고 있습니다. 그러나 꿀벌이 지구상에서 살아남을 수 없다면, 인간이 생존을 유지하기 위한 식량 공급도 타격을 입게 될 것이며, 생물 다양성조차 감소할 것입니다. 저자는 이처럼 꿀벌과 우리들의 식량이 실로 밀접한 관련을 맺고 있으므로 양봉 산업은 보호되어야 하며 그 중요성은 더없이 크다고 강조하고 있습니다.

8장 '신경쇠약 직전의 벌들'에서는 꿀벌의 질병 방제와 작물에 쓰이는 여러 약품들과 살충제, 살균제로 인해 면역 체계가 붕괴되고 이들이 만성 스트레스에 시달리고 있음을 경고하고 있습니다. 10장 '아름다운 생명체의 탄생'에서는 꽃가루를 운반하는 유익한 동물들이 곳곳에서 사라지고 있음을 식물들이 생겨나고 자라는 과정에 담아 이야기합니다.

저자는 꿀벌의 실종 사건이 왜 일어났는지, 또 앞으로 어떤 변화가 나타날 것인지를 예측하며 저술하고 있습니다. 아울러 세계 곳곳의 정보를 모아 항목별로 원인을 분석하고 해결책을 찾아 나서면서 꿀벌 실종에 대한 사회적 경각심을 심어주고 있습니다.

그러나 진정 이 책에서 강조되어 있는 부분은 세계적으로 볼 때 양봉 산업이 산업 영농 시스템의 첫 단추라는 점입니다. 이 말은 곧 꿀벌을 사라지게 한 원인이 복합적이기 때문에 단순히 한 가지 요소에서 찾기보다는 폭넓은 시야로 바라보아야 그 해결책이 나온다는 것을 뜻합니다. 다시 말해서 그는 꿀벌의 실종 사건이 차츰 세계 여러 나라에 영향을 미치고 있다는 사실을 전하면서 그 원인을 분석하지 않으면 우리에게도 머지 않아 돌이킬 수 없는 재앙이 닥쳐온다고 일러주고 있습니다. 이 이야기는 양봉가나 경작자, 환경 운동가, 정책을 세우는 이들뿐 아니라 우리 모두가 꿀벌과 자연을 이해하는 데 충분히 참고가 되리라 기대합니다.

2009년 3월 9일

우건석(서울대학교 명예교수)

꿀벌 없는 세상, 결실 없는 가을

차례

서문 꿀벌의 실종, 어떻게 할 것인가   004

프롤로그 2006년 11월, 플로리다   009

01 미국에서 맞는 아침식사   015

02 꿀벌은 어떻게 세상을 정복했는가   035

03 붕괴   077

04 원인을 찾아서   090

05 서서히 퍼지는 독   111

06 2007년 11월, 플로리다   132

07 아몬드의 향연   160

08 신경쇠약 직전의 벌들   177

09 회복, 그리고 러시아 벌   197

10 아름다운 생명체의 탄생   232

11 결실 없는 가을   252

에필로그 첫서리   269

부록 1 아프리카 벌의 역설   272

부록 2 벌 기르기   284

부록 3 꽃과 곤충이 어울려 사는 정원 가꾸기   287

부록 4 벌꿀의 치유력   301

감사의 말   308

참고 문헌   310

찾아보기   322

지은이 메모

이 책에 실린 곤충들의 명칭은 메리엄 웹스터 사전이 아니라 미국곤충학회의 규칙에 따랐다. 특정 분류군의 실례에 해당되는 경우 그 분류군을 별도로 표기했다. 꿀벌과 뒤영벌은 실제로 벌의 일종이고 먹파리도 실제 파리 종이다. 그러나 옐로재킷(yellowjacket: 말벌)은 실제 재킷이 아니다. 우리 모두가 이런 규칙을 따라준다면 우리들보다 훨씬 더 자주 곤충 이름을 읽어야 하는 곤충학자들이 판단하기가 수월할 것이다.

2006년 11월, 플로리다

2006년 11월 12일 늦은 오후, 데이브 하켄버그는 플로리다 주의 어느 브라질 고추밭에 들어섰다. 평소 같았으면 꿀벌들이 윙윙댔을 텐데, 전혀 그런 기미가 보이지 않았다. 양봉가인 하켄버그는 이 특별한 양봉장에 최상급 벌통을 400개나 갖고 있었다. 영상 18도에 볕이 잘 드는 화창한 날이라 벌이 날아다니기에 좋은 환경이었다. 당연히 꿀벌 수천 마리가 꽃 속의 단물인 꽃꿀(화밀)을 실어 나르기 위해 분주히 날아다녀야 했다. 그런데 벌통 10개를 살펴보니 꿀벌이 꽤 줄어 있었다. 400통 전부로 보자면 엄청난 손실이었다.

처음에 하켄버그는 그리 대수롭게 여기지 않았다. 그가 기르는 벌들은 몇 주 동안 이 브라질 고추 위에서 신나게 꽃꿀을 즐겼다. 플로리다 생태계는 심각한 위협을 받았지만, 양봉가들은 벌꿀 특수를 누릴 수 있었다. 하지만 플로리다에 한랭전선이 덮친 지금은 넘쳐나던 꽃꿀이 끊겨버렸다. 모아둘 양식이 사라지자 더 이상 벌들이 하늘을 날지 않게 된 것이다.

펜실베이니아 주에서 꽤 큰 양봉장을 소유한 하켄버그로서는 주

춧돌 주(Keystone State: 펜실베이니아 주의 별칭—옮긴이)에서 벌들과 월동한 지 40년 만에 처음 있는 일이었다. 1960년대부터 꿀벌들은 늦가을이면 추운 겨울을 피해 멀리 플로리다까지 날아왔다. 물론 꿀벌은 겨울철 북동 지역에서도 살아남을 수는 있다. 차가운 벌통 안 벌집에 다함께 모여 날개 근육을 진동시켜서 몸을 따뜻하게 유지하며 모아둔 꿀로 겨울을 버티는 것이다. 하지만 플로리다에서는 겨울나기가 한결 수월했다. 온화한 겨울 내내 꽃꿀이 생기기 때문이다.

하켄버그는 훈연기에 불을 붙이고 첫 번째 벌통으로 다가갔다. 몇 주 전 벌통을 밖에 내놓았을 때만 해도 마음이 한껏 부풀어 있었다. 그 무렵 튼실한 벌통마다 꿀벌과 봉아(蜂兒)가 가득 차 있었던 데다✿ 주변에 브라질 고추나무가 무성했기에, 지금쯤이면 겨울나기에 충분한 벌꿀이 가득할 것이라고 확신했다. 하지만 어설픈 기대에 지나지 않았다.

지난 두어 해 동안 그는 꿀벌에 무슨 문제가 있다는 찜찜한 생각이 들었다. 딱히 어떤 문제라고 집어낼 수는 없었지만, 문제가 있다는 점만은 분명했다. 모든 양봉가의 골칫덩어리인 꿀벌 응애(varroa mite)의 짓도 아니며 벌집나방이나 벌집딱정벌레 같은 다른 꿀벌 해충의 소행도 아니었다. 그는 봉군(蜂群: 꿀벌의 기능적 군집 생활 단위—옮긴이)이 모종의 공격을 받고 있다는 예감이 들었다. 게다가 무언가 예사롭지 않은 공격임이 분명했지만, 그 원인이 무엇인지는 좀체 집히는 데가 없었다. 평생 동안 꿀벌을 관찰해온 사람이 아니라면 그런 예감이 들지 않

✿ 봉아(蜂兒)는 발육 단계의 벌로서 알, 애벌레, 번데기 단계를 모두 아우르는 용어이다.

꿀벌 없는 세상, 결실 없는 가을

았겠지만, 꿀벌에 조예가 깊은 하켄버그는 이전부터 가끔씩 꿀벌의 이상한 행동이 눈에 들어왔다. 마치 초조해하는 모습에 가까웠다.

그만이 겪는 문제가 아니었다. 2005년 1월 어느 날, 가까운 친구이자 텍사스 주 대규모 양봉가인 클린트 워커가 시름에 잠긴 그에게 전화를 걸어와서는 대뜸 이렇게 말했다.

"가버렸어, 데이브."

"뭐가 갔다는 거야, 클린트?"

"내 벌 말이야. 벌들이 죽어가고 있어."

워커 벌꿀 회사가 소유하던 벌통 2000개 가운데 3분의 2가 갑작스런 재앙을 맞은 것이다.

당시 하켄버그는 워커에게 분명 응애 때문일 것이라고 알려주었다. 지난 15년이 넘도록 양봉가들은 모든 문제가 꿀벌 응애 탓이라고 배워왔다. 바늘구멍 크기의 이 작은 기생충은 때로 "흡혈 진드기"라고 불리는데, 이 녀석은 엄니를 꿀벌 성체나 애벌레에 찔러 넣는 과정에서 병균을 옮긴다. 만약 그대로 내버려두면 봉군 전체를 통째로 날려버릴 수 있는 위험천만한 녀석들이다. 꿀벌 응애가 기생하는 벌통을 살려내기 위한 갖가지 화학약품들이 개발되었지만, 이 진드기는 약품이 개발되는 속도보다 더 빠르게 내성을 키워왔다. 1990년대 내내 끔찍하리만치 막대한 손해를 일으켰으며 지금도 연간 수십만 봉군을 파괴하고 있다. 그러니까 만약 벌떼들이 죽는다면 진드기의 소행일 확률이 컸다. 하지만 워커는 이번 일이 진드기 때문이라고 생각하지 않았다. 그가 기르는 벌들이 서부 텍사스 주 목화밭에서 한 달 동안 사육된 후 죽었기 때문이다. "올해엔 사람들이 목화밭에 무슨 이상한 짓을 한 게 분명해"라고 워커는 말했다.

하켄버그는 2006년 8월에 동료 양봉가들에게서 이상한 이야기를 많이 들었다. 사태의 실마리를 찾기 위해 그를 포함한 양봉가 열두 명과 꿀벌 학자 여섯 명이 네브래스카 주에서 은밀한 회의를 진행했다. 벌을 너무 심하게 다루어온 것은 아닐까? 신종 질병이나 기생충이 출현한 것인가? 여러 가지 의견이 쏟아졌다. 하지만 타당해 보이는 의견은 하나도 나오지 않았다.

한편, 플로리다 주 러스킨의 공동경작 농가에는 햇빛이 좋아 꽃꿀이 많이 생겼기 때문에, 그런 문제와는 전혀 상관이 없을 것 같았다. 늘 낙천적이던 하켄버그는 담담히 첫 번째 벌통의 덮개를 걷고 나서 연기를 피워 벌들을 진정시키고는 겉 틀을 들어올렸다. 꿀이 많이 들어 있었고 질도 아주 좋았다. 첫 번째 벌통을 교체한 후 나머지 벌통을 하나씩 택해서 양봉가들이 매번 반복하는 과정을 되풀이했다. 다섯 번째 벌통에 연기를 피우고 나서야 양봉장 마당이 섬뜩할 정도로 조용하다는 생각이 불현듯 스쳤다. 그는 조수 쪽으로 몸을 돌려 이렇게 말했다. "글렌, 여기 벌이 전혀 없는 것 같은데."

하켄버그는 부리나케 벌통 덮개를 여러 개 더 걷어냈다. 일벌들이 없었다. 다만 어린 양육벌(nurse bee) 몇 마리만 여왕벌 주위에 떼 지어 있었다.

문득 불안해지기 시작했다. 이 벌통 저 벌통으로 뛰어다니며 덮개를 열어젖혔지만 모두 텅 비어 있었다.

손의 움직임이 더 빨라지면서 두려움이 몰려왔다. 이제 덮개는 팽겨둔 채로 벌통을 차례로 두드리며 벌통 바닥을 살펴보기 시작했다. 벌은 한 마리도 없었다. 잠시 건강한 애벌레가 눈에 어른거린 듯도 했지만 헛것을 보았을 뿐이다. 일벌은 먹이를 찾아 매일 벌통 밖으로 나가지만, 양육벌은 벌집 안에 남아서 애벌레를 돌본다. 이 벌들마저 건강한 애벌레들이 가득한 벌집을 떠났다는 것은 결코 있을 수 없는 일이었다.

하켄버그가 소유한 400개 봉군 가운데 거의 3분의 2가 피폐한 상태였다. 가장 먼저 든 생각은 "도대체 내가 뭘 잘못한 거지?"였다. 여러 해 동안 날마다 천만 마리의 작은 생명체를 보살피면서 오직 그 건강과 영양과 복지만 걱정하는데, 그 생명체들이 죽어가면 심각한 문제로 받아들이게 된다.

이런 경우 양봉가들은 대개 심한 자책을 해대며 맨 처음에는 자신이 게을러서 응애 예방을 충분히 하지 않았다고 짐작한다. 하지만 응애가 봉군에 들끓었다면 죽은 꿀벌들이 벌통 문 앞에 마치 융단을 깔아놓은 듯 쓰러져 있어야 옳다. 애벌레 방에는 응애가 가득하고 벌집 바닥에도 응애 시체가 흩어져 있어야 한다. 하지만 눈을 씻고 보아도 죽은 꿀벌은 없었다. 그는 바닥에 손을 짚고 무릎을 꿇은 채 양봉장 바닥을 기어 다녔다. 땅에 얼굴을 바싹 대고선 조그만 실마리라도 찾기 위해 샅샅이 살폈다. 하지만 아무런 단서도 없었다. 도대체 무슨 일이 벌어지고 있는가? 어떤 상황에서든 먼 거리를 날 수 있을 정도로 건강하던 꿀벌들에게……

하켄버그는 58세로 지난 45년 동안 꿀벌을 염려하며 한데서 일해온 사람답게 얼굴에 주름이 가득했다. 그는 이제까지 양봉업계가 겪은 파란만장한 변화를 모조리 지켜보았다. 꿀보다 더 많은 수익을 가져다준 가루받이(수분(授粉)) 대행업으로 단일경작과 이동 양봉가가 성행한 일부터, 1990년대 꿀벌 응애의 기승으로 봉군이 싹쓸이 당한 사태까지 모두 봐왔다. 하지만 지금 플로리다의 브라질 고추 농장과 비슷한 상황은 일찍이 본 적이 없었다. 죽은 꿀벌, 그건 이해가 된다. 하지만 사라진 꿀벌이라니? 도대체 납득이 가지 않는다.

죽 늘어선 빈 벌통들에 에워싸여 무릎을 꿇고 있자니, 하켄버그는 망했다는 생각이 들었다. 그렇지만 지난 8월 네브래스카 주에서 열린 회의에 대해서는 생각해보지 않았다. 지금처럼 사라진 벌이 아니라 불안한 행동을 보이는 벌에 관한 회의였기 때문이다. 텍사스 목화밭에서 죽어가는 클린트 워커의 봉군도 재빨리 연상하지 못했다. 그런 일들이 내 플로리다 꿀벌들과 무슨 상관이 있을까? 그럴 리가 없다. 하켄버그는 어찌 되었든 자기 탓이며 자신에게만 국한된 문제라고 여겼다.

하지만 그의 짐작은 틀렸다. 가을이 지나 겨울이 성큼 찾아오자 벌들로 윙윙대던 동부 해안가도 불과 몇 주 만에 아무런 까닭 없이 귀신이 나올 만큼 적막한 곳으로 바뀌었으니 말이다. 이 불가사의한 죽음은 순식간에 미국 전역으로 퍼져나갔고, 이어서 세계 도처로 번져나갔다. 하켄버그는 벌통 3000개 가운데 2000개를 잃을 처지에 놓였으며 그보다 더 많은 피해를 입을 양봉가도 있을 것이다. 이 피해는 이전의 생활 방식과 산업, 그리고 문명의 근본 토대까지 위협했다. 2007년 봄까지 북반구 꿀벌의 4분의 1이 감쪽같이 사라졌다.

꿀벌 없는 세상, 결실 없는 가을

01

미국에서 맞는
아침식사

7월 어느 날 아침, 나는 부엌에서 우리 가족이 먹을 아침식사를 차리고 있다. 허니넛 오즈 시리얼은 아들을 위한 것이고, 나와 아내가 먹을 것으로는 아몬드 그라놀라(granola: 귀리를 주원료로 한 아침 건강식—옮긴이)를 식탁에 올린다. 두 가지 모두에 블루베리와 체리를 듬뿍 얹는다. 식탁 양쪽에는 멜론 조각, 사과 주스, 커피가 담긴 머그잔이 놓여 있다. 맛있는 아침식사다. 음식의 색깔과 질감과 맛이 함께 어우러져 온몸의 감각을 즐겁게 한다. 꿀벌이 없다면 결코 맛볼 수 없는 즐거움이다. 꿀벌이 사라진다면 우리에게는 풍매(風媒: 꽃가루가 바람에 날려 가루받이가 이루어지는 일—옮긴이)된 귀리나 겨우 남을 테니 그걸 우유에 타서 먹는 것이 고작일 터이다.

베리, 체리, 멜론, 사과 등은 모두 과일인데, 알다시피 과일은 특별하다. 아몬드와 다른 견과류들은 간단히 말하면 과일 속에 든 큰 씨다. (아몬드는 복숭아나 자두 같은 핵과(核果)로서 과육이 그 주위를 둘러싸고 있지만 먹을 수는 없다. 복숭아라면 과육을 먹고 씨는 버리지만, 아몬드는 그 반대다.) 커피콩 또한 과육으로 옷을 입고 있다. 심지어 오이, 토마토, 후추, 호박처럼 우리가 채소라고 여기는 식물들도 대부분 과일이다. 그리고 과일은 순수한 채소나 육류를 비롯하여 그 밖에 우리가 먹는 음식들과는 다르게 먹히기를 바라는 존재다. 자연은 과일을 가능한 한 동물들이 먹지 않고는 지날 수 없을 만큼 눈에 띄도록 설계했다. 인간이 식물을 기르는 것도 이에 조금이나마 보탬이 된다.

실제로 그것이 과일의 본성이다. 내가 아무리 산업 활동을 통한 먹이사슬에서 상층에 앉아 있고 또 원숭이 조상에게서 멀리 떨어진 존재라 해도, 나는 여전히 눈부신 사파이어처럼 생긴 잘 익은 블루베리를 대할 때면 원초적인 유혹을 느낀다. 입에는 침이 고이고 손은 어느새 앞으로 뻗는다. 나는 블루베리의 노예가 되고 만다. 과일이라면 사족을 못 쓰는 아홉 살 난 내 아들은 물이 가득한 빨간 수박만 보면 케이크와 과자는 거들떠보지도 않고 수박이 담긴 접시로 잽싸게 달려간다.

자연의 섭리에 의해 동물은 과일을 먹고 자신도 모르는 사이에 식물의 씨앗을 퍼뜨린다. 이 섭리는 우리에게도 분명 영향을 미치고 있긴 하지만, 움직이지 못하는 생명체인 식물에게는 종(種)의 생사가 걸린 문제다. 동물과 식물 사이에 맺어진 이 고대의 약속은 식물들뿐 아니라 우리들에게도 도움을 주었으며 분명히 지금도 지켜지고 있다. 우리 영장류들이 그리 멀지 않은 시기부터 그 과정에 중요한 역할을 해오고 있기 때문이다.

　　　　　　　　　꿀벌 없는 세상, 결실 없는 가을

그런데 한 가지 약속이 더 있다. 이것은 첫 번째 약속과 마찬가지로 본질적이기는 하지만, 포유동물과 거의 관련이 없기 때문에(박쥐는 특별한 경우로서 예외다—옮긴이) 우리가 간과하기 쉽다. 모든 사회계층을 통틀어 우리는 이 약속을 무시해버리는 엄청난 짓을 저지르고 있다. 그 결과 현재 파국적인 재앙이 세상을 덮치려 하고 있다.

학년과 상관없이 학생이라면 모두들 잘 알고 있는 식물의 기본 생활사는 다음과 같다. 식물은 성장해서 꽃을 피우고, 그 꽃은 다시 씨를 품은 과일이 된다. 그리고 과일은 땅으로 떨어져, 거기서부터 다시 모든 과정을 반복한다. 상식적으로 짐작해보아도 이 과정은 전부 저절로 일어난다. 과일이 그 핵심이다. 꽃은 실제로 아무것도 아니며 단지 과일을 맺기 위한 매개체다. 눈만 즐겁게 할 뿐이다. 성인이 되어가면서도 나는 꽃과 과일의 연관성을 알아차리지 못했다. 데이지, 조팝나물, 야생당근 같은 꽃들은 길가에서 자라는 반면, 과일은 슈퍼마켓에 진열되어 있다. 나무와 잡초처럼 그 둘은 내게 서로 필연적인 관계가 없는 별개의 것이었다.

하지만 꽃이 풍경 화가를 즐겁게 하려고 길가에 자라는 것은 물론 아니다. 그들은 고도로 기능적인 존재이며 여기서 기능이란 성(性)을 의미한다. 꽃의 목적은 동종의 다른 개체와 유전 물질을 교환하여 번식을 이루는 것이다. 번식이 성공적으로 이루어지면 꽃에서 과일이 자라난다.

꽃이 없으면 과일도 없다. 이것은 자명한 이치다.

꽃이 피었다고 해서 반드시 과일이 열린다는 보장은 없다. 꽃은 대부분 암술과 수술이 있다. 수술은 긴 수술대(꽃실)와 끝 부분의 꽃밥으로 이루어져 있으며, 이 꽃밥에 동물의 정자와 마찬가지인 꽃가루 (화분)가 들어 있다. 과일이 열리려면, 꽃가루를 받아들이는 중앙의 암술머리로 꽃가루가 이동해야 한다. 그곳에서 (대게 꽃 속에 숨어 있는) 씨방으로 내려간 꽃가루는 식물의 난자라고 할 수 있는 밑씨와 결합한다. 씨가 생기면, 이어서 금세 과일이 열린다.

　어떤 꽃은 자신의 꽃가루로 직접 밑씨에 수정시킬 수도 있다. 하지만 이렇게 하면 유성생식이라는 큰 틀에서 볼 때 유전자 혼합이 이루어진다고 할 수 없다. 그래서 대부분은 오로지 다른 개체에서 온 꽃가루로만 수정이 이루어진다. 옥수수나 귀리, 그리고 다른 곡물들을 비롯하여 우리가 먹는 식물 가운데 일부는 바람을 이용해 수정한다. 이들은 엄청나게 많이 날릴 수 있도록 꽃가루를 가볍게 만들고, 행운을 빌면서 그것을 바람 속에 흩뿌린다. 하나라도 성공시키려면 100만 개를 날려 보내야 하니, 광고지나 스팸 메일과 다를 바 없다. 노란 송홧가루가 자동차를 뒤덮고 있거나 콧구멍이 돼지풀 꽃가루로 부풀어 있다면, 분명 바람이 온 세상에 꽃가루를 퍼뜨리고 있는 것이다.

　광고지 살포 방식은 꽤 낭비가 심하기 때문에 그 대신 대다수의 식용식물은 배달부에게 꽃가루를 맡긴다. 누군가가 한쪽 꽃에서 꽃가루 알갱이를 모아서 그것을 같은 종의 다른 꽃에게 직접 날라다준다. 조류와 포유류는 대개 이런 임무에 어울리지 않는다. 몸집이 너무 커서 모래만 한 꽃가루 알갱이를 다룰 수 없기 때문이다. 반면에 곤충은 완벽한 조건을 갖추고 있다.

　1억 5000만 년간 곤충은 꽃을 피우는 식물의 짝짓기를 돕는 몸종 역할을 맡았다. 곤충이 없다면 오늘날 지구상의 식물들은 대부분 번

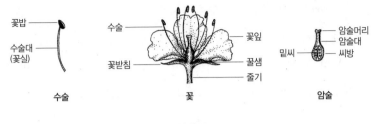

꽃밥	수술	꽃잎	암술머리
수술대(꽃실)	꽃받침	꿀샘	밑씨 — 암술대 — 씨방
		줄기	
수술	꽃		암술

:: 꽃의 구조

식을 할 수 없다. 물론 곤충이라고 해서 선량한 마음이 저절로 우러나와 번식을 돕는 것은 아니다. 사실은 뇌물을 받고 하는 일이다. 단백질이 풍부한 꽃가루도 건강에 좋은 음식이긴 하지만, 곤충은 꽃 속의 아주 작은 샘 안에 담긴 영양 가득한 단물, 즉 꽃꿀이 탐나서 꽃을 찾는다. 꽃을 찾아온 곤충이 단물을 마시는 중에는 끈끈한 꽃가루 알갱이가 몸에 붙는다. 그리고 그 곤충이 단물을 더 마시려고 다른 꽃으로 날아가면 몸에 붙어 있던 꽃가루가 새로 만난 꽃의 암술머리로 옮겨진다. 식물의 짝짓기는 이처럼 부지불식간에 이루어진다.

　수천 종의 곤충들이 꽃꿀과 꽃가루를 먹고 산다. 8000만 년 전쯤 곤충의 일종인 벌들이 특별히 그것을 주식으로 삼았다. 2만 종의 벌 가운데 오직 한 종만이 꽃꿀을 남달리 애용해왔고 아울러 양봉업을 이끌어왔다. 그 곤충은 바로 학명이 아피스 멜리페라(Apis mellifera)인 서양종 꿀벌이다. 이 작은 생명체가 어떻게 산업사회의 먹이사슬 중 많은 부분을 그 조그만 등으로 떠받칠 수 있는지도 이 책의 주제 가운데 하나다.

　인간과 동물 사이에 이루어지는 생산적 동반 관계의 예를 들어보라고 하면, 우리는 개나 말을 먼저 떠올린다. 개는 약간의 감시 임무와 길 안내를 포함해 삶의 질을 향상시키는 것이 전부지만, 말은 농경을 완전히 새로운 경지로 끌어올렸고 이동 수단으로서도 톡톡히 한 몫을 했다. 하지만 화석연료 기술이 등장하면서부터 말은 시골 축제의 오락거리로 전락하고 말았다. 하지만 꿀벌은 전혀 사정이 다르다. 사실 산업 농경이 세계의 곡물 생산을 지배하고 외래 작물들이 새로운 대륙에 자리를 잡자, 나무로 만든 벌통과 양철 훈연기를 이용하는 양봉가들이 더욱더 중요한 존재가 되었다. 하지만 첨단기술에 의존하는 경향이 점점 더 증가하자 이것은 오히려 양봉업계의 치명적인 아킬레스건이 되고 말았다.

한편으로는 굉장한 일이기도 하다. 과수원에 가득한 벌들이 꽃에 달라붙어 흥겹게 벌통으로 꿀을 나르는—양봉가들의 표현으로는 "흘러가게 하는"—장면을 바라보면 온 세상이 제대로 돌아간다는 느낌이 든다. 우리는 벌들처럼 꽃에서 먹을 것을 구하지는 못하지만, 원초적인 수준에서는 그들과 똑같은 맛을 느낄지도 모른다. 벌처럼 우리도 똑같은 모양과 향기와 색깔에 이끌린다. 우리가 파리나 말똥구리를 "이해할" 수 없을지는 몰라도, 벌을 이해할 수는 있다.

또한 우리는 그들을 존중한다. 벌이 임무를 완수하기 위해 습득해온 여러 기술(춤, 비행술, 페로몬을 통한 의사소통), 직접 만든 독특한 생산품(꿀, 밀랍, 로열젤리)과 아울러 벌집의 놀라운 사회적 구조로 볼 때 벌은 어떤 면에서 인간과 완전히 다른 지능을 지니고 있다고 짐작할 수 있다. 이런 점은 충분히 탐구해볼 가치가 있다. 벌은 다른 생명체들이 절대로 할 수 없는 일을 해내는 독특한 존재다.

지금으로서는 이렇게만 말해두어도 충분하다고 본다. 즉, 수없이 다양한 곤충들이 내 아들의 시리얼에 빼곡히 든 블루베리의 가루받이를 도울 수 있기는 하지만(심지어 노스웨스트의 천덕꾸러기인 먹파리조차 가루받이를 돕는다), 오직 꿀벌만이 5만 개의 간편한 이동식 벌통에 담겨 엄청난 양의 순도 높은 꿀을 모을 만한 열정을 갖고 있다. 이 열정 덕분에 우리는 벌꿀이라는 자연의 기적을 얻을 수 있다. 벌통 하나로 단 하루 만에 2500만 송이의 딴꽃가루받이(타화수분〔他花受粉〕)가 이루어질 수 있기에 가능한 일이다. 무리를 이루지 않고 사는 먹파리나 벌새들을 공중에서 사로잡아 똑같은 일을 시켜보면 어림도 없다. 꿀벌은 지구상에 출현한 생물 가운데 가장 열정적이고 조직적인 생활을 하는 떠돌이 농사꾼이다. 오늘날 대다수 미국 벌들은 짐칸 바닥이 평평한 트럭에 실려 한 해 내내 농촌을 돌아다니며 미국 작물들을 가루받이시킨다.

하지만 우리에게 왜 그처럼 많은 꿀벌이 필요한 것일까? 그 작물들은 꿀벌이 나서기 이전부터 존재하지 않았던가?

각 지역에 사는 사람들만으로는 농사를 지을 수 없기 때문에 농촌에서는 여러 곳에서 농부들을 데려온다. 상당수의 경작 지역에 그런 일을 해낼 사람들이 남아 있지 않은 실정이다. 곤충들도 사정은 마찬가지다. 아몬드를 단일경작하는 캘리포니아의 대규모 농장은 야생 곤충들이 살 수 있는 자연 서식지를 남겨두지 않는다. 만약 뉴저지 블루베리 농장이 외곽에 들어서 있다면, 아마도 그 지역에 사는 꿀벌들로부터 약 5킬로미터나 벗어난 곳에 있을 것이다. 그런 환경에서 꽃을 가루받이시키려면 많은 꿀벌을 다른 곳에서 데려오는 것만이 유일한 해결책이다. 대규모 농업은 더 이상 꿀벌 없이 존속할 수 없다.✿

예전에는 양봉가가 밭이나 숲에 벌통을 놓을 수 있게 해달라고 농부에게 부탁하곤 했다. 1에이커 넓이를 차지하는 사과나무 꽃은 꿀벌 서식지로서 횡재인 셈이다. 농부는 사과를 가루받이시키고 양봉가는 벌에게 먹이를 주며 꿀을 얻었다. 누이 좋고 매부 좋은 일이다. 대개는 돈이 오가지 않았다. 하지만 우리가 2장에서 살펴볼 복합적인 원인 때문에 유럽과 미국에서 꿀벌 개체 수는 급감한 반면 가루받이가 필요한 농지 면적은 늘어났다. 결국 자유시장 원리가 작동하기 시작했다. 넘쳐나는 작물에 비해 꿀벌이 충분하지 않으니 농부들은 기꺼이 돈을 지불하고서라도 밭에 꿀벌을 풀어 가루받이시키려고 하기 때문이다.

모든 상황이 위협적이었다. 한 세기 전만 해도 크랜베리(cranberry: 주스나 소스를 만드는 원료로 흔히 쓰이는 과일—옮긴이) 경작지 근처에 벌통이 있으면 수확이 두 배로 늘었다. 사실 인류 역사에서 대부분은 경작지 근처에 벌통이 있었다. 19세기까지만 해도 유럽에서는 각 농장마다 벌통을 한두 개쯤 갖고 있었다. 오래전 돌집들에는 대부분 벌통으로 쓰려고 바깥벽에 내놓은 틈이 있었다. 당시에는 가루받이를 돕는 벌이 흘러넘쳤다.

유럽인들은 신대륙에 정착할 때 사과나무를 가져갔다. 하지만 옛 서식지를 떠나 가루받이 파트너를 잃어버린 사과나무들은 대부분 제대로 자라지 못했다. 그러다 정착을 위한 노력의 일환으로 꿀벌이 수

✿ 시스템 관점에서 볼 때 점점 더 적은 생물 종에 의존하는 경향이 증가하는 것은 전개 중인 시스템이 갖는 전형적인 특징이며, 이것은 결국 복원력(resilience) 붕괴로 이어진다. 9장까지는 복원력이라는 용어를 다시 마주칠 일이 없으므로 잠시 미루어놓아도 좋다.

꿀벌 없는 세상, 결실 없는 가을

입되자 사과나무는 쑥쑥 잘 자랐다. 오히려 너무 잘 자라서 본래 신대륙에 있던 나무라고 여길 정도(사과 파이와 마찬가지로 사과도 미국적인 것으로 여겨진다)였다. (이주민들과 사과나무 모두에게) 다행스럽게도 꿀벌은 식민지 개척자들에게 인기가 있었다. 1622년에는 버지니아에, 그리고 1639년에는 매사추세츠에 꿀벌을 들여왔으며✿ 오래지 않아 꿀벌은 (직접 이동하거나 사람이 이동시킴으로써) 동부 해안을 뒤덮었다. 독립전쟁 당시 어느 영국 장교는 펜실베이니아에 있는 "농가들은 거의 모두 7개나 8개 정도 벌통을 갖고 있다"는 기록을 남겼다. 조지 워싱턴도 1787년 마운트 버넌에 있는 생가에 벌통을 갖고 있었다. 그 당시부터 사람들은 벌써 그 벌들이 토박이가 아니라는 사실을 차츰 잊고 있었다. 하지만 토머스 제퍼슨은 다음 말에서처럼 객관적인 기록을 남기려 했다. "꿀벌은 우리 국토의 토종이 아니다. ……인디언들도 이곳 꿀벌이 유럽에서 들여왔다는 점에 동의한다. 하지만 언제 누가 데려왔는지는 알 수 없다. 꿀벌은 대체로 우리보다 먼저 전국에 퍼져나갔다. 그래서 인디언들은 꿀벌을 백인의 파리라고 부르며 꿀벌 도입을 백인 정착의 신호로 여긴다."

백인과 함께 꿀벌도 계속 늘어갔다. 워싱턴 어빙의 책《대평원 여행(A Tour on the Prairies)》에는 1832년 당시 꿀벌들이 퍼져나간 지역인 오클라호마에서 이루어진 벌집 사냥 이야기가 실려 있다.

✿ 한편 그보다 오래전에 플로리다 주 세인트오거스틴에 꿀벌이 도입되었을지도 모른다. 세인트오거스틴은 미국에서 가장 오래된 도시로서 에스파냐인들이 정착한 곳이다. 독실한 가톨릭교도였던 이들은 밀랍으로 양초를 만들어 성당을 밝히고자 정착지마다 꿀벌을 데려갔다. 하지만 세인트오거스틴 이론을 증명할 향해 기록은 전무하다.

놀랍게도 몇 해 만에 헤아릴 수 없이 많은 벌떼가 미국 극서부 지역으로 퍼져나갔다. 백인들이 물소에 뒤이어 인디언이 나타난다고 하듯이, 인디언들은 벌떼에 이어 백인이 출현한다고 여긴다. 또한 인디언들은 벌이 늘어나는 만큼 인디언과 물소는 자리를 내줄 수밖에 없다고 말한다. 우리는 늘 습관적으로 윙윙거리는 벌통 소리에서 시골이나 꽃이 핀 들판을 떠올리며 그 부지런한 작은 동물을 바삐 드나드는 사람들과 연결지어 생각한다. 또한 국경에서 멀리 떨어진 지역에서는 야생벌을 좀체 만날 수 없다고들 말한다. 벌은 문명의 상징으로서 문명이 대서양 연안에서 내륙으로 전파될 때 한 걸음 앞서 퍼져갔다. 또한 오래전 서부에 정착한 사람들 중에는 꿀벌이 처음으로 미시시피 강을 넘은 해를 특별히 경축해야 한다고 주장하는 이들도 있다. 인디언들은 피폐해져 가던 밀림에 갑작스레 향긋한 단맛이 가득함을 알고는 깜짝 놀랐으며, 내가 들은 바로는 그들은 그 맛이 매우 감미로운지라 처음으로 야생의 자연에서 얻은 그 진귀한 음식으로 잔치를 벌였다고 한다.

개척자들은 전 대륙에 정착하면서 꿀벌과 동반자 관계를 맺었다. 꿀벌의 잡식 취향 덕분에 유럽과 아시아의 다양한 과일과 채소가 번성할 수 있었다. 신대륙도 꿀벌이 좋아하는 지역이었다. 식민지 개척자들은 가루받이에 대한 개념이 거의 없었기 때문에 유럽 작물이 신대륙에서 왜 번성하는지에 대해 아마도 의문을 품지 않았을 것이다. 단지 꿀을 얻으려고 벌을 곁에 두었을 뿐이다. 개척자들은 스스로 의식하지 못한 채 유럽의 번식력을 신대륙에 옮겨놓았던 것이다.✿

무지함의 수준이 무척 심할 때도 있었다. 미국 농업이 그런 어리석음의 무게에 짓눌려 붕괴되지 않은 것이 놀라울 정도다. 20세기에 들어와서도 상당수의 미국인들은 벌이 식물의 생명력을 '앗아간다'고 믿었다. 심지어 유타 주에서는 1929년에 꿀벌의 수입을 금지하는 법안을 통과시켰다. "사료작물인 자주개자리 꽃이 씨를 맺는 데 필요한 꽃꿀을 꿀벌이 가로챈다"고 여겼기 때문이다.

동부 사람들이 오랜 시간 관찰한 덕분에 벌통 근처에서 자란 과일이 맛도 뛰어나고 수확량도 많다는 사실이 드러났지만, 여전히 잘못된 생각은 바뀌지 않았다. 하지만 존 하비 로벨이 1919년에 쓴 책 《꽃과 벌(The Flower and the Bee)》을 보면, 벌통을 오늘날처럼 크랜베리밭에 두거나 심지어 오이를 키우는 온실에까지 둔다는 내용이 나온다. 그는 "벌을 이용하거나 인공가루받이를 하지 않으면 오이 한 개도 기를 수 없다"고 설파했다. 또한 그는 야생벌이 사과를 가루받이시킬 만큼 많지 않은 이유를 다음과 같이 설명한다.

제곱마일 단위로 과수원을 경작하면, 엄청나게 많은 꽃들이 효과적으

✿ 이 개척자들의 옛 사진들을 살펴보면, 말이 끄는 수레에 벌통을 얹어 싣고 다니는 모습들이 등장한다. 당시의 벌통이 얼마나 험난한 과정을 겪었는지 알 수 있다. 다소 부드럽게 표현한다 해도 낡아빠진 수레와 말, 그리고 벌은 위험천만한 동행자다. M. G. 데이던트(M. G. Dadant)는 1919년에 쓴 안내서 《야외 양봉장과 그 관리(Outapiaries and Their Management)》에서 이렇게 적었다. "어쩔 수 없이 수레와 말로 벌통을 나르면, 유사시 벌들을 대피시키는 과정에서 벌에 쏘일 우려가 있다. 아무리 세심한 주의를 기울여도 벌에 쏘일 수 있다. 문제가 생기는 즉시 벌통의 문을 열어주고 사태가 진정될 때까지 화난 벌들에게서 멀리 떨어져 있어야 한다."

로 가루받이할 수 있도록 도와줄 야생벌의 수는 턱없이 부족하다. 이 어려움을 해결하려면 벌을 길러야 한다. 다른 곤충은 이 목적에 썩 부합하지 않다. 개체 수, 근면성, 지성, 꽃가루를 옮기는 도구 면에서 집 벌(domestic bee)을 능가할 곤충은 없다. 과수원마다 양봉장이 생긴 이후에는 과일 수확량이 놀랄 만큼 늘어났다. 그 결과 요즘에는 꿀벌과 과일 재배가 함께 이루어져야 한다는 사실이 보편적으로 인정된다.

그래서 꿀벌이 필요하다. 자연 상태에서라면 존재할 수 없었을 경작 유형을 만들어낸 꿀벌은 광범위한 환경에 적응함으로써 미국 전원 풍경을 설계한 주역이 되었다. 꿀벌은 시골 풍경을 자기 취향대로 바꾸어놓았다. 농부들은 땅과 물과 해에 관해서는 걱정을 해도 과일을 맺게 하는 곤충에 대해서는 신경 쓸 필요가 없었다. 하지만 2차 세계대전 후 농기계와 농약의 도입으로 농장이 가족 단위 경영에서 거대 기업형으로 확대되자, 점차 꿀벌 대여는 농장의 필수 과정이 되어갔다.

1960년대에는 곁가지로 하던 양봉 일이 1990년대에 이르자 양봉가들의 주요 수입원으로 탈바꿈했다. 가루받이시키는 일이 돈을 받고 거래되었다. 양봉가들은 굳이 벌을 몰고 전국을 돌아다니려 하지는 않았지만, 값싼 중국산이 등장하면서 세계 벌꿀 가격이 하락하자 벌꿀 생산만으로는 먹고살 길이 막막해졌다. 가루받이시키는 일은 바로 그 틈새를 메워주었다. 처음에 이 일은 일부 지역에서만 이루어졌다. 그러나 양봉가들이 전국을 돌며 사업을 할지, 아니면 아예 양봉업을 포기해야 할지 기로에 서면서 차츰 전국으로 퍼져나갔다.

꿀벌 없는 세상, 결실 없는 가을

이동 양봉(移動養蜂)이 미국에서 처음 생겨난 것은 아니다. 수천 년 전에 이집트인들은 벌통을 뗏목에 싣고 나일 강을 오르내리며 꽃 피는 지역을 따라다녔다. 유럽인들은 다뉴브 강과 노새를 이용하거나 직접 등으로 벌통을 나르며 늘 계절에 따라 이동했다. 하지만 화물 자동차를 이용해 8000킬로미터를 떠도는 양봉이 일상화된 곳은 오직 미국뿐이었다.

그러던 2006년 가을, 위태롭던 미국 양봉업의 밑바닥이 마침내 허물어졌다. 불가사의한 증후군이 미국 전역에 걸쳐 꿀벌 봉군을 휩쓸어가기 시작했다. 2차 세계대전 기간에 600만 개였던 벌통 수가 2005년에는 260만 개로 줄어들다가 종국에는 사상 최초로 200만 개 아래로 떨어졌다. 금세 그 증후군은 사태의 원인만큼이나 모호한 이름을 얻었다. 즉 군집 붕괴 현상(Colony Collapse Disorder)이라는 명칭이다. 당시 언론은 이 현상을 처음 접했을 때 줄여서 CCD라고 불렀다.

캘리포니아의 아몬드 농장이 2월에 꽃을 피우기 시작할 때 CCD는 기승을 부리고 있었다. 경작자들이 벌들을 충분히 확보하려고 한꺼번에 몰려들자 가루받이 비용은 천정부지로 치솟아, 2004년에 50달러였던 벌통 하나 값이 2007년에는 150달러로 올랐다. 양봉가들은 아몬드 가루받이만으로 2억 달러 이상의 연간 수입을 올렸다. 반면 미국 전체의 꿀 생산 가치는 겨우 1억 5000만 달러에 지나지 않았다.

석유 가격과 더불어 그 같은 가격 폭등은 곧 다가올 몰락의 전조다. 플로리다의 양봉가들은 "다리 여섯 달린 가축"을 트럭에 싣고 수천 킬로미터를 돌아다니며 돈을 번다. 그들은 2월이면 캘리포니아에서 아몬드를, 3월이면 워싱턴에서 사과나무를, 5월이면 사우스다코타에서 해바라기와 유채를, 6월이면 메인에서 블루베리를, 그리고 7월이면 펜실베이니아에서 호박을 가루받이시킨다. 이런 방식은 이제 한계에 다다르고 있으며 아무리 혜택을 제공해본들 오늘날 미국 작물들을 모두 가루받이시킬 만큼 벌을 충분히 확보할 방법은 없다.

유럽에는 미국보다 소규모 양봉가들이 훨씬 많고 이동 거리도 짧아서 벌의 장거리 이동이 훨씬 덜 일어난다. 유럽 벌들이 미국에서처럼 피해를 입고 있다고 장담할 수는 없다. 하지만 한 가지 분명한 사실은, 유럽에서도 역시 벌이 쇠퇴하고 있다는 것이다. 캐나다, 아시아, 남아메리카에서도 사정은 마찬가지다. 양봉업계는 전 세계적으로 몰락하고 있다.

우리는 양봉이 저절로 이루어진다고 여겨왔다. 왜냐하면 늘 자연이 알아서 돌보아준 덕에 마치 황새가 갓난아이를 데려온다고 믿는 어린아이마냥 식물의 번식 실태에 전혀 무관심했기 때문이다. 이제껏 당연한 일로 여겨왔으며 앞으로도 그러리라 여긴다. 작물에 꽃이 피면 응당 과일이 열리는 줄만 안다.

이제 더 이상 자연스러운 방식에는 의존할 수 없고, 벌을 이용해 가루받이시키는 방법만이 유일한 길이다. 내가 먹는 그라놀라 속의 아몬드는 모두 벌에게서 시작되었다. 내 아들이 마시는 사과 주스는 수많은 벌들의 성과다. 베리와 체리와 멜론도 모두 꿀벌의 도움으로 생겨났다. 심지어 내가 마시는 커피도 파나마의 벌이 생산한 커피콩에서 나왔다. 그리고 내 아들의 시리얼 속에는 분명 꿀이 들어 있다. 벌이 없으면 우리 가족의 아침식사는 절망스러우리만치 밋밋할 것이다.

내가 그라놀라에 부어 먹는 우유는 어떨까? 물론 우유는 젖소에게서 나온다. 지난번 확인했을 때도 우유는 가루받이와 전혀 상관없긴 했다. 하지만 그 젖소가 무엇을 먹었는가? 그때 내가 본 젖소는 버몬트 주 챔플레인 밸리에 있는 모뉴먼트 팜즈에서 온 것이었다. 그곳에서 젖소는 봄과 여름 내내 클로버와 자주개자리를 뜯어먹고 지냈다. 둘 다 낙농업에 없어서는 안 될 풀인데, 이 식물들을 가루받이시킨 존재가 바로 벌이다.

벌이 없다면 저녁식사도 초라해질 것이다. 꿀벌이 사라지면 오이, 쥬크(zuke), 스쿼시(squash), 호박을 비롯한 박과(科) 식물은 식단에서 자취를 감출 것이다. 사실은 부지런한 스쿼시 벌이 꿀벌에 비해 박과 식물들을 가루받이시키는 데 더 뛰어나다. 하지만 각 지역에 스쿼시 벌 개체 수가 얼마쯤 되는가? 이들은 무척 희귀해서 아무도 개체 수를 알지 못한다.

벌이 없다면 후식도 자취를 감출 것이다. 초콜릿을 만드는 카카오나무는 열대우림에 사는 파리들이 가루받이시키는데, 이들도 급격히 감소될지 모른다. 망고를 비롯한 열대 과일들은 대부분 파리나 벌이 가루받이를 돕는다. 2008년에 아이스크림 제조회사 하겐다즈는 아몬드가 든 제품(록키 로드)부터 체리가 든 제품(바나나 스플릿)에 이르기까지 모든 것이 꿀벌에 달렸다는 사실을 인식했다. 회사 제품이 내는 맛의 절반가량이 의존하는 셈이다. 게다가 클로버를 먹고 사는 젖소에서 짠 우유를 원료로 한 크림도 빠질 수 없다. 하겐다즈는 25만 달러를 꿀벌 연구에 투자했고, 그 연구를 촉진하는 일환으로 바닐라 하니비(Vanilla Honey Bee)라는 새로운 맛을 내놓았다.

결국은 거의 100가지 작물, 즉 위에서 언급한 것과 더불어 배, 자두, 복숭아, 감귤, 키위, 마카다미아(macadamia), 해바라기, 카놀라, 아보카도, 상추, 당근 씨앗, 양파 씨앗, 브로콜리, 그리고 기타 많은 작물들이 가루받이하는 과정 전체 혹은 일부에서 벌의 도움을 받는다. 실제로 우리 입에 들어가는 음식의 80퍼센트는 거의 전적으로 가루받이에 의존한다. 식탁에 올라온 소고기가 꼴을 먹여 키운 것이라면, 그 소는 아마 곤충이 가루받이시킨 풀을 먹고 자랐을 것이다. 한편 미국 남부에서 기름 산업과 직물 산업을 가장 크게 이끄는 식물인 목화조차 최근에는 풍작을 위해 처음으로 벌통을 빌려와야 했다.

박하(mint) 차를 탈 때면 나는 야생화 꿀을 조금씩 넣는다. 때로는 꿀 한 숟가락을 충동적으로 먹곤 한다. 감미롭고 진한 향기가 콧구멍 속으로 은은히 스며들 때면 야생화 꿀이 꽃의 정수(精髓)임을 새삼 깨닫는다. 자연이 연출하는 작은 기적이 아닐 수 없다. 묵직하면서도 향긋한 그 맛은 여느 슈퍼마켓에서 구할 수 있는 밋밋한 꿀맛과는 차원이 다르다. 이 꿀은 들판에 그림처럼 펼쳐진 꽃 200만 송이 속에 든 꽃꿀을 모아 정제해서 만들어진다. 사람들은 와인의 테루아르(terroir: 기후, 토양, 습도 등 와인의 재료인 포도를 재배하는 데 필요한 조건들을 뜻하는 용어—옮긴이)를 즐겨 언급하곤 하지만, 꿀벌만큼 자신이 어디에서 왔는지를 솔직하게 드러내는 음식이나 음료는 없다. 버몬트의 시골 사람들은 "풍경을 먹을 수는 없는 법"이라고 자주 말하지만, 내 생각은 다르다. 벌꿀 한 숟가락을 맛볼 때면 수백만 송이 꽃과 수천 마리 벌이 함께 빚어낸 자연의 풍미가 입 안에 가득 차니 말이다.

　어떤 야생화에서 나온 꿀일까? 콕 집어 말하기는 어렵지만, 시골 양봉가를 거쳐 나온 꿀이니까 아마도 부엌 유리창 너머로 보이는 내 정원에 핀 꽃을 닮았을 것이다. 밖으로 나서니, 태양이 한 자락 남은 아침 안개를 걷어내고 있다. 곧 오뉴월의 따가운 햇살이 쏟아질 것이다. 이미 정원에는 분주한 소리로 가득하다. 벌새들은 향수박하(bee balm)를 서로 차지하려 다투고 뒤영벌(bumble bee)들은 조그만 향수박하 꽃잎 위에 내려앉아 긴 주둥이를 찔러 넣는다. 마치 자홍색 모자를 푹 눌러 쓰려는 어릿광대를 닮았다.

허리 높이까지 자란 식물들이 펼쳐진 들판을 걷노라니 야생화 10여 송이가 나를 반긴다. 꿀벌은 보이지 않지만, 다양한 곤충들이 먹이를 잡을 덫을 치고 있다. 말벌은 붉은토끼풀을 더듬고, 구릿빛 집파리를 닮은 나방은 잠자리를 준비하고 있다. 털 많고 궁둥이가 노란 벌들이 밀크위드(milkweed: 유액을 분비하는 식물―옮긴이) 꽃 속으로 숨는다. 작고 미세한 존재에 마음을 쏟으면 새로운 세상이 문을 연다. 배경색에서 꽃만 골라낼 수 없을 정도로 아주 작은 꽃들의 세계가. 황금빛 꼬마 벌은 라일락 꽃잎 모양의 꽃박하 속으로 몸을 파묻고, 각다귀만 큼이나 작은 흰 파리들은 갓 꽃을 피운 미역취(최대 3미터 이상 자라며 노란 꽃송이를 맺는 국화과 식물―옮긴이) 위를 마치 미세한 안개처럼 둥둥 떠다닌다.

다행스럽게도 내게는 2에이커나 되는 들판이 있다. 그 주변으로는 사방 수킬로미터로 숲이 감싸고 있으며 드문드문 빨간 오두막과 얼룩송아지가 눈에 들어온다. 한때는 미국 어디서나 볼 수 있었지만 지금은 흔치 않은 풍경인지라 도시 거주자들은 관광버스를 타고 와서 봐야 할 형편이다. 곤충들에게 좋은 풍경이란 자연 그대로 넓은 땅,

농약이 없는 환경, 꽃을 피우는 식물이 많은 곳이다. 그런 환경에서 자라난 사과나무는 꿀벌 사육에 의존하지 않고도 과일을 풍성하게 맺는 법이다. 많은 야생 식물이 이 땅 위에서 여전히 번성하는 까닭은 그처럼 자연에 순응하기 때문이다.

지구상에 존재하는 식물 25만 종 가운데 4분의 3이 야생 가루받이를 시켜주는 동물 덕분에 번식한다. 사는 곳이 어디든 주변을 둘러보면 이들이 만들어놓은 세상이 보일 것이다. 다시 한 번 자세히 둘러보면 어려움에 처한 세상이 드러난다. 우리 농업은 야생에서 가루받이를 담당하는 꿀벌 덕분에 지탱되기는 하지만, 꽃을 피우는 식물 가운데 24만 9900종에게는 이들이 큰 역할을 하지 못한다. 그 일은 지역의 토착 곤충들이 담당한다. 덧붙이자면, 증거를 확보하기는 어렵지만 이 식물 종 가운데 상당수가 서식지 감소, 살충제 중독, 외래 식물이라는 삼중고에 처해 있다.

이런 위기를 미리 내다본 사람이 있었다. 1962년 레이첼 카슨 (Rachel Carson)은 신종 살충제 사용으로 새들이 울지 않는 침묵의 봄이 올 것이라고 경고했다. 사람들이 그 말에 귀를 기울여 결국 DDT 사용은 금지되었다. 하지만 그녀는 "가루받이가 이루어지지 않아 더 이상 과일이 열리지 않는" 가을에 대해서도 경고했다. 또한 《침묵의 봄(Silent Spring)》은 꿀벌뿐 아니라 모든 토박이 생명들의 소멸에 대해서도 우려했다.

인간은 자신이 생각하는 것보다 훨씬 더 많이 이런 곤충들에게(야생에서 가루받이를 담당하는 생명체들—옮긴이) 의존한다. (……) 곤충이 가루받이(수분)를 돕지 않는다면, 야생초원의 토양을 유지하는 것은 물론 그 토양을 비옥하게 만들어주는 식물이 죽어갈 것이고, 지역 전체의 생태계에 상당히 심각한 문제를 가져올 것이다. 초원과 관목숲, 삼림과 산맥이 계속 번성하기 위해서는 곤충들의 도움이 필요하다. 이런 식물들이 없으면 야생동물과 목장의 가축 역시 먹이를 찾기 어려워질 것이다. 잡초가 없는 농지를 만들기 위해 화학물질을 사용해 관목과 잡초를 제거하다 보니 꽃가루를 날라주는 곤충의 마지막 성역이 파괴되고 생명과 생명을 이어주는 결합도 깨지고 말았다(깨지고 있다).

곤충학자 스티븐 부흐만(Stephen L. Buchmann)과 작물 생태학자 게리 폴 네이번(Gary Paul Nabhan)은 1996년에 《망각된 수분 매개 곤충(The Forgotten Pollinators)》이라는 책에서 카슨이 경고한 내용을 더욱 깊게 파헤쳤다. 이들은 우리가 토지 이용 방식을 조속히 바꾸지 않는다면 결실 없는 가을이 도래할 것이라고 예언했다. 하지만 어느 누구도 귀 기울이지 않았다. 모두들 노래하는 새에게는 관심을 줄지언정 뒤영벌, 무화과말벌, 나방은 안중에도 없다. 오늘날 가루받이를 담당하는 토종 곤충들이 어떤 처지에 놓여 있는지 아는 사람은 없다. 이에 관한 연구도 없었다. 아주 미미한 증거만 살펴봐도 이들이 급속히 쇠퇴하고 있음을 알 수 있다. 이것은 단지 꿀벌의 위기 이상으로 심각한 문제다. 앞으로 다가올 대재앙은 이 책의 마지막 장에서 집중적으로 다루고자 한다.

근본적으로 지구의 번식력이 의심스러운 상황임에도 우리는 아무 일 없다는 듯 살아간다. 농작물 수확량이 늘상 늘어나고 과일과 채소가 흙에서 거의 저절로 자란다고 여기는 것이다. 하지만 이미 우리는 생산 감소 시기로 무섭게 진입하고 있다. 미국 중서부 지역에서 뭐라도 자라게 하려면 농부들은 화학 비료로 들판을 뒤덮어야만 한다. 전국 각지의 농부들이 타지에서 꿀벌을 데려오기까지 하지만, 그렇다고 풍성한 수확이 보장되지는 않는다. 1985년 마거릿 애투드(Margaret Atwood)는 소설 《시녀 이야기(The Handmaid's Tale)》에서 어느 암울한 세상을 묘사했다. 이 소설에는 불임 여성이 인구 대부분을 차지하자 젊은 시녀를 씨받이로 사들여 아이를 낳게 한다는 내용이 나온다. 이와 마찬가지로 뒤틀린 상황은 수십 년간 우리의 들판에서 진행되어왔다.

하지만 지금 현재, 젊은 시녀마저 죽어가고 있다.

꿀벌 없는 세상, 결실 없는 가을

02

꿀벌은 어떻게
세상을 정복했는가

에스파냐 지중해 연안의 발렌시아 인근 산악 지대에는 바랑크 폰도 (Barranc Fondo)라는 동굴이 있다. 수천 년 동안 현대 인류가 거주해왔던 이 동굴은 아마 그보다 앞서 네안데르탈인들이 수 만년 동안 생활터 전으로 삼았을 것이다. 검은색과 황금빛 상형문자로 장식된 동굴에는 인간의 가장 큰 관심사인 음식에 관한 기록이 남아 있다. 바랑크 폰도 에는 짐승 사냥과 더불어 6500년 전에 인류가 행한 꿀 사냥이 그림으로 새겨져 있다. 벌이 윙윙대는 벌집이 있는 키 큰 나무 위로 여섯 사람이 밧줄 사다리를 타고 올라가는 그림이다. 꿀 사냥꾼 한 사람이 구경꾼들의 환호성에 놀라 사다리에서 미끄러져 팔을 버둥대며 땅으로 떨어지는 순간이 포착되어 있다.

꿀 사냥은 늘 위험한 일이었는데도 사람들은 단념하지 않았다. 유럽에서 북아프리카, 짐바브웨와 남아프리카, 인도, 인도네시아를

:: 바랑크 폰도 동굴에 새겨진 그림

거쳐 심지어 호주에 이르기까지 전 지구의 수백 개 상형문자에도 이에 관련된 그림문자들이 한결같이 전해온다. 절벽이나 나무 위의 벌집, 밧줄, 꿀 사냥꾼, 횃불, 벌집을 담기 위한 호리병 혹은 통 등 도처에 모여든 성난 벌떼들이 언제나 등장한다.

이런 이야기들은 오래전부터 잘 알려져 있기도 하다. 감미로운 맛의 유혹은 불가사의에 가까운 기쁨을 안겨준다. 환희에 찬 맛을 얻을 수만 있다면, 사람들은 온갖 어려움과 고통과 어리석은 위험에 다가선다. 심지어 죽음도 무릅쓴다. 꿀맛에 사로잡히는 인간의 습성을 두고 태곳적에 꿀이 최초로 인간의 미각적 상상력을 불러일으켰기 때문이라고 보는 이들도 있다. 나는 그것을 원초적 탐닉으로 본다.

물론 충분히 근거 있는 말이다. 만약 당신이 빙하시대 말기에 태어난 사람이고, 빙하가 사라지면서 새로 생겨나는 이베리아 반도 숲에서 수렵 채집인 무리와 함께 살고 있다고 해보자. 그 시대에 산다면 아마 사냥한 짐승이나 섬유질이 풍부한 잎사귀와 뿌리, 또 가끔씩은 과일을 먹으며 지낼 것이다. 하지만 과즙이 넘치는 큼지막한 사과를 재배해서 먹지는 못한다. 여러분이 맛볼 수 있는 가장 단 음식이라고는 고작해야 벌레가 붙은 야생 능금에 불과하다. 그러다 어느 날 움푹 패인 나무 구멍에서 황금빛 액체를 한 줌 퍼낸다면 얼마나 황홀하겠

꿀벌 없는 세상, 결실 없는 가을

는가.

물론 내가 꿀맛에 꽤 사로잡힌 사람이긴 하다. 작은 플라스틱 곰 모양으로 생긴 밋밋한 꿀 대용 설탕을 꿀이라고 여기는 사람은 내 말이 이해가 안 될지도 모른다. 하지만 거르지 않은 천연 야생화 벌꿀의 달콤하면서도 다채롭고 감미로운 그 맛을 한 숟가락 맛보고 나면 금방 이해가 될 것이다. 식물은 수백만 년에 걸쳐 꽃을 피워오면서 동물이 거부할 수 없을 정도로 꽃꿀 맛을 향상시켜왔다. 번식 전략의 일환으로 그 둘은 도움을 주고받는다. 꽃꿀은 평균 당분이 16퍼센트이며 과일 주스처럼 다디달다. 이들의 목적이라고는 꽃을 가루받이시킬 생명체를 유혹하는 것뿐이다. 벌은 꽃꿀을 모아 벌집에 쌓아두고는 당분이 70퍼센트까지 올라 꿀이 될 때까지 날개와 몸으로 물기를 증발시킨다.✿ 꿀에는 본래 꽃에 함유된 맛 외에도 벌의 연금술이 만들어내는 새로운 맛이 첨가된다. 벌을 유혹하던 꽃꿀의 최종 산물인 꿀은 정제된 욕망이다. 사실 호모사피엔스는 애초에 꽃꿀의 유혹 대상으로 고려되지 않았지만 이들이 진화를 거치면서 단맛에 사로잡혔고, 이제는 더 이상 떨칠 수 없는 식성으로 굳어졌다.

실제로 우리는 원시적인 꿀 사냥이 어떻게 이루어졌는지 확실히 알 수 있다. 인도네시아와 말레이시아의 고립된 지역에서는 거의 예전 모습 그대로 꿀 사냥을 하기 때문이다.

꿀 사냥꾼은 다양한 방법으로 '벌 나무'를 찾는다. 고전적인 방법은 꽃에 붙어 있거나 샘에서 물을 마시고 있는 벌 몇 마리를 상자나

✿ 꿀과 꽃꿀(화밀)의 관계는 단풍나무 당밀과 수액의 관계와 같다.

속 빈 갈대로 잡는 것이다. (꿀을 얻기 위한 미끼는 비교적 간편하다.) 그 다음에는 한 마리를 날려 보낸다. 아마 그 벌은 '최단거리 경로'로 벌집을 향해 날아갈 것이다. 이때 죽을힘을 다해 벌을 쫓아간다. 단 발목을 삐거나 나무에 부딪치지 않도록 조심하면서. 첫 번째 벌을 시야에서 놓쳤다면 다음 벌을 풀어준 후 다시 추격을 시작한다. 잡아놓은 벌이 충분하고 뛰다가 쓰러져 죽지 않는 한 이렇게 하면 벌집을 찾을 수 있다. 조금 더 우아한 방법을 쓰려면 벌 두 마리와 컴퍼스가 필요하다. 한 마리를 풀어주고서 날아간 방향을 표시해둔다. 그리고 벌이 날아간 방향에서 어느 정도 수직으로 몇백 미터를 이동한 다음 두 번째 벌을 날려 보내 방향을 표시한다. 두 방향이 교차하는 지점이 바로 벌 나무를 가리킨다.

아주 놀랍게도 미국의 꿀 사냥꾼은 꿀잡이새(honey-guide)라는 새를 따라간다. 몸집이 참새만 한 이 새는 벌집을 탐내지만, 공격을 시도할 만큼 힘이 세지는 않다. 그래서 사람을 찾아내 시끄럽게 지저귀면서 벌집이 숨겨진 곳으로 이끈다. 사람이 벌집을 따고 나면 그제야 흘러놓은 꿀로 만찬을 즐긴다.

벌은 동일한 동굴과 나무에서 수세대에 걸쳐 살기 때문에 벌집이 있는 최상의 나무에는 밧줄과 사다리가 오랫동안 세워져 있었다. 그물을 받쳐놓지 않고 공중그네를 타는 것처럼 높은 곳에 올라 사정없이 달려드는 벌침 공격을 무릅써야 한다면, 지금까지도 꿀 사냥은 아무런 희망이 없는 일일 것이다. 오래전 꿀 사냥꾼과 양봉가들이 함께 썼던 연기 이용법이 없었다면 꿀 사냥은 불가능했을지도 모른다. 연기는 벌을 진정시킨다. 그 이유를 확실히 아는 사람은 아무도 없다.

꿀벌 없는 세상, 결실 없는 가을

아마도 벌들 사이에서 냄새를 통해 전달되는 경고 페로몬 신호가 연기로 차단되기 때문일 것이다.

벌을 마취시키기 위해 꿀 사냥꾼들은 벌 나무 밑에서 불을 지핀다. 그런 다음 안전 조치로 횃불을 들고 밧줄을 타고 올라가 벌집 바로 아래로 연기를 피운다. 이때 치명적인 벌침의 포화를 받느냐, 아니면 '애교로' 10~20방 쏘이고 마느냐가 결정된다. 그 다음에는 대나무나 그만큼 가벼운 뾰족한 막대로 찔러서 벌집을 떼어내 밧줄에 매달아서 나무 아래 기다리고 있는 사람에게 내려준다. 좋은 벌집에서는 꿀이 100~200킬로그램까지 나온다.

그렇다면 벌집은 파괴되는 것일까? 물론 그렇다. 재료가 있고 날씨가 좋다면 벌들이 벌집을 새로 짓지만, 그렇지 않다면 대책이 없다. 이런 까닭에 석기시대 꿀 사냥은 인간이 떠돌이 생활을 청산하고 정착하자마자 대부분 양봉업에 자리를 내주고 말았다.

최초의 양봉은 아마도 벌집을 편리한 지역으로 옮기는 단순한 작업에서 시작되었을 것이다. 벌집이 붙어 있는 나뭇가지를 잘라 집으로 가져오면 되는데, 굳이 힘들게 벌 나무까지 가야 하는가? 사람들은 이 방법을 썼다. 그 후로는 줄곧 벌을 기르며 이곳저곳으로 옮겼다.

인간이 처음 만든 벌통은 나무 틈새에 있던 벌집을 변형한 것이었다. 마른 진흙이나 점토로 만든 인도의 항아리, 진흙을 바른 고리버들로 만든 이집트와 그리스와 로마의 바구니, 짚을 꼬아 소똥을 바른 중세 유럽의 바구니 등이 대표적이다.✿ 2007년에는 이스라엘 고고학자들이 지금까지 발견된 것 중에서 가장 오래되었으면서도 손상이 없는 벌통을 발굴했다. 기원전 900년경 번성한 레호브 시의 유적 한가운데서 짚과 진흙으로 된 벌통 30개가 발견된 것이다. '도시적인 양봉'은 새로운 현상이 아니다. 이스라엘을 '젖과 꿀이 흐르는 땅'이라고 지칭한 성경 구절은 결코 비유가 아니다.

유럽의 벌꿀은 로마제국이 멸망한 후 얼마간 완전히 쇠락하고 말았지만, 중세 암흑기 내내 수도원에서는 뛰어난 양봉 기술이 그 명맥을 유지하고 있었다. 북유럽에서는 전통적으로 곧게 뻗은 '통나무 벌통'을 이용했는데, 꿀을 얻기 전에 먼저 벌을 죽이고 밀랍을 채취했다. 동유럽과 러시아는 숲 양봉(벌집이 있는 나무를 찾아 소유자 표시를 한 후 숲 주인에게 돈을 지불하는 방식. 인간적이든 그렇지 않은 주변 짐승들을 가혹하게 해치운 다음 본격적으로 양봉을 시작한다)이 성행했다.

이런 양봉 방식으로 꿀을 얻으려면 벌집을 쪼개야 했다. 벌통 틀에 출입구가 있고 말짱한 상태여도 꿀과 밀랍을 얻는 과정에서 벌통이 부수어졌기에 벌들은 재료들을 전부 긁어모아 새 벌집을 지어야만 했다. 설령 겨울을 버텨낸다 해도 다시 많은 꿀을 모으기까지는 긴 시간이 걸렸다. 이 어려운 문제를 해결하려 나선 사람이 로렌조 로레인 랭스트로스(Reverend Lorenzo Lorraine Langstroth: 미국 양봉업의 아버지라 불린다—옮긴이)였다. 1851년 10월 31일에 랭스트로스는 역사상 대단히 놀라운 발명을 해냈다. 그의 뇌신경이 폭발적인 창조력을 발휘한 이후 양봉 방식은 완전히 달라졌다. '랭스트로스 혁명'을 충분히 이해하기 위해 먼저 벌통의 오묘한 특징을 알아보도록 하자.

✿ 짚으로 만든 종 모양의 이 벌통은 종종 수도원 벽과 집의 틈새에 끼워져 있었는데, 지금도 벌통 모습이 그대로 유지되고 있다.

인간과 꿀벌의 공조

지구상의 벌 2만 종 가운데 오직 몇몇 종만이 꿀을 대량으로 만들어낼 수 있다. 복잡한 조직 사회를 갖춘 벌은 소수이기 때문이다. 벌들은 대부분 개체 단위로 살거나, 아니면 뒤영벌처럼 100마리씩 모여 단순한 땅속 '마을'에서 살아간다. 뒤영벌도 꿀을 만들긴 한다. 예를 들면, 자연주의 작가인 베른트 하인리히(Bernd Heinrich)는 뒤영벌이 만드는 꿀이 꿀벌의 꿀보다 더 낫다고 하지만, 뒤영벌의 꿀은 애벌레들에게 먹이려고 풀 덮인 둥지 안에 아주 작은 '꿀단지' 몇 개를 모아둔 것이 전부다. 밀랍도 생산하지만, 그것도 오직 봉아를 키우기 위한 방 몇 개와 꿀단지를 만들기 위해서만 쓴다. 뒤영벌은 벌집을 짓지 않으며 뒤영벌 군봉의 개체들은 나이 든 여왕벌을 포함하여 거의 모두 가을에 죽음을 맞는다. 오직 처녀 여왕벌만이 짝짓기를 하려 돌아다니며 땅속 둥지를 찾는다. 이들은 그 안에서 겨울을 나고 봄이면 새로운 봉군을 거느린다.

뒤영벌은 억센 개척자 유형으로서 자립심이 아주 강하고 힘이 세지만 서로 협동하지는 않는다. 봉군이 일정 정도 모이면 일벌들은 여왕이 감시하지 않는 한 새로운 알들을 먹기 시작한다. 개별적으로 보면 꿀벌은 별달리 흥미로운 점이 없지만 충성심과 단결력이 강하다. 서로 다투는 일은 극히 드물다. 뒤영벌이 프랑스 시골 사람이라면 꿀벌은 로마의 대군이라 할 수 있다.

뒤영벌을 비롯한 비군집형 벌들이 몹시 추운 기온에서도 날 수 있는 반면에 꿀벌은 섭씨 15도 아래에서는 잘 날아다니지 않는다. 비가 올 때도 날지 않는다. 비교적 (다른 벌 종류에 비해서) 늦은 아침에 활동을 시작해서 초저녁에 멈춘다. 사과 전문가인 내 친구는 꿀벌을 노동조합원이라고 부른다. 조건이 맞지 않으면 그날 일을 쉰다는 것이다. 하지만 다른 노동조합처럼 꿀벌의 단결심은 엄청난 성공을 낳았다.

그 성공은 벌집의 구성체인 육각형에서 비롯된다. 꿀벌들에게는 수만 마리가 모여 사는 고도의 사회구조를 이룰 효과적인 기반 시설이 필요했다. 밀랍 제조술을 써서 독립적이고 예술적인 꿀단지와 봉아를 돌볼 방을 꾸미는 대신 다함께 힘을 모아 공장 규모로 탁아소와 창고를 지으면 되지 않겠는가? 육각형은 이 목적에 완벽히 들어맞는 형태였다. 삼각형과 사각형도 무한히 반복할 수 있는 형태지만, 육각형은 더 적은 밀랍으로도 동일한 넓이를 확보하면서도 둥근 애벌레를 키우는 데도 더 낫다. 육각형은 틈새가 없이 맞붙이면 기본적으로 원형에 가깝다.

자연 상태의 벌집은 대략 육각형 밀랍 원통 10만 개로 구성된다. 맞닿아 지어진 원통들은 마주보는 판자에 매달려 있다. 그 사이에 난 통로는 어른 벌이 지나다닐 만큼 넓다. 수평이 아니라 수직으로 놓인 도서관 책꽂이를 상상하면 된다. 이런 구조의 도서관이라면 책꽂이 위아래로 왔다갔다 하면서 원하는 책을 꺼내야 한다. (만약 이용자의 다리가 여섯이고 몸무게가 10분의 1 그램 정도라면 더 수월할 것이다.) 다만 벌집의 육각형 방들은 책이 아니라 먹이가 저장되어 있고 새끼를 돌보기 위한 용도로 쓰인다는 것이 도서관과 다를 뿐이다.

꿀벌이 처음 진화한 열대 지역에서는 이 같은 실내 작업을 벌일 이유가 거의 없다. 아마존이나 플로리다키스에 사는 사람들이 가끔씩 벽 없는 집에서 살듯이 아프리카나 말레이시아를 비롯한 더운 지역에

서식하는 벌들은 나뭇가지에 벌집을 매달아놓고 이것이 안 보이도록 잔뜩 떼 지어 달라붙는다.

약 200만년 전 아프리카에서 한 꿀벌 종이 쪽마루 생활을 그만두기로 했다. 이 꿀벌은 주로 나무의 빈 구멍이나 바위 틈새 같은 실내로 거처를 옮겼다. 악천후에도 견디기 위해 나무눈에서 모은 나뭇진으로 벌집을 온통 둘러싼 다음 밑부분에 작은 출입구 한 개만 남겨놓았다. 아마도 애초에는 벌집을 더 확실히 보호하기 위한 방편으로 마련한 것이었겠지만, 이 일에는 뜻밖의 혜택이 뒤따랐다. 열대 지역을 넘어 서식지를 확대할 수 있게 된 것이다. 꿀벌은 유럽을 서식지로 삼기 위해 사소한 문제이긴 해도 겨울나기를 해결해야 했다. 동면(포유류와 파충류의 기본적인 월동 대책)이나 이주(새와 나비처럼), 그도 아니면 한 세대가 죽고 다시 다음 세대가 시작하는 (곤충들 대부분이 쓰는) 방식 대신에 이들은 인간에 좀 더 가까운 '화롯불 계속 피워놓기' 전략을 택했다. 즉, 열대지방의 환경을 그대로 옮겨와서는 겨우내 신진대사를 활발히 했고 저장해둔 꿀을 더욱 많이 섭취했다.

늦가을이면 찬바람이 불고 마지막 잎사귀마저 떨어지고 만다. 이때부터 꿀벌은 전부 새끼 기르기를 그만두고 벌집 한가운데 모여 존귀한 여왕벌을 가장 따뜻한 자리에 모셔두고 끊임없이 몸을 진동시킨다. 이제 이들은 당을 섭취하고 서로 가까이 들러붙어 차가운 겨울이 지나가길 기다린다. (버몬트 주 사람들도 이런 방식으로 겨울을 난다.) 꿀벌들은 열을 내기 위해 날개 근육을 떤다. 아무도 얼지 않고 버티려면 안쪽 무리들이 계속 바깥쪽으로 이동하면서 전부가 빙글빙글 돌아야 한다.

북쪽의 한겨울에 바깥 기온이 영하 6~7도까지 떨어지는데, 꿀벌

무리는 중앙 부위 온도가 아프리카와 다름없는 영상 35도로 유지되도록 힘을 발휘한다. 대략 절반이 살아남고, 나머지는 늙거나 거친 조건 때문에 죽는다. 하지만 이 정도만 살아남아도 새봄을 맞기 위해 여왕벌이 늦겨울부터 낳은 새끼들을 따뜻하게 보살피기에는 충분하다.

이런 실내 생활 덕분에 꿀벌은 마침내 인간과 동반자로 지내기에 으뜸가는 곤충이 되었다. 인간은 꿀벌에게 자연 상태에서보다 더 많은 보금자리를(벌통 형태로) 제공하고, 꿀벌은 수렵 생활을 하던 선조들로서는 상상도 못했을 만큼 많은 꿀을 우리에게 준다. 이 과정에서 안락하면서도 생산력이 큰 봉군에서 지내는 쪽을 선택한 꿀벌, 즉 서양종 꿀벌은 더욱 온순하고 다루기 쉬워졌다. 유럽의 번영을 도운 벌은 아프리카에서 건너온 벌과는 전혀 달랐다. 늑대가 개의 조상이었듯, 사람들이 지구 곳곳에 퍼뜨리고 싶은 마음이 든 벌은 이처럼 온순한 유럽 꿀벌이었다.

물론 벌이 꽃꿀을 꿀로 바꾸면서 별다른 뇌물을 바라지는 않는다. 이들은 단지 가능한 한 부피가 작고 안정된 형태로 먹이를 압축시킬 뿐이다. 당분은 수분을 빨아들인다. 설탕 속에 넣어두면 무엇이든 수분이 빠져나간다. 음식이 부패할 때 미생물의 흡수로 수분이 빠져나가는 것과 마찬가지다. 콘드비프와 훈제연어 역시 이런 처리 과정을 거치고, 꿀도 마찬가지다. 꿀에는 숙성 과정에서 자연스럽게 생기는 부산물인 과산화수소 성분도 들어 있다. 찬장 위에 놓인 꿀단지는 상하지 않기에 사람 수명보다 더 오래도록 보관할 수 있다. 꿀은 상처에 바르는 약제로도 탁월하며 필요하다면 미라를 방향 처리하는 데도 유용하다.

인간이 설탕 시럽 제조법을 알아내기 수백만 년 전에 벌들은 완벽하게 보존 가능하면서도 영양과 비타민이 풍부한 음식을 만들어냈다. 온갖 시행착오를 거치면서 이루어낸 성공이었다. 벌들은 봉방에 꿀을 저장하고는 밀랍으로 뚜껑을 덮는다. 마치 무한정 넓은 식품 저장고에 쌓아둔 단지 같다. 한창 시기에는 벌집 단 한 개로 꿀 수백 킬로그램을 만들 수도 있다. 벌집 속에 사는 벌들을 모두 모아야 고작 4~5킬로그램 정도인데 말이다. 벌이 꿀을 저장하는 이유는 우리가 곡물 창고를 두는 이유와 같다. 어려운 시기를 버텨내기 위해서다. 벌에게는 그 기간이 참으로 길 때도 있다.

당신이 사는 곳에는 1년 중에 얼마나 자주 꽃이 피는가? 뉴잉글랜드와 북유럽은 절망스러우리만치 꽃 피는 기간이 짧다. 4월 초에 몇 가지 작은 꽃들이 피면 사프란과 수선화가 뒤를 잇고, 5월에는 사과 꽃이 피기 시작하면서 본격적으로 여러 꽃이 핀다. 하지만 겨우 3개월 후인 8월부터 이미 볼만한 꽃들이 드문드문 자취를 감춘다. 메역취, 등골나물, 털부처손(최근에 침입한 도입종) 말고는 없다. 9월에는 개미취가 있다. 10월 중순부터 이듬해 3월까지는 아무것도 없다. 꽃이 없으면 벌의 먹이도 없다. 그런 환경에서는 살 수 없을 것 같지만 벌은 살아남는다. 뉴잉글랜드 농부는 해가 날 때 건초를 만들어야 하듯이, 꿀벌은 봉군 전체가 가을과 겨울 내내 지내기에 충분한 꿀을 8월까지 만들어야 한다.

서양종 꿀벌 아피스 멜리페라의 고향인 열대 지역조차 꽃이 지속적으로 피지 않는다. 꽃을 피우는 식물들은 대개 조금이라도 시원하고 습한 시기에 집중적으로 나타나기 때문이다. 두어 달 동안 꽃이 피지 않는 일도 흔하다. 예를 들어 플로리다에서는 11월에 브라질 고추가 꽃잎을 다 떨구면 이듬해 이른 봄에 감귤이 꽃을 피울 때까지 꽃이 보이지 않는다. 게다가 꽃이 만발해도 비가 많이 내리면 벌은 전혀 날지 못한다. 벌집은 한 해 내내 조금씩 무게가 줄어든다.

그래서 가능한 한 빨리 꽃꿀을 모아야 하기에, 벌들은 가능할 때마다 언제라도 흘러넘칠 정도로 꽃꿀을 저장해놓는다. 이렇게 모인 순도 높은 당분은 마치 마약처럼 인간의 뇌에 도파민을 생성시켜 온갖 창조 활동을 촉진한다.

창조 활동이라는 말이 나오니 로렌조 랭스트로스가 떠오른다. 로렌조 로레인 랭스트로스는 예일대학 출신으로 회중교 목사이자 양봉가이며 기인이었다. 오하이오에서 연구에 몰두하던 그는 1851년 10월 31일 바로 그날에도 "늘 그래왔듯이, 벌통 벽에 붙은 벌집을 안타깝게 떼어내지 않아도 되는 방법을 궁리하고" 있었다. 랭스트로스가 보기에, 벌집을 벌통에서 분리해 다시 쓸 수만 있다면 매번 수확기마다 벌통을 부수지 않아도 되었다. 실로 대단한 사업거리가 아닐 수 없었다. 하지만 어떻게? 어떤 벌통을 제공하더라도 어디에든 재빨리 밀랍으로 집을 만들고 작은 틈새까지 막아 벌통 전체를 말끔하게 봉해 버리는 벌들의 습성이 문제였다. 마침내 어떤 생각이 그에게 떠올랐다.

"실제 벌집과 똑같이 얕은 공간을 쓰자는 생각이 내 머리를 스쳤다. 거의 확실한 방법이었다. 그와 동시에 문득 든 생각은, 헐겁게 매달려 움직일 수 있는 여러 벌집 틀을 서로 적당한 거리에 두고 테두리를 씌우는 것이었다. 길 한가운데서 '유레카'를 마음껏 외치지 않을 수 없었다."

꿀벌 없는 세상, 결실 없는 가을

랭스트로스는 벌의 공간, 즉 벌과 벌집 사이에 6~7밀리미터 되는 통로를 간파해낸 것이다. 그는 벌이 어떤 상황에서도 이 공간을 반드시 확보한다는 사실을 알고 있었다. 그래서 서류철 보관 방식으로 이루어진 벌통을 고안해냈다. 다시 말해서, 각각의 벌집 틀 양쪽 면은 벌집이 가득 찰 수 있는 넓이로 똑같이 만들고 틀과 틀 사이에는 벌의 공간만큼 간격을 띄운 후 겉 상자로 둘러싸는 방식이다.✿ 자연 상태에서 벌집은 밀랍으로 봉해진다. 하지만 벌 공간을 둔 채로 끼워진 틀들이 벌통에 떠 있으면, 벌들이 따로 밀랍 봉인을 할 필요가 없게 된다. 따라서 꿀을 바로 얻을 수 있고, 그 후에는 빈 벌집 틀을 다시 끼우면 그만인 것이다. 이렇게 하면 다른 틀이나 벌집에 아무런 손상을 주지 않을 것이다.

그의 생각은 옳았다. 이후로는 모든 것이 바뀌었다. 랭스트로스 벌통은 10년도 못 되어 미국 전역을 휩쓸었고, 20년이 지나자 국제 표준으로 자리 잡았다. 그 후로도 조금 개량되었다뿐이지 처음 구조를 그대로 지켜오고 있다.

양봉 역사 8000년 동안 랭스트로스 이전에는 단 한 명도 그런 아이디어를 떠올리지 못했다는 사실이 놀라울 따름이다. 지금 돌아보면 명백한 일이지만, 그 후로 혁신적인 아이디어들이 많이 쏟아졌다. 랭스트로스가 유레카를 외친 그 순간 덕분에 많은 벌집과 벌들이 구제되었고, 벌들은 매년 벌집을 고치기 위해 밀랍 수천 톤을 만들어야 하는 고생에서 놓여났으며, 그 대신 유례가 없을 정도로 많은 꿀이 쏟아

✿ 그는 축하하는 뜻에서 샴페인을 담는 나무 상자로 첫 견본을 만들었다.

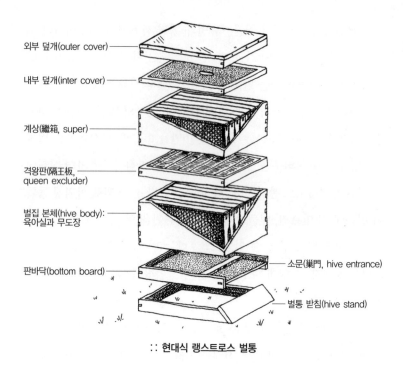

외부 덮개(outer cover)

내부 덮개(inter cover)

계상(繼箱, super)

격왕판(隔王板,
queen excluder)

벌집 본체(hive body):
육아실과 무도장

판바닥(bottom board)

소문(巢門, hive entrance)

벌통 받침(hive stand)

:: 현대식 랭스트로스 벌통

졌다. 양봉업은 이제 훨씬 더 매력적인 업종이 되었다.

특히 벌 중에서도 한 종족 덕분에 양봉업의 인기는 더욱 올랐다. 1840년대에 한 스위스 육군 대위가 살펴보니 이탈리아 국경을 넘나드는 벌이 특별히 온순하고 부지런했다. 엄청난 양의 꿀을 생산해내고 침을 잘 쏘지 않으며 새끼를 많이 낳는 벌이었다. 대위는 이 벌들로 봉군을 얻고 나서 그 소식을 널리 퍼뜨리기 시작했다. 그러자 금세 《이탈리아 알프스 벌(The Italian Alp-Bee)》 또는 다른 이름으로 《농업의 금광(The Gold Mine of Husbandry)》이라는 책이 나타나 열띤 호응을 얻었다. 로렌조 랭스트로스는 1861년경에 첫 봉군을 얻자마자 〈아메리칸

꿀벌 없는 세상, 결실 없는 가을

비 저널(American Bee Journal)〉(〈복음의 사역자들(Ministers of the Gospel)〉이라는 잡지의 절반 가격)에 "이탈리아 여왕벌"을 알리기 시작했다. 1900년 무렵에는 이탈리아가 유럽, 미국, 호주, 뉴질랜드, 심지어 일본에서도 벌꿀의 메카로 인정받았다. 양봉가들이 벌로부터 뛰어난 품질의 꿀을 쉴 새 없이 생산해낸 덕분에 오늘날 이탈리아산 꿀은 전 세계를 지배하고 있으며 역사상 가장 감미롭고 풍성한 꿀을 내놓고 있다.

우리 인류는 자연을 교묘히 조작하는 능력이 있다며 쉽사리 우쭐해하지만, 내게 마이클 폴란(미국의 저술가이자 환경 운동가. 《잡식동물의 딜레마》 등의 저서가 있음—옮긴이) 같은 기회가 주어진다면 자연을 조작하는 일이 두 가지 측면에서 이루어진다고 말하고 싶다. 나는 인간과 꿀벌의 동반자 관계가 상호 진화의 전형적인 예라고 본다. 동반자 관계를 통해 벌은 우리만큼이나 많은 혜택을 입었다. 조너선 스위프트가 말한 것처럼 "인류가 축복받은 고귀한 두 가지는 단맛과 빛"이며 그중에서 단맛을 벌이 우리에게 주었지만, 벌 역시 우리를 유혹하여 그들의 유전자를 온 세상에 퍼뜨려왔다. 그것도 매우 빠른 속도로. 벌이 온갖 지혜를 동원하여 꽃에서 꽃꿀을 얻는 대가로 가루받이를 돕는 영리한 거래를 거듭해온 지 이미 수백만 년이 지났다. 하지만 인간이 약간의 꿀을 얻기 위해 등이 휘도록 열심히 벌통을 만들고 여기저기 옮겨다닌 지는 불과 몇천 년밖에 되지 않는다.

물론 벌과 달리 우리는 의도적으로 동반자 관계를 맺는다고 말할 수 있다. 하지만 진화는 의도나 의향이 아니라 오직 결과에만 관심을 둔다. 벌이 얻어낸 결과는 확실했다. 꿀벌은 인간과 맺은 계약 덕분에 세상을 정복해온 것이다.

어 린 벌 의 일 기

꿀벌 봉군은 눈부시고도 놀라운 지능을 갖추고 있다. 봉군에 대해서
한 말임에 유의해야 한다. 꿀벌 사회에서 지능은 대부분 집단에 있을
뿐 각 개체에게는 해당되지 않는다. 따라서 "벌이 얼마나 영리한가?"
라는 질문은 "내 뇌세포 하나가 얼마나 영리한가?"라고 묻는 것과 다
를 바 없다. 벌은 개별적으로 살지 않으며 그럴 의향도 없다. 하지만
벌집과 진화론상의 적응 관점에서 볼 때 꿀벌 봉군은 많은 '고등동물
들'이 부러워할 만큼 정교하고 복잡한 임무를 수행할 수 있다.

하버드대학 생물학자인 E. O. 윌슨(E. O. Wilson)은 사회생활을 하
는 곤충, 즉 꿀벌, 말벌, 흰개미, 개미 등을 지구상에서 가장 뛰어난 동
물로 여긴다. 크기가 작아 별 관심을 못 받기는 하지만, 윌슨에 따르
면 일부 숲에서는 개미의 생물량만으로도 모든 척추동물을 전부 합한
양보다 4배는 더 많다고 한다. "그런 점에서 볼 때 사회생활을 하는
곤충의 지능은 인간의 수준을 위협할 정도다. 고도로 조직화된 생활
방식을 통해 생태계의 지배자가 되었으며 나머지 지상 생물들의 진화
에도 분명 큰 영향을 끼치고 있다." 그들이 멋지게 보이지는 않을지
몰라도 세상을 지배하고 있다. "산호초와 인간까지 더해서 생각하면,
일반적으로 사회생활은 우수한 생태 방식이다"라고 그는 덧붙인다.

하지만 사회적 지능은 군집 붕괴 현상(CCD) 때문에 손상을 입을
수 있다. 잠시 벌집 생활 방식과 벌의 의식으로 깊이 들어가 보자. 꿀
벌에게 무슨 문제가 있는지 이해하려면, 먼저 모든 상황이 정상적일
때 꿀벌들이 어떻게 서로 어울려 살아가는지 알아볼 필요가 있다.

전체 벌집 속의 벌 5만 마리 가운데 4만 9000마리 이상이 임신 불

꿀벌 없는 세상, 결실 없는 가을

가능한 암컷 "일벌"이다.✿ 이름에 걸맞게 이들은 봉군의 모든 일을 떠맡는다. 먹이 구하기, 벌집 짓기, 벌집 수호, 양육 등 무슨 일이든 해낸다. 하지만 번식만은 이들의 능력 밖이다. 그 일은 여왕벌이 맡는데, 날마다 많은 알을 낳기 때문에(2000마리까지) 끊임없이 양분을 섭취해야만 한다. 여왕벌은 서로 다른 벌집에서 온 수컷 여러 마리와 짝짓기를 하기 때문에 일벌들은 대부분 배 다른 자매들이다.

가끔씩 여왕벌은 수정되지 않은 알을 낳는데, 이 알이 부화하면 수컷 벌인 수벌이 된다. 이 수백 마리 남짓의 수벌들은 일부 인간 남성의 전형적인 생활과 아주 비슷한 삶을 산다. 머리는 크고 몸은 단단하다. 하루 종일 벌집에 매달려 실질적인 일은 전혀 하지 않는다. 먹이를 구하거나 아이를 돌보지도 않고 심지어 집을 짓지도 않는다. 암컷이 먹이를 가져다주기를 기다리고만 있다. 모든 일은 암컷이 한다. 먹는 것 말고 관심 있는 것이라곤 교미밖에 없다. 종종 수벌들은 '잠시 나들이에 나서' 이웃 벌집에 사는 수벌들과 어울려 놀다가 처녀 여왕벌을 쫓아다닌다. 처녀 여왕벌을 붙잡으면 벌집으로 돌아오지 않는다.✿✿ 붙잡지 못하면 벌집으로 돌아와 공짜 먹이를 먹어치운다. 하지만 암컷 일벌이 너그러움을 보이는 데도 한계가 있다. 수벌은 기본적으로 날아다니는 정자일 뿐이기에 일단 짝짓기가 끝나면 아무짝에도 쓸모가 없다. 가을철에 날씨가 서늘해지고 벌집의 자원이 줄어들면 일벌은 벌집

✿ 암울한 이야기지만, 벌이 애벌레에서 여왕벌로 성장하지 못하는 단계가 되면 난소가 굳고 독이 든 주머니와 벌침이 생겨난다. 사랑 받는 존재가 되든가 전사가 되어야 한다. 둘 다 되기란 불가능하다.
✿✿ 이에 관한 구질구질한 이야기는 나중으로 미룬다.

에서 수벌을 쫓아낸다. 그리고 곧 수벌은 바깥에서 얼어 죽는다.

모름지기 기능적인 사회라면 다음 세대에 최고 가치를 둔다. 벌들의 사회도 예외가 아니다. 새끼는 벌집 가운데 안전한 자리에서 길러지고 꽃가루(새끼의 먹이)는 쉽게 먹을 수 있도록 놓아둔다. 꿀(성체 벌의 먹이)은 위쪽 방에 저장한다. 이 방식은 양봉가에게도 편리성을 준다. 아래쪽 방에 있는 새끼들에게 피해를 주지 않고 벌집 위쪽의 꿀 저장통인 '계상(繼箱, super)'에서 꿀을 채취할 수 있기 때문이다. (꿀 채취를 돕기 위해 양봉가는 '격왕판(隔王板, queen excluder)'을 이용한다. 아랫방과 윗방을 격리하는 좁은 통로인 격왕판을 통해 일벌은 아래위로 출입이 가능하지만, 여왕벌은 큰 몸집 때문에 이동하지 못하고 아랫방에서 알만 낳는다.)

새끼 벌은 극진한 보살핌을 받는다. 육각형 방에 여왕벌이 하나씩 낳는 알은 희고 무척 작다. 하지만 부화하여 애벌레가 되고부터는 단백질이 풍부한 (사람으로 치면 모유 같은) 젤리를 잔뜩 먹으며 지낸다. 이 젤리는 양육을 담당한 양육벌이 꽃가루를 삼켰다가 소화시켜 만든다. 애벌레는 아주 작은 초승달 모양인데, 성장 속도가 빨라서 하루에 두 배 크기로 자라며 실제로 6일 후에는 몸이 방에 꽉 찰 정도로 커진다.✿ 그러면 양육벌은 애벌레가 편안한 상태에서 번데기가 될 수 있도록 밀랍 뚜껑으로 방을 봉한다. 밀랍(蜜蠟)은 양육벌의 몸(그중에서도 털구멍— 옮긴이)에서 나오는 지방 성분으로서 얇고 조그만 막 형태로 흘러나온다. 양육벌은 사람들이 초콜릿 조각을 녹이듯이 밀랍 막을 씹으며 침

✿ 아침에 3.5킬로그램으로 태어난 아기가 오후에는 7킬로그램, 다음 날 아침에는 14킬로그램, 그리고 이틀 후면 56킬로그램이 된다고 상상해보라. 많은 성체 벌들이 금세 먹이를 공급하는 일에 참여하는 까닭을 이해할 수 있다.

꿀벌 없는 세상, 결실 없는 가을

을 발라 부드럽게 만든 다음 새끼 방을 덮어 알맞은 모양으로 만든다.

새끼 벌은 자기 방 속에서 홀로 중요한 탈바꿈 과정을 겪는다. 나비처럼 자기 몸에 누에고치를 두르고 3일이 지나면 잔털이 묻은 성체 벌로 새롭게 태어난다. 성체 벌은 첫 번째 임무로 자기 몸을 덮었던 밀랍을 먹어 치우고 벌집의 일원이 된다. 아쉽게도 생일잔치 같은 건 없다. 곧바로 몸을 깨끗이 하고 간단히 먹고 나면 일을 하러 나간다.

자, 그럼 당신이 방금 알에서 부화한 '안살림 벌(house bee)'이라고 상상해보자. 여러 면에서 갓 성인이 된 인간의 생활과 별반 다르지 않다. 첫째 날, 당신은 일 하러 갈 마음의 준비만 되어 있을 뿐 기술이 거의 없다. 가장 먼저 하는 일은 방금 태어난 장소인 방을 청소하는 것이다. 그 다음에는 다른 벌들의 방을 청소하는 시시한 일로 반나절을 보낸다. 나머지 시간에 당신은 먹고 쉬고 더 나은 일거리를 찾을 것이다. 대략 4일 후쯤에는 새끼 돌보는 일을 맡는다. 머리에서 로열젤리를 흘러나오게 해서 새끼들에게 먹인다. 건축에 적성이 맞는 친구들은 새로운 밀랍 벌집을 짓기 시작할 수도 있다. 몇몇은 여왕벌의 시종으로 임명되어 음식을 나르고 여왕벌이 내놓는 쓰레기를 벌집 밖으로 내다버리는 막중한 임무를 맡는다.

열흘쯤 지나면 일이 바빠진다. 바싹 마른 먹이구하기 벌(forager bee) 한 마리가 당신이 사는 구역으로 급히 날아와 다리를 흔들며 여기저기를 밟고 다닌다. 그리고 "짐을 받아줄 벌이 필요해!"라고 외친다. "클로버 노다지를 발견했는데, 실어 나를 벌이 없다고!"라며 재촉한다.(먹이구하기 벌은 스스로 꽃꿀을 실어 나르지 않고, 그 대신 벌집에 있는 다른 벌을 찾는다. 그래야 신속하게 꽃꿀을 캐러 다닐 수 있기 때문이다.) 충분히 그럴 만하다. 여전히 벌집 속의 벌이긴 해도 당신은 이제부터 청소나 하고 새끼나 키우는 일에서 영원히 손을 털게 된다.

벌집 입구로 나가면 신나는 구경거리가 있다. 벌집 입구는 먹이 구하기 벌들이 여기 저기 넓은 세상을 돌아다니며 쉴 새 없이 꽃가루, 꽃꿀, 물을 날라 돌아오는 곳이다. 착륙하자마자 이들은 부산하게 움직이면서 누구는 이것을 맡고, 또 누구는 저것을 맡으라며 벌들을 불러낸다. 잠시 지켜보다 용기를 낸 당신은 거의 쏟아져 내릴 듯한 꽃꿀을 잔뜩 안고 돌아온 먹이구하기 벌 한 마리에게 다가간다. 그리고는 더듬이를 톡톡 치면서 "부디 제게 한번 맡겨주세요" 하고 겨우 말문을 연다. 안도한 그 벌은 말고 있던 주둥이를 펴서 당신에게 모든 짐을 푼다. 당신은 그 짐을 들고 벌집 속으로 허우적대며 들어가 빈 방을 찾아 꽃꿀을 내려놓는다. 그리고 나머지 시간에는 내내 꽃꿀을 입 안에 넣었다 뱉었다 하면서 물기를 증발시키고 효소를 첨가해 투명한 설탕이던 자당(蔗糖)을 끈적끈적한 과당(果糖)으로 바꾼다. 본래 70퍼센트 정도이던 수분 함량이 대략 40퍼센트로 떨어지면 동료 벌들과 함께 날개를 진동함으로써 꽃꿀에 최대한 많은 공기를 쐬어 맛있는 설탕 조림처럼 되도록 한다. 마침내 수분 함량이 20퍼센트 밑으로 떨어지면 꿀이 된다. 그러면 꿀을 밀랍으로 잘 봉한 다음 다른 짐을 실으러 다시 입구로 나간다.

일주일 후에도 당신은 여전히 짐 나르는 일을 신나게 하고 있겠지만, 그처럼 감질나게 바깥세상과 만나다보니 슬슬 벌집 밖이 궁금해진다. 그러던 어느 날 당신은 용기를 내 벌집 입구를 빠져나가 연습삼아 날개를 떨어본다. 자기도 모르는 사이 몸은 땅을 박차고 공중으

꿀벌 없는 세상, 결실 없는 가을

로 둥실 떠오른다. 세상에 이렇게나 쉽다니! 주변 지형을 머릿속에 담아두고는 곧장 안전한 벌집 속으로 되돌아온다. 며칠이 지나면 연습 비행을 더 자주 하고 매번 조금씩 더 멀리 날아보면서 벌집 주변의 지형을 하나하나 기억해둔다.

그러다 드디어 사건이 벌어진다. 이른 아침, 벌들이 활동을 시작하기 전이다. 어제 내내 비가 내렸기에 아무도 비행을 하지 않았다. 며칠째 당신은 동료 벌들과 함께 꿀 숙성에 완전히 매달리느라 별달리 고된 일은 하지 않았고, 그 덕에 에너지가 많이 남아 있다. 느닷없이 먹이구하기 벌 한 마리가 당신의 어깨 위에 다리를 놓고 흔들어 잠을 깨우면서 "사과꽃이 피었어!"라고 외친다.

"꽃꿀이 줄줄 흘러나오고 있다! 모든 일꾼들은 즉시 비행갑판으로 이동!"

"저도요? 하지만 경험이 없는데요." "지금이 바로 경험할 기회야. 어서 가자고, 애송이 친구."

당신은 잔뜩 흥분한 채 무도장(dance floor)으로 향한다. 무도장은 벌집 바로 안쪽 구역으로서 먹이구하기 벌들이 돌아와 8자 모양으로 춤을 추고 일벌들이 서성이는 곳이다. 구경꾼들을 헤치고 무리 안쪽으로 들어가니(그렇지!), 8자 춤을 추는 벌 한 마리가 스쳐 지나간다. 이 벌은 엉덩이를 다급하게 썰룩이며 바깥에서 알아낸 정황을 모두에게 전한다. 몸을 흔드는 각도를 잠시 살펴보니, 어느 방향으로 가야 할지, 시간이 얼마나 걸릴지, 거리가 얼마인지 파악이 된다. 그녀가 뭘 찾아냈는지는 물어볼 것도 없다. 몸뚱이가 물풍선처럼 부풀어 있고 온몸에서 향긋한 사과 향이 흘러넘치니 말이다. 당신은 "알았어!"를 외치고 춤 대열 속으로 뛰어들어 엉덩이 흔들기에 동참한다. 다른 몇 마리도 끼어들자 다 함께 벌집 입구로 급히 향한다.

먹이구하기 벌이 춤을 통해 알려준 대로 벌 여러 마리가 태양의 각도를 따라 날아가기 시작하고, 당신도 곧 그 뒤를 따라 신나게 난다. 예상했던 거리까지 왔는지 마음속으로 헤아려본다. '여기쯤일 텐데⋯⋯ 아직은 아니다⋯⋯.' 그러다 거대한 연분홍 불꽃이 터지듯 한가득 꽃이 핀 사과나무가 눈에 들어온다. 동료들은 이미 도착해 있다. 당신은 꽃 하나를 골라 그 꽃잎 위에 내려앉는다. 꽃잎에서 새어나오는 자외선을 감지하여 밑부분에 작은 샘이 있음을 알아차린다. 샘에서는 뿌리칠 수 없는 향긋한 향기가 흘러나온다. 자외선이 새어나오는 쪽으로 내려가서 말아놓은 주둥이를 편 다음 마치 밀크셰이크에 빨대를 꽂듯 샘 속에 주둥이를 담근다. 아, 이 행복한 달콤함.

당신은 이제 '꿀 주머니(honey sac)'를 가득 채운다. 꿀 주머니는 머릿속의 특수 수압 펌프를 이용해 속을 채우거나 비우는 뱃속의 풍선 같은 것이다. 하지만 모든 꽃꿀을 소화시키지는 않는다. 벌의 사회는 전체 단위로 운영되므로 일단 배가 터질 정도로 사과 꽃꿀을 먹었다면,✿ 짐을 가득 실은 헬리콥터마냥 다시 힘을 내서 벌집으로 되돌아가야 한다. 입구에 도착한 당신은 기다리고 있던 짐나르기 벌(receive bee)들의 입 속으로 꿀 주머니에 든 내용물을 쏟아붓는다. 이 벌들은 지난주 당신처럼 앞날이 창창한 젊은 친구들이다. 어쩌다 큰 실적을 올리면 엄청난 양을 따온 것에 기분이 몹시 들뜬다. 그래서 짐을 부리고 난

✿ 여유가 있을 때면 벌 연구자들도 재미삼아 이렇게 해본다.

꿀벌 없는 세상, 결실 없는 가을

후 기쁨에 겨운 나머지 무도장으로 부리나케 달려가 엉덩이를 흔들어 댄다. 두말할 나위 없이 다른 벌들도 당신을 따라 춤춘다. 잠시 후 그 벌들도 사과꽃을 향해 급히 날아간다. 당신과 한 팀이 된 것이다.

당신은 3주가량 그렇게 꽃꿀을 딴다. 벌집 속에서 안살림 벌로 지낸 21일간의 삶은 들판에서 꽃꿀을 따며 보낸 3주간의 삶과 절묘한 대조를 이룬다. 당신은 점점 더 실력이 늘어 새벽부터 저녁 어스름까지 날고 또 난다. 하지만 마침내 몸에 변화가 찾아와 가냘픈 날개가 점점 약해져 간다. 몸이 삐걱거리는 느낌이 든다. 질병이 창자 속으로 스며든다. 어느 가을날 개미취에 내려앉으려는데 다리가 제대로 말을 듣지 않는다. 다시 날아오르려 했지만, 날개가 접히는 바람에 땅에 떨어지고 만다. 곧 죽음의 시간이 찾아온다.

세 대 를   이 어 가 는   지 혜

이 이야기는 벌집 속 벌의 시각으로 본 일생이다. 이것은 전형적인 벌의 일생에서 일어나는 여러 사건뿐 아니라 벌이 마주치는 결정적 순간까지도 잘 설명해준다. 그럼 이제는 시야를 돌려 인간의 눈으로 바라보자. 무엇보다 수천 마리의 벌떼가 벌집 밖에서 벌어지는 일들을 거의 알지 못하면서도 자체적으로 결정을 내린다는 것이 얼마나 뛰어난 지능과 협조를 통해 이루어지는지 알아보겠다. 이렇게 생각해보자. 벌 5만 마리가 있는데, 총책임자는 단 한 마리도 없다.✿ 종업원 5만

✿사람들은 여왕벌이 책임자라고 여기곤 하지만, 여왕벌은 알 낳는 노예에 지나지 않는다.

명이 근무하는 회사라면, 부서별로 중간 관리자가 있고 그들 각각은 종업원을 20명씩 감독하며 상위 관리자에게 보고한다. 보고 받은 관리자는 다시 그보다 상급인 관리자에게 보고를 올리며 이런 식으로 위계에 따라 계속 올라가면 최종적으로는 최고 경영자에까지 이른다. 이처럼 몇몇 사람 손에 정보와 권력을 집중시키면 신속하고 통일성 있는 의사 결정이 가능하지만, 무능한 책임자 한 명 때문에 전체 기업이 무너질 우려가 있다.

한편, 벌 사회는 '다수의 지혜'를 원칙으로 먹이 확보와 벌집 짓기를 비롯해서 생활상 필요한 수요량을 정확하게 가늠한다. 중앙집권적인 의사 결정이 아니라 수천 명 일꾼들이 내리는 사심 없는 결정을 통해 자연스러운 질서가 형성된다. 여기서 핵심은 '사심 없음'이다. 4만 9000마리의 불임 일벌들이 자기 유전자를 계속 후세로 이어주려면 어미를 통해야만 한다. 대부분 진화 과정에서 핵심이 되는 '적자생존'을 통한 유전자 경쟁이 꿀벌에게는 적용되지 않는다. 벌집 속의 모든 구성원은 서로 경쟁하지 않는다. 공동 운명체의 일원이기 때문이다.

그 덕분에 꿀벌 사회는 의사소통망과 피드백 체계가 형성되는 방향으로 진화를 이루었고, 이로 인해 다른 생명체들에게는 불가능한 고도의 의사 결정이 가능해졌다. 이러한 능력은 토머스 실리(Thomas Seeley)가 쓴 명쾌하고 탁월한 책 《벌집의 지혜(The Wisdom of the Hive)》에 잘 설명되어 있다. 피드백 체계가 가능했던 까닭은 먹이구하기 벌과 짐나르기 벌이 분업을 하기 때문이다. 숙련된 먹이구하기 벌들이 모든 꽃꿀 짐을 벌집 깊숙이 날라 빈 방을 찾고 꽃꿀을 꿀로 숙성시키는 일까지 맡는 것은 시간 낭비이기 때문에, 그 일들은 다른 일꾼들에게 돌린다. 먹이를 최대한 많이 벌집으로 가져가려면 봉군 내에서 먹이 구하기 벌과 짐나르기 벌이 완벽한 균형을 유지해야 한다. 먹이구하기 벌이 너무 많으면 입구에 병목현상이 일어나 짐을 내리는 데 시간이 많이 소요된다. 짐 나르기 벌이 너무 많으면 나가서 먹이를 구할 수 있는데도 벌집 안에서 일도 하지 않고 어슬렁대기만 한다.

벌들은 그 잘 알려진 춤으로 이 균형의 눈금을 조절한다. '8자 춤 (waggle dance)'은 비행사를 조금이라도 더 부르기 위함이고, '떨림 춤 (tremble dance)'은 더 많은 짐꾼들을 부르기 위함이다. 세 번째 춤인 '흔들기(shaking)'는 머뭇거리는 벌들에게 먹이를 찾아 나서라고 독려하는 신호다. 춤을 통한 의사소통은 다음과 같이 이루어진다.

먹이구하기 벌 한 마리가 정찰을 나갔다가 꽃꿀이 흘러넘치는 오렌지 나무를 발견한다. 그 벌은 꽃꿀을 주둥이 안으로 몽땅 빨아들이고 벌집으로 급히 되돌아온다. 도착 즉시 꽃꿀을 받아들 짐나르기 벌을 찾는다. 다음에 무엇을 할지는 짐을 들여놓는 데 걸리는 시간에 따라 달라진다. 만약 짐꾼들이 꽃꿀을 나르려고 여기저기서 달려드는 데다 그녀도 금세 짐을 부릴 수 있으면, 분명 먹이구하기 벌이 부족한 것이다. 그러면 그녀는 일꾼들이 서성대는 벌집 입구 바로 안쪽에 마련된 무도장으로 간다. 그곳에서 구경꾼들에게 엉덩이를 흔들고 날개를 윙윙대며 8자 춤을 추면서 방 위아래를 돌아다닌다. 이 벌이 수직선(무도장을 비롯해 모든 방이 수직으로 매달려 있음을 상기하자)에서 벗어난 각도는 오렌지 나무로 향하는 직선과 태양 사이의 각도에 해당한다. ✿

8자 춤이 지속되는 시간은 거리를 나타낸다. 춤 동작 1초는 대략 1.2킬로미터를 뜻한다. 구경하던 벌은 어떤 춤을 따라할지 까다롭게 따지지 않는다. 보통은 처음 눈에 띄는 춤에 바로 뛰어들어 춤 대열을 따라 몇 바퀴 돌면서 곧 있을 비행의 좌표를 숙지한다. 따라서 8자 춤이 더 많이 반복될수록 벌들도 더 많이 모이기 때문에 반복 횟수는 곧 발견이 얼마나 가치 있는지를 나타내는 척도인 셈이다. 오렌지 나무한 그루를 발견했을 경우에는 클로버 덤불 몇 군데를 찾아냈을 때보다 춤을 더 많이 반복하고, 또한 그 오렌지 나무가 가까운 곳에 있다면 멀리 있을 때보다 반복 횟수가 더 많아진다. 신호의 의미는 상대적이어서, 똑같은 오렌지 나무라도 수킬로미터에 걸쳐 무리 지어 자라고 있다면 대서특필감이지만 가시덤불 속에 감싸여 있으면 꾸어다 놓은 보릿자루 취급을 받는다. 8자 춤의 반복 횟수는 1회(다른 벌들에게 알릴 가치가 거의 없는 소식)부터 100회(벌집 전체를 발칵 뒤집을 만한 소식)까지 다양한데, 20회가 넘으면 무언가 제대로 찾았다는 뜻이다.

　당신은 이런 경험을 한 적이 있을 것이다. 즉, 어느 날 혼자 점심을 먹으러 나갔다가 맨해튼에서 우연히 근사한 스리랑카 식당을 발견한다. 카레와 메뚜기 요리를 잔뜩 먹고 사무실로 돌아온 후 모든 직장 동료들에게 그 사실을 알리고, 세계적인 음식점 안내지 자가트(Zagat) 사이트에 글을 올린다. 그러자 그 식당은 발 디딜 틈 없이 손님들이 몰려든다. 하지만 반대로 음식 맛이 썩 좋지 않고 밋밋하다면 몇 명에

✿ 밝기도 제 역할이 있는 듯하다. 수평선은 태양이 바로 위에 있거나 바로 아래에 있을 때 가장 밝은 반면, 태양이 직각을 이루며 높이 떠 있을 때 가장 어둡다. 만약 편광 필터를 벌집 입구에 놓고 돌리면 벌이 특정한 8자 춤을 보고 잘못된 방향으로 비행을 시작하게 만들 수 있다. 하지만 편광 필터를 통해 빛이 비치는 범위를 벗어나면 금세 제대로 방향을 수정한다.

　　　　　　　　　　　　꿀벌 없는 세상, 결실 없는 가을

게만 말하거나 아예 알리지 않을 것이다. 맨해튼에는 찾아갈 식당이 수만 개나 있기에 사람들은 더 나은 식당을 찾게 될 테고 얼마 못 가 그 식당은 문을 닫는다.

하지만 내가 사는 마을인 버몬트 주 캘리스에는 식당이 몇 개 안 되기에 이 경우와는 다른 상황이 빚어질 것이다. 만약 내가 뒷골목을 거닐다가 시골에서는 좀체 만나기 어려운 스리랑카 식당이 갓 개업했음을 알게 된다면, 설령 맛이 그다지 훌륭하지 않다 해도 만나는 사람마다 그 소식을 알릴 것이다.

사람들이 여느 도시에서 식당을 찾는 것처럼, 꿀벌도 입소문이라는 효과적인 척도를 통해 맛있는 꽃들이 모인 지점을 찾아낸다.

그런데 문득 이런 의문이 든다. 특히 새로운 먹잇감을 찾아 나서는 일이 얼마만큼 흥미진진할지 어떻게 알 수 있을까? 벌들은 나무딸기 덤불을 평생에 한 번 발견할까, 아니면 매일 주식으로 먹을까? 벌들이 유전자에 따라 흥분하는 정도도 서로 달라서 어떤 벌은 메역취를 보고 8자 춤을 더 오래 추는 반면, 또 어떤 벌은 개미취를 만났을 때 그렇게 오랫동안 춤을 추는 건 아닐까? 그리고 어떤 꽃이냐를 떠나서 단순히 긴 시간 동안 춤을 추는 벌이 있어서 전혀 안 좋은 장소로 벌들을 데려갈 수도 있지 않을까?

물론 그렇긴 하다. 《벌집의 지혜》는 아주 흥미진진한 실험을 소개하고 있다. 실리 박사는 벌 10마리를 추적해 춤 성향이 각각 어떤지 알아보았다. 먼저 10마리 모두에게 묽기가 옅은 설탕 시럽이 든 먹이통을 주었다가 그 다음에는 진한 시럽이 든 먹이통으로 바꾸어보았다. 그리고 벌의 반응을 각각 기록했다. 어느 벌(BB로 표시된 벌)은 8자 춤

시간이 전체의 41퍼센트였던 반면, 다른 벌(OG로 표시된 벌)은 겨우 5퍼센트였다. OG는 맛없는 음식을 대접받은 손님마냥 8자 춤을 거의 추지 않았다. 심지어 아주 달콤한 음식을 가져다주어도 단지 흥분의 표시로 30번만 춤을 추었을 뿐이다. 그 정도면 BB가 형편없는 음식을 대접받았을 때 추는 횟수다.("점심으로 햄버거를 먹었는데, 그만하면 괜찮았어!") BB벌은 진짜로 좋은 음식을 대접받으면 완전히 들떠서 무려 100번이 넘게 춤을 춘다.

이처럼 유전적인 차이로 일부 벌들이 좋은 자원을 제대로 활용 못 할 수도 있지만, 몇천 마리 전체로 보면 결국 고른 결과가 나온다. 물론 BB가 지원자 한 무리를 새로 발견한 꽃밭으로 데려갔는데 모두들 흥미를 느끼지 않을 수도 있다. 그렇다면 이들이 되돌아왔을 때 매력이 전혀 없는 곳임을 알릴 것이고 당연히 8자 춤도 추지 않을 것이다. 그러면 허탈해진 BB도 벌집 속으로 들어가 햄버거 계획이 실패했다는 쓰라림을 잠으로 달래며 열정의 불길을 누그러뜨릴 것이다.

벌집에는 BB 같은 벌도 어느 정도는 필요하다. 먹을 것이 부족할 때는 햄버거도 대단한 음식이기 때문이다. 또한 OG처럼 의심 많은 벌도 어느 정도 필요하다. 먹이가 풍부한 상황에서 최정예 지원자만을 모집할 수 있기 때문이다. 벌 사회에서 흥분 정도는 넓은 종 모양으로 분포곡선을 보이기 때문에 쉴 새 없이 바뀌는 꽃꿀 공급에 지혜롭게 대처할 수 있다.

벌집으로 돌아온 먹이구하기 벌들이 춤 추는 비율은 10퍼센트 미만이다. 아주 맛있는 꽃꿀을 찾고 아울러 기꺼이 짐을 나르려는 벌들이 있어야 춤이 나온다. 만약 짐꾼들을 찾는 데 걸리는 시간이 20∼

50초 사이로 짧다면 분업 체계가 잘 갖추어진 사회임이 틀림없다. 하지만 이런 경우에도 먹이구하기 벌들이 직접 짐을 내리고 청소를 하고 간식을 먹고 나서 자신이 찾은 꽃으로 혼자 돌아갈 수도 있다. 만약 꽃이 정말로 형편없다면 잠시 일을 그만두고 대신 실내 업무를 맡는다. 실리 박사는 먹이구하기 벌 수천 마리가 돌아오는 모습을 관찰했는데, 먹이를 찾고부터 무도장에서 춤을 출 때까지 새로운 목표물을 찾기 위해 곧바로 가는 벌은 단 한 마리도 없었다.

만약 짐꾼을 찾는 데 50초 이상 걸린다면, 꽃꿀은 많이 도착했는데 짐을 나를 벌은 충분하지 않다는 뜻이다. 그러면 먹이구하기 벌들은 짐꾼 찾기를 그만두고 벌집 깊숙이 들어가서 진동 춤을 춘다. 경련을 일으키듯 좌우로 몸을 뒤틀고 아무 방향으로나 마구 돌며 두 앞발을 치켜들고 흔든다. 대략 반시간 정도 몸을 떨면서 벌집 이곳저곳을 마구 돌아다닌다. 이렇게 하는 까닭은 어둡고 밀집된 공간 안에서 다른 벌에게 소식을 전하려면 아주 가까이 다가가는 것이 유일한 방법이기 때문이다. 춤을 통해서 자신이 신호를 보내고 있다는 사실, 그리고 짐꾼을 찾지 못한 스트레스 때문에 경련이 생겼다는 사실을 그들 스스로가 인식하느냐 하는 여부는 중요하지 않다. 어찌 되었든 짐꾼들이 더 필요하다는 메시지는 소란스럽고 분명하게 전파된다. 짐을 나른 적이 없는 양육벌과 집짓기 벌도 소리를 듣고 벌집 입구로 나온다.

만약 먹이구하기 벌이 8자 춤을 추는 벌을 만나면 날개로 윙윙 소리를 내거나 가끔씩은 머리를 들이받기도 한다. "비행사 모집은 그만 두라고, 멍청한 녀석아! 가져온 짐이 너무 많단 말이야"란 뜻이다. 8자 춤을 추던 벌이 먹이구하기 벌에게 윙윙 소리를 듣거나 머리를 부덮히면 춤을 멈추고 혼자서 먹이를 구하러 가버리기도 한다.

8자 춤과 진동 춤이라는 두 가지 선천적인 행동과 더불어 꿀벌 사회는 먹이를 가공하는 속도를 마음껏 조절할 수 있다. 꽃꿀을 채집하는 비율과 꽃에서 얻은 자원을 최대한 잘 이용하기 위해서다. 정찰 벌(scout bee)이 막 흘러나오기 시작한 꽃꿀을 새로 찾으면 벌집을 향해 일직선으로 날아와 8자 춤을 춤으로써 다른 벌들에게 알려 지원자 10마리를 데리고 다시 꽃으로 날아간다. 만약 꽃꿀이 샘솟듯 흘러나온다면 그 지원자들도 벌집으로 돌아가 8자 춤을 추어서 각자 새로운 무리를 데리고 간다. 이런 까닭에 이른 아침에는 작약 꽃 주변에 벌 한 마리만 얼쩡대던 것이 정오쯤이면 수백 마리 벌들의 축제로 바뀌는 것이다. 만약 먹이구하기 벌 수백 마리가 짐꾼을 구하는 데 어려움을 겪는다면 벌집 깊숙이 들어가 떨림 춤으로 짐꾼을 모은 다음에 작약 꽃으로 돌아간다. 한편, 작약 꽃에 꽃꿀이 완전히 말라버리면 벌들은 새 지원자를 모으는 8자 춤을 중단하고 결국에는 그 꽃을 포기한다. 한 봉군이 수확량이 줄어든 꽃을 버리고 더 나은 꽃을 찾기까지는 겨우 몇 시간밖에 걸리지 않는다.

그런데 먹이구하기 벌은 어떻게 애당초 일을 시작할지 아는 걸까? 먹이구하기 벌의 세 번째 신호, 즉 '흔들기'가 그 답이다. 만약 꿀벌 한 마리가 거대한 발견을 하고 돌아왔는데도 무도장에 대기 중인 벌이 한 마리도 없다면 8자 춤은 아무런 소용이 없다. 대신에 이 벌은 벌집 속으로 뛰어들어, 쉬고 있는 벌들의 몸에 다리를 올려놓고 흔들어서 행동에 나서도록 다그친다. 때로는 200마리나 되는 벌들을 흔들어대는데, 대부분은 비행 경험이 없는 어린 벌들이다. 흔들린 벌들은

꿀벌 없는 세상, 결실 없는 가을

너 나 할 것 없이 무도장으로 나가야 한다는 자극을 받고 비행 계획을 전달받는다.

실리 박사는 여러 날째 먹이를 찾으러 나서지 않는 벌 한 마리를 관찰했다. 이 벌 가까이에 설탕 시럽 먹이통을 두었더니, 먹이를 먹고 돌아와서 처음 열 번은 동료들에게 흔들기 신호를 보냈다. 점점 더 많은 벌이 무도장에 몰려들자, 이 벌은 그 다음 열다섯 번은 흔들기 신호와 8자 춤을 섞어서 추었다. 그 후로는 8자 춤만 추고 다른 행동은 하지 않았다.

단백질의 힘

어린 학생에게 "벌이 뭘 먹고 살지?"라고 물으면 "꿀이오"라고 답할 것이다. 물론 맞는 답이긴 하지만, 절반만 맞는 이야기다. 벌은 봉군의 가장 중요한 먹이인 꽃가루도 모은다(꽃가루는 식물의 유전자 기호를 담고 있다—옮긴이). 견과나 씨앗과 마찬가지로 꽃가루에는 각종 화합물과 일등급 영양소들이 가득하다. 대부분은 단백질이며 지방, 비타민, 미네랄도 함유되어 있다. 꿀은 아침식사로 먹는 도넛인 셈이고, 꽃가루는 시금치와 마늘이 든 오믈렛이라 할 수 있다.✿

꿀 속에 든 탄수화물은 훌륭한 에너지원이기에 먹이구하기 벌은 주로 꿀만 먹는다. 그들이 마라톤 선수처럼 온종일 날아다니려면 '탄수화물 비축'이 필요하다. 단백질은 모든 동물의 몸을 구성하는 기본

✿ 이 재료들도 물론 맛이 좋다. 하지만 나는 클로버 잎이 들어간 오믈렛을 가장 좋아한다.

요소여서 일벌에게 일단 체격이 형성되고 나면 그리 많이 필요하지는 않다. 우리는 신체 손상을 복구하기 위해 단백질을 체내에 비축할 필요가 있지만, 일벌은 겨우 몇 주밖에 살지 않기 때문에 신체를 정비할 계획을 세우지 않는다. 한 번 망가지면 그대로 끝이다.

반면에 새끼 벌은 성장을 위해 고급 단백질이 많이 필요하다. 태어난 첫날부터 먹고 싶어 안달하는 새끼 벌은 위급함을 알린다. 그 위급함을 알리는 방법이란 세상 모든 아기들이 그렇듯이 우는 것이다. 다만 벌은 소리 내서 울지는 않고 그 대신 '봉아 페로몬'이라고 알려진 후각 신호를 보낸다. 신호의 형태는 각각 다르지만, "여기에요. 먹이를 주세요"라는 내용은 모두 똑같다. 애벌레로 지내는 닷새 반나절 동안 크기가 1300배나 커진다. 엄청난 단백질이 공급되는 셈이다. 단백질은 전부 꽃가루에서 나온 것이다.

꽃꿀을 찾는 벌과 마찬가지로 꽃가루를 찾는 벌도 8자 춤을 추어 희소식을 전한다. 보통 한 봉군 안에서 먹이구하기 벌의 4분의 1가량이 꽃가루 모으기를 전담한다. 꽃가루 모으기를 전문으로 하는 벌도 있고 꽃꿀 모으기를 선호하는 벌도 있다. 몇몇 벌은 평생 물만 나르기도 한다.

꽃가루 모으기는 꽃꿀 모으기와 다른 방식으로 진행된다. 꽃가루는 고체 상태여서 꿀 주머니에 담을 수가 없다. 대신 털이 가득한 벌의 몸 곳곳에 달라붙는다.✿ 그러면 벌은 곱슬곱슬한 뒷다리 털로 만든 안장주머니 속에 다리를 이용해 조금씩 털어 넣는다. 이 곡식은 안장주머니 안에서 뭉쳐 '덩어리' 형태로 담긴다.

벌집으로 돌아가는 벌을 관찰해보면, 뒷다리에서 밝은 주황이나

노란색으로 반짝이는 부분을 흔히 목격할 수 있다. 이런 방식으로 옮겨지는 까닭에 꽃가루는 운반 과정에서 꽃꿀만큼 일손을 많이 들일 필요가 없다. 대신에 꽃가루를 구하는 벌은 곧바로 벌집 안으로 들어와서 싣고 온 꽃가루 짐을 육아실 근처에 있는 어느 방에 맡겨둔다. 그 다음 꽃꿀을 토해내고 양육벌에게 식량 한입을 구걸한다. 그러면 비로소 잽싸게 꽃이 있는 곳이나 무도장으로 돌아간다. 따로 짐꾼이 필요 없는 방식이다. 하지만 짐을 모두 푼 후에는 양육벌에게 가서 가져온 먹이를 시식해보라고 부탁한다. 맛에 따라 봉군에 꽃가루를 얼마나 가져올지 판단하기 위해서다. 단백질이 가득 들었다면 꽃가루를 더 많이 가지러 간다. 비록 설탕 성분이 대부분이라 해도 꽃가루를 많이 모으면 그나마 영양 성분이 확보된다.

먹이구하기 벌은 가져온 꽃가루를 전부 벌집 속으로 들이지만, 스스로 먹거나 새끼들에게 직접 먹이지는 않는다. 그럴 수도 없다. 먹이를 구하러 나갈 시기가 되면, 꽃가루를 소화하는 데 필요한 효소를 만드는 머릿속의 하인두(下咽頭)샘이 작아지면서 꽃꿀을 소화시키는 샘으로 대체된다. 하인두샘은 벌의 유선(乳腺)이라 할 수 있다. (까닭없이 양육벌이라고 불리는 것이 아니다.)

갓 성체가 된 양육벌은 벌밥(bee bread)을 먹는다. 그래야 하인두샘을 통해 로열젤리를 생산할 영양분을 얻는다. 로열젤리는 정결하고 단

✿ 때때로 벌은 꽃가루를 문지르지 않아도 될 때가 있다. 벌이 날 때는 날개를 격하게 흔들기 때문에 마치 스웨터에 전구를 대고 문지를 때처럼 몸에 강한 정전기가 생긴다. 그래서 벌이 꽃이 내려앉는 순간 '찌릿' 하며 방전이 이루어진다. 순식간에 꽃가루는 꽃밥에서 떨어져 벌에 들러붙는다.

더듬이

주둥이(혀)

침

꽃가루바구니

꽃가루방

:: 꿀벌

백질이 풍부하며 영양가가 무척 높은 음식이다. 그래서 주로 애벌레와 여왕벌에게는 넉넉히 주어지지만 먹이구하기 벌에게는 쥐꼬리만큼만 제공된다. 하얀 알처럼 보이는 로열젤리는 비텔로제닌(vitellogenin)으로 이루어져 있다. 이 단백질은 다른 암컷 동물들도 알을 만들기 위해 많이 사용하는 물질이다. 우유처럼 로열제리도 맛이 좋으며 쉽게 소화되는 단백질 부유물로서 영양이 매우 풍부하다. 비텔로제닌은 뛰어난 산화 방지제 역할을 함으로써 면역력을 높이고 스트레스를 줄이며 피로와 노화를 방지한다. 양봉가인 랜디 올리버는 비텔로제닌을 일컬어 "벌꿀이 지닌 젊음의 원천"이라며 칭찬을 아끼지 않았다.✿

봉군의 건강 수준을 알아보는 으뜸가는 척도는 비텔로제닌 비축

✿ '젊음의 원천'에 관한 이야기를 읽고 직접 한번 먹어보고 싶은 독자들이 많을 것이다. 이 물질이 검증된 것은 아니지만 오랫동안 인기 만점의 영양 보조제였으며 화장품 재료로도 쓰인다. 벌집에서 로열젤리를 모으는 일은 일손이 극히 많이 들기 때문에 미국산 로열젤리는 엄두도 못 낼 정도로 비싸다. 하지만 세계 로열젤리 교역의 상당 부분을 차지하는 중국산은 저렴하다.

꿀벌 없는 세상, 결실 없는 가을

량이다. 또한 비텔로제닌은 꽃가루 속에 함유된 단백질이 합성된 것이기 때문에 꽃가루 공급량으로도 봉군의 건강 수준을 알 수 있다. 하지만 벌은 꽃가루의 경우 꿀을 저장하는 것처럼 그렇게 엄청난 양을 저장해두지는 않는다. 꿀은 영원히 저장할 수 있지만 꽃가루는 그렇지 않다. 게다가 벌은 꽃가루를 저장하기보다는 그것을 이용해 벌의 수를 늘린다. 따라서 봉군 내에 공급되는 단백질은 대부분이 양육벌과 새끼의 몸에 비축되는 셈이다. 양육벌은 꽃가루가 벌집에 도착하면 대부분 삼켜서 로열젤리로 변환시킨 후 새끼와 여왕벌, 그리고 일벌에게 먹인다.

로열젤리는 여왕벌이 거의 다 먹는다. 여왕벌은 오직 로열젤리만 먹고 산다. 이 사실 하나만으로도 비텔로제닌이 봉군 전체의 건강과 개체 벌의 수명에 얼마나 중요한 역할을 하는지 분명히 알 수 있다. 여왕벌은 비텔로제닌만 먹는 식습관 덕분에 6주 동안만 사는 일벌과는 달리 2~3년 동안 산다. 경이로운 물질이 아닐 수 없다. 비록 불임인 암컷이긴 하지만 양육벌에게는 비텔로제닌을 만들어내는 기관이 있다. 알을 직접 낳는 대신 이들은 비텔로제닌을 로열젤리로 바꾸어 여왕벌에게 바친다. 로열젤리를 먹은 여왕벌은 봉군 전체를 위해 알을 낳는다. 사회를 이루며 사는 곤충의 협동 생활은 이처럼 암컷이 생산하는 단백질 때문에 진화했다고 믿는 연구자들도 있다. 수정된 알은 원칙적으로는 여왕벌이 될 수 있기 때문에 로열젤리를 잔뜩 먹어 여왕벌이 되면 2~3년을 살 수 있다. 며칠 만에 비텔로제닌이 풍부한 먹이 공급을 중단하고 방을 밀봉하면, 발육이 차단되어 임신이 불가능한데다 몇 주밖에 살지 못하는 일벌로 자라게 된다.

벌집 속의 벌 가운데 최고령 일꾼인 먹이구하기 벌은 영양 섭취가 가장 부족하다. 이들은 로열젤리를 가장 적게 먹는 까닭에 몸에 비축해둔 영양분이 거의 없어 면역력 약화로 노화가 촉진된다. 성체가 되고 약 3주가 지났을 때 체내에 비텔로제닌 수치가 떨어지는 현상은 곧 먹이를 구하는 행동에 나서라는 화학 신호인 셈이다.

봉군 전체의 단백질 조절은 양육벌이 담당한다. 이들은 단백질이 부족해지면 먼저 먹이구하기 벌에게 공급하는 음식을 중단한다. 그리고 갓 낳은 알과 새끼를 잡아먹기 시작할 것이다. 이렇게 해서 단백질을 재활용한다. 상황이 아주 심각해지면 여왕벌을 졸졸 따라다니면서 알이 생기는 즉시 먹어치운다. 벌집 사회의 완벽한 조절 능력을 보여주는 사례다. 단백질 수치가 떨어져 양육벌조차 굶주릴 때쯤이면 어쩔 수 없어 가장 손쉬운 먹잇감인 알을 먹어치운다. 그렇게 봉군이 부양할 수 있을 만큼만 벌을 부화시키는 것이다. ✿

가을이 깊어갈수록 해는 짧아지고 날씨는 서늘해져 마지막 꽃잎마저 시들고 나면 여왕벌은 더 이상 알을 낳지 않는다. 마지막으로 부화한 벌들은, 정상적인 상황이었다면 꽃가루를 배불리 먹고 로열젤리로 변환시키는 임무를 맡았을 것이다. 하지만 이젠 양육벌이 되어도 돌볼 알이 남아 있지 않다. 대신에 이들은 체내에 '젊음의 원천'을 몽땅 저장하고 있다. 겨울 벌의 임무는 바로 그것이다. 생명의 불꽃을

✿ 이런 체계에도 나름대로 한계가 있다. 만약 봉군에 꽃가루가 바닥나면 양육벌은 어느 정도 성장한 애벌레를 하루나 이틀 일찍 밀봉시키고 먹이 공급을 중단함으로써 강제로 번데기 과정을 겪게 한다. 이런 애벌레들이 부화하면 작고 나약하며 역량이 부족한 벌로 태어난다.

꿀벌 없는 세상, 결실 없는 가을

너무 빨리 불살라 몇 주밖에 살지 못한 먹이구하기 벌과는 달리 겨울 벌에게 주된 일이란 오직 봄이 올 때까지 살아남는 것뿐이다. 면역력 증대, 산화 방지, 수명 연장의 물질인 비텔로제닌 덕분에 이들은 벌집 속에 한데 모여 몇 달을 버틴다. 어느덧 시간이 흘러 낮이 길어지고 여왕벌이 알을 낳기 시작하면, 마침내 체내에 비축해두었던 비텔로제닌을 새로 태어난 새끼에게 전해줌으로써 양육 임무를 마친다. 그리고는 먹이를 구하러 봄의 첫 비행에 나선다.

거 대 한   분 할

성공적인 봉군이라면 반드시 수행해야 할 마지막 임무 역시 다수의 지혜에 바탕을 둔다. 개체 수가 비대해지고 제반 조건이 적절하다면, 벌은 떼 지어 이동을 한다. 여왕벌과 몇백 마리의 수벌을 포함하여 전체의 절반가량인 2만 마리 정도가 새로운 보금자리를 찾아 나선다. 이는 전형적인 무성생식의 일종으로서 조직을 절반으로 나누어 서로 다른 두 집단을 만드는 과정이다. 분봉(分蜂)을 준비하면서 벌떼들은 여왕벌을 위한 방 몇 개를 남긴다. 벌집 중심부를 감싸고 있는 이 특수한 방들에는 어왕벌이 될 애벌레가 들어 있다. 이로써 대이동이 끝난 며칠 후에 남아 있던 봉군은 새로운 여왕벌을 맞이한다. 사람들은 먹구름처럼 벌떼들이 모여 한꺼번에 이동하는 모양을 보고 공포감에 휩싸이지만, 분봉하는 벌떼는 꿀도 없고 방어할 보금자리도 없을 뿐 아니라 침도 거의 쏘지 않는다.

　　넘치는 개체 수와 풍족한 꽃은 분봉의 필수 조건이다. 최근까지도 사람들은 분봉 결정을 여왕벌이 내린다고 짐작했다. 하지만 2007년에 과학자들은 나이 든 일벌이 다른 벌집 구성원들에게 이동 신호를 준다는 사실을 알아냈다. 심지어 그 신호의 일환으로 재촉하는 듯한 미세한 소리까지 내서 여왕에게 알리기도 한다. 벌집 속에서 벌어지는 여느 일들과 마찬가지로 대이동 또한 단체 차원에서 결정되는 것이다.

튼튼한 기반을 남겨둔 채 최단 시일 안에 새로운 곳에 둥지를 틀어 알을 낳고 새끼를 기르며 꽃꿀과 꽃가루를 모으길 바란다는 것은, 벌에게 위험천만한 일이다. 하지만 번식은 반드시 치러야 할 숙제다. 한데 노출된 벌들은 사나운 폭풍우라도 만나면 전멸당할 수 있다. 다행히 새 벌집을 찾는다 해도 채 먹이를 저장하지 못한 상태에서 오랜 기간 비가 내리면 마찬가지 운명을 맞는다. 따라서 벌떼는 먹이가 풍부하고 날씨가 좋은 시기를 골라 이동함으로써 생존율을 높인다. 보통은 따사로운 늦봄의 화창한 날이 적기다.

선봉대로 나선 정찰 벌 여러 마리가 이곳저곳을 날아다닌 후 본부로 돌아온다. 이들은 변형된 8자 춤을 추면서 새 보금자리가 될 만한 곳에 관한 정보를 준다. 다음 사항을 놓고 꿀벌 사회는 정찰 지역 가운데 어느 곳이 최상(보금자리의 크기, 입구의 위치, 입구의 방향—남향이 좋다—등을 기준으로)일지 다시 한 번 선택해야 할 기로에 선다. (A) 정찰 벌 가운데 책임자가 없을 때 (B) 다른 정찰 벌들은 아무도 그 장소에 가보지 않았을 때 (C) 정찰 벌들끼리 의사소통이 사실상 제한되어 있어서 그중 한 마리가 다른 벌보다 더 과도하게 흥분했을지도 모를 때. 진화론에 바탕을 둔 해결책은, 정찰 벌은 먹이구하기 벌과 달리 직접 찾은 장소로 계속해서 다른 벌들을 데려가지 않는다는 데 착안한 것이다. 정찰 벌은 춤을 추다가 눈에 띄는 벌을 건드려 지목한다. 8자 춤이 격렬해지면 더 많은 지원자를 해당 장소로 보내겠지만, 지원자가 그 장소에 흥미를 못 느끼면 다른 지원자를 끌어들이지 않는다. 정찰 비행을 여러 차례 반복하면 초보 정찰 벌들이 많더라도 확률론의 정리에 따라 최적의 장소로 지원자들이 가장 많이 모인다. 이제 이동이 진행된다.

집단 이동은 벌에게 꽤 유익한 활동이지만, 양봉가로서는 벌통 절반을 잃는 일이기 때문에 심각한 문제가 아닐 수 없다. 남은 벌들이 활동을 재개하여 가을까지 월동 자원을 충분히 확보해놓더라도 꿀을 절반씩 나누어줄 정도로 넉넉하지는 못하다. 더군다나 가루받이를 돕는 일을 할 만큼 여력이 있지도 않다. 그래서 양봉가들은 무슨 수를 써서라도 분봉을 막으려 한다. 주로 쓰이는 방법은, 개체 수가 급팽창하는 봉군에 비어 있는 계상(super) 여러 통을 여분으로 마련해주어 옮겨 살도록 하는 것이다. 양봉가들은 벌통에 이동 조짐이 보이기 전에 미리 벌통을 나누기도 한다. 벌통 나누기는 꿀 생산량을 잠시 줄이긴 하지만 봉군을 늘리는 효과가 있어서 양봉장을 확장하기 위한 방법으로 많이 쓴다. 양봉가는 꿀 채취와 벌통 확장 사이에 균형을 맞추려 애쓴다. 양봉장 안에서 벌이 건강하고 활기찬 상태로 머물도록 하기란 여간 어렵지 않지만, 이 일은 곧 양봉의 필수 조건이다. 사람과 함께 살면서부터 접촉을 바라는 다른 동물들과 달리 벌은 고압적인 편이기 때문에 오히려 가끔씩은 양봉 자체가 벌에게 부탁을 하는 형국이다.

때로는 이 부탁이 이상한 형태를 띤다. 예를 들어 미국 국방부는 벌을 이용해 지뢰를 찾는 실험을 한다. 벌은 어떻게 멀리 떨어진 향기를 추적할 수 있는 정교한 시스템을 갖는 걸까? 꽃이 내놓는 모든 정보를 해석하여 그 많은 위치를 정확히 기억한 정보를 본부에 있는 다른 구성원들에게 전달하는 벌의 절묘한 능력은 벌 사회를 유지하는 근본 동력이다. 뇌 크기가 1밀리그램에 불과한 까닭에 아인슈타인이 될 수는 없겠지만, 곤충치고는 놀라운 학습 능력이다. 벌은 다른 곤충들과는 달리 주변 조건에 반응하면서 행동 방식에 변화를 준다. 파블로프의 개 실험과 마찬가지로 벌도 조건반사를 보인다. 벌에게 설탕 시럽을 주면서 동시에 향기를 살짝 뿜어주어 보라. 이 과정을 서너 번만 반복하면 설탕 시럽을 주지 않고 향기만 뿜어도 벌이 똑같은 반응을 보인다. 꽃 역시 수백 년 전에 이미 이런 사실을 눈치 챘다. 벌은 향기를 맡는 데 탁월한 능력이 있다. 이들의 더듬이에는 170개 향기 탐지 수용체가 있는데, 이것이 62개인 과일파리와 72개인 모기와는 비교도 안 될 만큼 많은 양이다. ✿

먹이에서 흘러나오는 것이라면 벌은 어떤 향기든 찾아간다. 몬타나대학의 환경화학자이자 곤충학자인 제리 브로멘센크(Jerry Bromen-shenk)는 기질이 매우 독창적인 학자로서 벌을 훈련시켜 온갖 화학약품(대부분은 오염 물질)을 찾아냈다. 1980년대에 브로멘센크는 기르던 벌

✿ 반면에 벌은 미각 수용체가 겨우 10개뿐이지만, 초파리와 모기는 70개 정도다. 벌은 먹이와 협력하여 일하는 몇 안 되는 생명체이기 때문에 미각 수용체가 많이 필요없다. 대부분 동물들에게 미각은 독성 탐지가 주된 목적이지만, 벌은 꽃을 믿기에 굳이 그럴 필요가 없다.

꿀벌 없는 세상, 결실 없는 가을

을 이용해 미국의 퓨젓 사운드 지역에서 발생한 비소·카드뮴·불소 오염 등을 역추적함으로써 타코마에 있는 제련 공장이 그 오염원임을 밝혀냈다.

지뢰 탐색은 극히 위험한 작업이다. 개가 투입되어 킁킁거리며 폭발물 장치를 찾는 일을 맡기도 하지만, 개는 훈련시키기까지 시간이 많이 드는 데다 광범위한 지역을 맡을 수 없을 뿐 아니라 자칫하다간 폭사를 당할 수도 있다. 하지만 벌은 학습 능력이 뛰어나 먹이 속에 폭발 장치의 부산물을 조금만 넣어주면 이틀 만에 훈련이 가능하다. 벌은 개보다 훨씬 방대한 지역을 정찰할 수 있으며 결코 폭발의 희생자가 되지 않는다.

게다가 벌은 영양을 섭취하는 도중 예전에 깜짝 놀랐던 폭발물 성분이 있음을 알아차리면 지뢰 주변에 오래 머물 필요가 없다. 일단 지뢰를 찾으면 그 다음에는 레이저가 나선다. 발사된 레이저는 지뢰밭 근처에 머물던 벌떼에 맞아 반사된다. 이 과정을 통해 지뢰 위치가 표시된 지도를 컴퓨터상에 띄울 수 있다. 실험에 따르면 벌이 지뢰를 찾는 정확도는 97퍼센트이며 놓친 것은 단 1퍼센트였다. 인간이 만든 소해정(掃海艇)과 동일한 비율이다.✿

내가 이런 설명을 하는 까닭은 해수욕장으로 피서를 갈 때 금속

✿ 브로멘센크로서는 그 이상을 이야기할 수 없었다. 그는 이렇게 해명했다. "이에 관해서 말할 수 있는 것은 아주 제한되어 있습니다. 군대와 국방부는 관련 기술이 해외로 빠져나가 다른 목적에 이용되길 바라지 않으니까요. 이렇게 우리는 총체적인 정보 검열 아래 놓여 있는 셈이죠." 하지만 그는 국방부와 협력 관계를 맺고 있기 때문에 군대 내에서는 관련 강좌를 열고 있다.

탐지기 대신 벌통을 가져가라는 뜻이 아니라 꿀벌 봉군의 참 모습을 부각시키기 위함이다. 꿀벌 사회는 판단이 신속하고 끊임없이 주변 상황에 적응하며 생존의 지혜를 바탕으로 살아간다. 우리 인간은 지혜로움이 하향식으로 전달된다고 여긴다. 뛰어난 인물이 정보를 모으고 경험에서 얻은 교훈에 빗대어 그 가치를 판단하고 합리적인 결정을 내린다. 하지만 실제로 지혜는 과정이 아니라 결과다. 지혜는 행복한 삶을 영위하고, 앞날을 기대하며 착실히 준비하고, 재난을 피해 어려움을 해결해나가는 능력이다. 예를 들어 "지난번에 산딸기를 먹었더니 배가 아팠다"고 할 때처럼 경험을 통하거나 반복된 유형을 인식하면서 생긴다. 혹은 벌처럼 본능과 피드백을 통해 지혜가 나올 수도 있다. 지혜란 어떤 식이든 시행착오와 실수를 거치면서 습득하는 능력이다. 개체의 역할을 강조하는 방법이 있는가 하면, 유전자와 진화에 바탕을 둔 방법도 있다. 우리 인간은 전자밖에 모르지만 자연은 후자를 선호하는 듯하다.

이러한 공공의 지혜에 부정적인 면이 있다면, 벌을 죽이지 않고도 꿀벌 사회를 파괴할 수 있다는 점이다. 벌의 기억, 학습 능력, 감각, 식욕, 소화, 본능, 수명에 영향을 끼치는 요소라면 무엇이든 충분히 그들의 반응 체계를 혼란시킬 수 있다. 그런 요소에 문제가 생기는 것만으로도 정교한 꿀벌 사회는 붕괴되고 만다.

03

붕괴

2006년 11월에 텅 비어 있는 벌통을 본 데이브 하켄버그는 몰락한 봉군을 어딘가로 데리고 갔다. 바퀴가 10개나 되는 트럭에 벌통을 전부 싣고 데이드 시에 있는 그의 상점으로 향했다. 적어도 남은 꿀이라도 캐내서 폐품으로 팔아볼 심산이었다. 플로리다 주의 대표적인 양봉가 제리 헤이스를 찾아가 자초지종을 알렸다. 헤이스는 아마 꿀벌 응애 때문이지 않겠냐고 했다. 언제나 응애가 주범으로 지목된다. 현대 양봉업에서는 일단 모든 원인을 꿀벌 응애의 관점에서 보아야만 한다. 피해를 당한 양봉가의 마음 깊숙이 자리 잡은 이 절망적인 관행을 이해하려면 먼저 꿀벌 응애가 벌에게 무슨 짓을 했는지 알아야 한다.

주전자 비슷한 진드기 한 마리가 당신 등 뒤에 박힌 채 평생을 산다고 상상해보자. 이번에는 그런 진드기 두어 마리가 몸에 들러붙더니 이빨을 살 속에 깊이 박아 피를 뺀다고 생각해보자. 꽤 무시무시하지 않은가? 자, 그럼 이번에는 거대한 진드기가 당신 몸으로 떨어지더니 다시 자식에게 가서 들러붙는 상황을 그려보자.

꿀벌 응애라는 파괴자가 들끓을 때 봉군이 처한 상황은 지금 비유한 그대로다. 응애(거미나 진드기와 같은 부류임)는 본래 극동 지역에서 왔다. 그곳에서는 늘 동양종 꿀벌인 아피스 케레나(Apis cerena)에 기생해 살았다. 그런데 20세기 들어 갑자기 서양종 꿀벌(Apis mellifera)로 변하여 처음에는 동쪽의 시베리아로 전파되더니 인간의 도움으로 금세 서양으로 건너가 1976년에는 유럽에 상륙했다.

미국에서는 1922년 이래 꿀벌 수입이 금지되었다. 그해에 미국 의회가 외래 질병과 기생충 유입을 금지하는 꿀벌보호법을 통과시켰기 때문이다. 모두들 이 법안이 꿀벌 응애로부터 미국을 지켜낼 것이라고 믿었다. 11년 동안은 효력이 있었다. 하지만 어찌된 영문인지 1987년 플로리다에 처음으로 꿀벌 응애라는 이 낙하산 부대가 상륙하자 양봉업계는 충격에 휩싸였다. 플로리다 벌에 격리 조치가 단행되었다. 하지만 플로리다 주의 이동 양봉가들은 그다지 위기감을 느끼지 않고 밤중에 벌을 트럭에 싣고 다녔다. 그러자 꿀벌 응애는 단 1년 만에 전국으로 퍼지고 말았다.

꿀벌 응애는 꿀벌 봉군 수백만 개를 도륙했다. 1987년, 이들이 처음 등장하고 10년이 지나자 미국 전체 직업 양봉가의 25퍼센트가 업계를 떠났다. 한 예로 1995년에 펜실베이니아의 봉군 수가 8만 5000개에서 2만 7000개로 줄었는데, 주된 이유는 꿀벌 응애 때문이었다. 상황이 더욱 악화되자 2004년에는 1922년의 꿀벌보호법을 철회하고 호주에서 꿀벌을 긴급 공수해서 미국 벌통을 보충했다. 더욱이 2006년부터 2007년 사이는 CCD가 기승을 부리던 때인데도 그 현상으로 죽은 벌만큼이나 많은 벌들이 꿀벌 응애 때문에 몰사했다.

꿀벌 응애가 언제나 벌을 직접 죽이는 것은 아니다. 실은 그럴 필요가 없다. 그 대신 벌을 약하게 만들어서 벌집이 몰락하도록 체계적이고 주도면밀하게 활동한다.

응애는 봉아의 체액을 빨아 먹음으로써 영양분을 얻는다. 성체도 빨긴 하지만, 이들이 섭취하는 영양소 대부분과 번식 전부가 양육실에서 이루어진다. 임신 중인 응애는 애벌레 벌들이 있는 방으로 잽싸게 달려가 그 안에 있는 로열젤리 창고 밑으로 기어든다. 그리고는 숨을 쉬기 위해 잠수함 스노클 같은 작은 빨대를 세운 채 발각되지 않도록 며칠 동안 죽은 듯이 지내면서 방이 밀봉되기를 기다린다. 그 다음에는 드디어 활동을 시작한다.

끈적거리는 로열젤리 창고에서 나온 응애는 체액이 풍부한 애벌레의 몸을 빨아댄다. 애벌레는 꼼짝없이 당할 수밖에 없다. 그 다음에 응애는 방 안에 알 여러 마리를 낳는데, 알이 부화하면 역시 애벌레의 체액을 빨아 먹고 짝짓기를 한다. 이들도 일단 방이 개방되면 각자의 방을 찾아 위 과정을 다시 반복하려고 출격 준비를 갖춘다.

봉아를 빨아 먹는다고 해서 반드시 죽이는 것은 아니지만, 그렇다고 호의를 베풀지도 않는다. 몸에 뻥 뚫린 상처 구멍은 온갖 세균과 곰팡이, 그리고 바이러스를 불러들이는 표지판이나 마찬가지이기 때문이다. 이들이 자라서 성체 벌이 되면 종종 기형이 되거나 영양실조에 걸리고, 병으로 불구가 되기 십상이다.

특히나 방심할 수 없는 결과는 꿀벌 응애에 빨린 벌들은 하인두샘에 발달 부진이 일어난다는 것이다. 벌의 머릿속에 있는 하인두샘은 꽃가루를 소화시켜 로열젤리를 만드는 역할을 한다. 이 부분이 제대로 발달되지 않은 벌은 새끼에게 줄 먹이를 생성할 수 없다. 그래서 꿀벌 응애에 감염된 다음 부화한 첫 세대는 제대로 기능상 문제가 없어보일지 몰라도, 봉군의 양육 임무를 맡을 때부터 곧 다음 세대들(이들도 꿀벌 응애의 표적이 된다)에게 변변한 먹이를 공급하지 못한다. 영양 공급이 부족하면 수명이 짧아지기 때문에 여름 벌에게는 작은 문제 차원으로 끝날지 몰라도 여섯 달 동안 생존 임무를 맡은 겨울 벌에게는 치명적이다. 이 때문에 꿀벌 응애에 감염된 벌집은 대부분 겨울을 넘기는 중에 전멸하고 만다.

꿀벌 응애를 처치하기란 힘든 일이다. 어떻게 기생 생물(응애)만 죽이고 숙주(벌)는 살려둘 수 있는가? 다른 화학요법들이 그렇듯이 응애를 죽이려고 벌집 속에 독을 넣으면 벌까지 해를 입을 수 있다. 바람직한 방법은 일단 응애가 사라지고 난 다음 벌이 건강을 회복하는 것이다. 하지만 암세포와 달리 응애는 진화를 거듭한다. 1990년대 초에 '아피스탄(Apistan)'이라는 응애 살충제가 나왔다. 이 약품은 플라스틱 끈에 비교적 독성이 약한 플루밸리네이트(fluvalinate)라는 살충 성분을 바른 제품이었다. 양봉가들은 벌통 하나당 이 끈을 두 장씩 붙쳤다. 끈에서 서서히 약품이 기화되어 응애를 죽이는 방식이었다. 이 제품은 약효가 놀랄 만큼 뛰어나 며칠 만에 벌통 속 응애를 '거의' 모두 박멸했다. 하지만 내성이 어느 정도 있어서 그 안에서 생존한 응애들은 재빨리 번식을 시작해 내성이 아주 뛰어난 새끼들을 쏟아냈다. 순식간에 아피스탄은 무용지물이 되었다. 첫 대결은 1 : 0으로 응애가 승리했다.

양봉가들은 정석을 따르는 것에 대체로 알레르기 반응을 보이는 편이다. 아피스탄이 더 이상 약효가 듣지 않자 일부 양봉가들은 양이 적어서 효과가 없으니 투여량을 늘리기로 결정했다. 이들은 독성이 무척 약한 플루밸리네이트는 전부 떼어버리고, 대신 장식품, 건물 경계선, 개미굴 등 '비식품용'으로 제조된 마브릭을 구입했다. 이 용액을 수건에 적셔서 벌통 속에 던져넣었다. 불법인데도 불구하고 이런 과다 투여는 지금까지 행해지고 있다. 어찌 되었든 응애는 얼마 지나지 않아 훨씬 더 큰 내성을 길렀다. 벌집은 계속 몰락해갔다. 응애와 양봉가의 대결은 현재까지 2 : 0.

1999년 양봉업계가 휘청거리자 새로운 치료제인 체크마이트 (CheckMite)가 나왔다. 절묘한 이름〔응애(mite)의 활동을 저지시킨다는 뜻—옮긴이〕이 아닐 수 없었다. 체크마이트는 지구상에서 가장 독성이 강한 유기 인산 화합물인 쿠마포스(coumaphos)로 만든 약품이다. 체크마이트는 꿀벌 응애를 거세게 공격했지만, 응애는 1년 만에 다시 내성을 키워버렸다. 이제 대결은 3 : 0.

지난 10년간 양봉업은 응애를 따라잡기 위해 긴 줄다리기를 해왔다. 양봉가는 아피스탄과 체크마이트를 바꾸어가며 투약하면서 그중 한 가지라도 응애에 타격을 가함으로써 겨울철 줄어드는 벌이 15~20퍼센트에서 그치기를 바랐다. 하지만 실제로는 두 치료약 모두 아무 효과가 없었고, 구원의 손길은 요원하기만 했다. 퇴치 계획에도 일정 정도 문제가 있었다. 체크마이트는 극히 위험하기 때문에 벌이 꿀을 생산하는 기간에는 합법적으로 쓸 수 없다. 따라서 봄여름에는 응애가 버젓이 활동하는 걸 지켜볼 수밖에 없다. 방법이라고는 오직 벌통의 계상에서 꿀을 꺼내는 10월까지 기다렸다가 이듬해 봄이 올 때까지 응애를 공격하는 것뿐이다. 그러나 온화한 지역에는 9월부터 일찍이 겨울 벌이 나타나기 때문에 가을에 이 방법을 쓰는 건 뒤늦은 일이다. 꿀벌 응애로 약해진 벌들은 겨울을 넘기지 못한다. 가끔은 화학약품 때문에 응애가 가을철에 죽어서 흔적 없이 사라지기도 하지만, 벌통을 구하기에는 이미 늦은 시기다.

꿀벌 응애는 현재 전 세계로 퍼져 있으며 예외라고는 호주와 하와이뿐이다. 앞으로도 결코 사라지지 않을 것이다. 하지만 약 20년 전부터 기승을 부리던 응애가 2006년 CCD로 일어난 대량 몰살의 원인이라고 보기는 어렵다. 게다가 응애의 수는 건강한 봉군이나 파괴된 봉군이나 별반 다르지 않았다. 신중히 판단해볼 때 꿀벌 응애가 비록 모든 상황을 악화시키는 고약한 녀석이긴 하지만, 이번 경우는 그들의 단독 악행이라고 볼 수 없다.

데이브 하켄버그는 이미 그 사실을 알고 있었다. 상황 파악을 해보니 건강한 벌통보다 죽은 벌통에 응애가 더 적게 들어 있었다. 원인이 무엇인지는 몰라도 꿀벌 응애는 아니었다. 제리 헤이스도 하켄버그의 판단을 받아들였다. 그리고 최근에 조지아 주에서 벌통 75퍼센트를 잃은 양봉가 한 명을 만났다는 이야기도 전했다. 이때까지도 헤이스는 뭔가 새로운 일이 벌어지고 있으리라고는 전혀 생각지 못했다.

영문을 모르기는 하켄버그 역시 마찬가지였다. 여기저기 도처마다 똑같은 재앙이 일어나고 있는데도 알려지지 않고 있었다는 사실을 몰랐던 것이다. 양봉가들은 벌통을 잃은 고통에 대해 넋두리만 했을 뿐이다. 소식이 알려지면 이웃 양봉가들은 단지 그 사람이 열악한 상황에 처했다고 짐작할 것이다. 그러니 굳이 알릴 이유가 있겠는가?

하지만 하켄버그는 병들고 죽은 벌들을 계속 살펴볼수록 이 상황이 보통 때와는 다르다는 생각이 굳어졌다. 그는 차츰 그 유형을 눈치 채기 시작했다. 벌통 속에 남겨진 어린 벌들은 정상적인 행동을 보이지 않았다. 함께 모이지도, 먹지도 않으며 하릴없이 벌집을 배회하기만 했다.

그런데 일상적인 벌 약탈자들이 벌보다 더 이상한 행동을 보였다. 꿀이 든 벌집은 에너지가 저장된 성배라고 할 수 있다. 벌집은 수억 송이 꽃에서 캐온 꽃꿀이 농축된 결정체로서 수많은 벌들이 수확하고 바로 먹을 수 있는 10만 칼로리의 음식으로 가공된다. 벌집나방(wax moth)부터 곰에 이르기까지 많은 동물들에게 이것은 떨치기 힘든 유혹이다. 유일한 방해 요소는 벌집에서 부산히 움직이는 5만 마리 벌들이 가하는 벌침 공격뿐이다. 이들만 제거할 수 있으면 많은 약탈자들, 특히 다른 종의 벌들은 잽싸게 달려들어 곳간을 털어간다.

그런데 하켄버그의 벌통에는 달려든 약탈자가 없었다. 벌통이 400개인 그의 농장 건너편에는 한 양봉가가 벌통 100개를 키우고 있었다. 그 벌들은 죽거나 사라질 조짐이 전혀 보이지 않았지만, 약탈도 당하지 않았다. 그리고 마치 뭔가 피하려는 듯이 벌통에서 떨어져 있었다. 벌집나방은 버려진 벌통 안으로 들어가 곧 애벌레와 꽃가루, 즉 단백질을 섭취할 것이다. 하지만 피폐해진 하켄버그의 벌통에는 가장자리에만 벌집나방이 붙어 있을 뿐 가운데로는 한사코 들어가지 않았다.

제리 헤이스는 이런 현상에 흥미를 느꼈다. "벌집나방이 안으로 들어가지 않고 가장자리만 맴돌거나 바깥에 머물다니, 무슨 일이 벌어지고 있는 걸까요? 방해 요소가 뭘까요? 일단 살충제 성분 때문이라는 생각이 들지만, 어쩌면 곰팡이 포자 때문인지도 모르겠군요. 이럴 때 우리는 이 현상들에 어떤 공통점이 있는지 알아내기 위해 벌과 벌집 조사에 들어갑니다."

하켄버그는 사우스캐롤라이나의 거대 양봉가 한 사람에게 벌을 살 수 있겠냐는 전화를 받고 나서야 이 문제들에 숨은 맥락을 살피기 시작했다. 이상한 일이었다. 1년 중 하필 그때 벌을 사려고 할 사람이 아니었기 때문이다. 하지만 하켄버그는 다른 양봉가를 걱정할 처지가 아니었다. 그래서 팔 게 없다는 말만 했다. "내 벌들은 다 죽었어요."

그랬더니 그 사람이 흥미를 보이며 이런저런 질문을 했다. 하켄버그는 증상을 설명했다. 죽은 벌은 어디 있는지 보이지도 않고, 새끼와 꿀은 내팽개쳐 있고, 벌집 약탈자들은 초조하고 뭔가 꺼리는 듯한 행동을 보인다고 말해주었다. 전화선 반대편에서 침묵이 흘렀다. 잠시 후 느릿느릿 힘 빠진 목소리가 들려왔다. "듣고 보니 우리는 같은 처지군요."

일주일 후 더 많은 벌들이 병에 걸리고 사라지자 하켄버그는 도대체 무슨 까닭인지 알아내야겠다는 결심을 굳혔다. 죽은 벌들을 트럭에 싣고 펜실베이니아로 먼 길을 떠났다. 그곳에서 펜실베이니아 주의 대표적 양봉가인 데니스 반엔젤스도르프(Denis vanEngelsdorp)에게 몇 마리를 건네주었다.

반엔젤스도르프는 현미경으로 죽은 벌의 내부 기관을 살펴봤는데, 그 속은 마치 1차 세계대전의 미세한 축소판 같았다. 온통 헤지고 구멍이 뚫려 폐허 그 자체였던 것이다. 벌은 본래 창자가 하얀색인데, 그 벌은 감염되어 갈색 점들로 얼룩져 있었다. 침샘은 시커멓게 변해 있었다. 이러한 멜라닌화는 무려 50년 전에 희귀한 곰팡이 감염과 관련한 현상을 끝으로 보고된 적이 없었다. 반엔젤스도르프는 날개 기형 바이러스(Deformed Wing Virus), 검은 여왕벌 방 바이러스(Black Queen Cell Virus)를 비롯해 많은 바이러스를 찾아냈다. 벌을 죽인 병은 한 가지가 아니었다. 온갖 병이 한꺼번에 몰려든 것이다.

한편 제리 헤이스도 하켄버그의 벌을 대상으로 실험을 하고 있었다. 그는 죽기 직전인 벌들을 선택해 인큐베이터 배양접시에 고립시켜놓았다. 48시간이 채 지나지 않아 벌의 입과 항문에서 곰팡이가 자라났다.

데이브 하켄버그의 벌은 이미 면역 체계가 파괴되어 있었다. 쉽게 비유하자면, 벌 에이즈(AIDS)라 할 만한 증상을 보였다. 하지만 도대체 누가 저지른 짓일까? 하필 하켄버그가 기르는 벌을 공격한 까닭은 무엇인가?

반엔젤스도르프는 첫 번째 의문에도 큰 진전을 보이지 못했기 때문에 두 번째 의문에 대해서는 답을 찾을 엄두도 내지 못했다. 하켄버그의 벌에는 특별한 점이 아무것도 없었다. 그가 이 사태를 처음 알린 후 11월과 12월에 미국 전역에서 양봉가들이 줄줄이 똑같은 이야기를 늘어놓기 시작했다. 모두들 봉군의 몰락, 사라진 사체, 내팽개쳐진 봉아와 꿀, 그리고 끝을 알 수 없는 재앙을 이야기했다.

겨울이 지나면서 봉군 일부를 잃는 것은 정상적인 일이다. 차가운 날씨와 먹이 부족으로 5퍼센트 정도 손실은 늘상 일어난다. 꿀벌 응애가 등장하고부터 이 비율이 올라갔다. 근래에는 겨울철 손실 17퍼센트가 '정상'이 되었다. 하지만 이번에 나타난 극렬한 증후군은 예사롭지 않았다. 건강해 보이던 봉군도 2주 후에는 성체 벌 모두를 잃었다. 이런 소식이 줄줄이 들려오자 펜실베이니아에서 최초로 양봉가를 조사했다. 거의 4분의 1이 이 전대미문의 증상을 앓고 있었으며 그들은 평균 73퍼센트에 달하는 벌통을 잃었다. 심지어 이 낯선 질병을 겪지 않은 양봉장까지 평균 25퍼센트 정도씩 벌통을 잃었다. 펜실베이니아에 있는 벌통 4만 개 가운데 대략 1만 5000개를 잃은 것이다.

이 사태는 캘리포니아부터 뉴욕까지 동일하게 발생했다. 미국 벌통 중 절반은 문제가 없었지만 나머지 절반은 끔찍한 피해를 입었다. 전체적으로 미국의 꿀벌 봉군 240만 개 가운데 80만 개가 그해 겨울에 살아남지 못했다. 벌이 300억 마리나 죽어나갔지만 아무도 그 이유를 몰랐다.

캐나다에도 시련이 닥쳤다. 2007년 겨울에 온타리오 벌의 35퍼센트가 죽었다.

한편 유럽도 절박한 상황이었다. 프랑스, 에스파냐, 포르투갈, 이탈리아, 그리스, 독일, 폴란드, 스위스, 스웨덴, 우크라이나, 러시아는 겨울을 거치는 동안 40퍼센트나 잃었다. 남아메리카는 초토화되었다. 태국과 중국도 심각한 피해를 입었다.✿

데이브 하켄버그의 경우에는 원래 3000개였던 봉군이 1월에 1300개로 줄어들었다. 그 정도면 트럭에 싣고 캘리포니아로 데려가

✿동시에 이 기간 동안 세계 식량 가격은 37퍼센트나 급등했다.

최대 연중행사인 아몬드 가루받이를 하기에는 충분했다. 캘리포니아의 샌와킨 계곡과 새크라멘토 계곡의 방대한 아몬드 숲에서는 매년 1월에 비공식 양봉 행사가 열린다. 미국 전역에 있는 벌통 중 절반이 아몬드 꽃 가루받이를 위해 트럭에 실려 온다. 70만 에이커(28억 제곱미터)에 달하는 아몬드 숲에서는 매년 세계 공급량의 82퍼센트, 즉 4억 5000킬로그램이 넘는 아몬드가 쏟아져 나온다. 20억 달러를 웃도는 판매액 덕분에 아몬드는 캘리포니아에서 가장 큰돈을 벌어들이는 작물이 되었다. 심지어 포도보다 더 낫다.

하지만 아몬드는 벌이 한 그루마다 일일이 가루받이를 해주어야 하기 때문에 2007년 2월 아몬드 경작자들은 벌을 찾아 미국 전역을 돌아다녔다. 이전까지만 해도 가루받이 비용으로 얼마를 쳐주어야 이문이 남을지가 관건이었다. 이번에는 전 세계에 아몬드를 공급할 만큼 벌이 충분할까가 문제였다.

가까스로 구하긴 했다. 100만 개가 넘는 벌통이 아몬드 숲에 모여들었다. 하지만 상당수가 좋지 않은 상태여서 활용 가능한 벌통을 죄다 동원해 가루받이를 시켜야 했고, 호주에서 들여온 봉군도 수천 개 투입했다. 가까스로 아몬드 경작자들은 고비를 넘겼다.

이 이야기는 벌들에게 닥친 위기 상황을 엿볼 수 있게 한다.

데이브 엘링턴은 미네소타에서 벌통 수천 개를 키우는 사람이다. 2007년 봄에 그는 이웃사촌들과 만난 지 60주년을 기념하는 차원에서 그들을 텍사스로 데려가 꽃꿀이 흘러나오는 것을 구경하고 있을 때 CCD가 발생한 사실을 알았다. 그는 당시 상황을 이렇게 전했다. "캘리포니아에 데리고 갔던 벌들이 제대로 움직이질 못하고 아몬드 꽃에도 달려들지 않았습니다. 그 벌들을 다시 데려왔고 봉아도 새로 사서 함께 넣어두었습니다. 3월 30일에 봉아가 붙어 있는 판 2개를 벌통에 넣고 옥수수 시럽을 먹이로 줬습니다. 2주 동안 집을 비웠다가 4월 30일에 돌아와서 벌을 살펴봤더니, 판 2개도 다 멀쩡하고 여왕벌과 꿀도 있었지만 바닥이 드러나 있는 데다 벌 100마리가 사라졌습니다. 도대체 무슨 일이 생긴 걸까요? 벌통마다 다 그 모양이었습니다. 내가 뭘 잘못했나요? 우리가 뭘 잘못했죠? 텍사스의 봄날에 통곡을 해야 하다니! 꽃가루와 꽃꿀을 모으기에 가장 좋은 때 말입니다. 양봉장은 완전히 쑥대밭이 됐습니다."

데이브 하켄버그가 캘리포니아로 보낸 벌통 1300개 가운데 고작 600개만 펜실베이니아로 되돌아왔다. 그의 재정은 바닥이 났다. 45년 동안 양봉업을 해오면서 처음으로 50만 달러를 빌려서 여왕벌과 양봉 도구를 새로 구입하고 봉군을 다시 일으켜 세워야 했다.

5월이 되자 하켄버그와 엘링턴, 그리고 파산은 면했던 다른 양봉가들이 안도의 한숨을 쉬었다. 온화한 날씨와 풍성한 꽃들 덕분에 벌이 다시 번성했기 때문이다. 바로 이 시기가 꿀벌 봉군이 꽃꿀과 꽃가루를 모으며 불철주야 알을 낳고 겨울에 입은 손실을 회복할 때다. 군집 붕괴 현상의 징후는 2007년 여름에 대부분 사라졌기에, 양봉가들은 이제야 재고 조사와 더불어 나름대로 대책 마련에 나섰다. 얼마 전에 일어난 사건의 원인이 무엇인지 알아보고 다가오는 가을을 준비하기 위해 가능한 한 모든 조취를 취하려는 것이었다.

CCD가 다시 발생할 것인가? 그렇다면 더 이상 가망은 없다. 제리 헤이스는 내게 이런 말을 했다. "양봉업은 규모가 작은 산업입니다. 난 양봉가들을 잘 알아요. 그 가족과 자녀들도 압니다. 그리고 이들이 어떤 시련을 겪을지도 압니다. 이제 이들은 더 이상 견뎌내지 못합니다."

양봉가들이 가장 바라는 일은 원인을 찾아 해결책을 내놓는 것이다. 그것도 신속하게. 데니스 반엔젤스도르프를 비롯한 뛰어난 과학자들은 펜실베이니아 주립대학에 CCD 연구 그룹을 조직했고, 즉시 자신들이 내놓은 주요 이론들을 검증하기 시작했다.

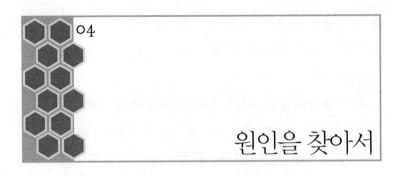

원인을 찾아서

이 사건의 피의자가 휴대전화라는 주장은 꽤 그럴듯하다. 이런 소문은 2007년에 언론이 CCD 사건을 다루면서 처음 날개를 달기 시작했다. 과도하게 발달한 통신 문명에 대한 오해와 맞물려 생겨난 소문이다. 생태주의 작가인 빌 맥키벤(Bill McKibben)은 이 상황을 다음과 같이 완벽하게 요약했다. "사태가 어떻게 돌아가고 있는지 그 누구도 실마리를 찾지 못한 상황에서 휴대전화가 원인이라고 밝혀지면, 이것은 인류 역사상 가장 위대한 은유가 될 것이다. 휴대폰 문자를 조금이라도 더 보내려고 안달하는 가운데 정작 지구는 굶주리고 있다. 거창한 원인이 아니라 사소한 이유 때문에 지구가 몰락하고 있음을 보여주는 상징적인 사건이다."

이론적인 근거는 이렇다. 휴대전화에서 방출된 전자기파는 벌의 더듬이나 뇌에 미세한 영향을 미쳐 비행 능력을 손상시킨다. 그래서

꿀벌 없는 세상, 결실 없는 가을

벌집에서 멀리 날아간 벌이 혼란을 일으켜 GPS 장치는 작동 불능이 되고 체력도 도중에 바닥난다. 이 이론은 2006년에 독일에서 휴대전화가 벌에게 미치는 영향을 연구하면서부터 시작되었다. 그 다음 일은 언론이 맡았다. 전형적인 머리기사는 이렇다. "휴대전화가 벌을 싹쓸이한다? 과학자들은 휴대전화에서 방출되는 전자기파가 정체불명의 군집 붕괴 현상(CCD)을 일으킨 원인이라고 지목한다."

하지만 잠깐 생각을 해보자. 과학자들이 실제로 그렇게 주장했을까? 애초에 "전자기파 노출이 행동 변화를 일으킬 수 있는가?"라는 주제는 휴대전화를 대상으로 한 연구가 결코 아니었다. 연구자인 볼프강 하르스트(Wolfgang Harst)와 요헨 쿤(Jochen Kuhn)은 가정에서 흔히 쓰이는 무선전화기를 연구 과제로 삼았다. 전체 실험용 벌통 중 절반을 골라 그 바닥에 무선전화기를 두고 전화벨 소리를 울렸다. 전화기가 놓인 벌통 속의 벌들은 재밌는 행동을 보였다. 전화벨 소리는 계속 울리는데 정작 전화기가 보이지 않을 때 우리가 취하는 행동과 비슷했다. 무선전화기 전자기파에 노출된 벌들은 그렇지 않은 벌들에 비해 21퍼센트 정도 작게 벌집을 만들었다. 두 번째 실험에서 연구자들은 각각 벌통 네 군데(전화기에 노출되었던 봉군 두 군데와, 그렇지 않았던 봉군 두 군데)에서 25마리를 붙잡았다. 그리고 벌통에서 800미터쯤 떨어진 곳에 그들을 풀어주고는 45분 안에 몇 마리가 다시 벌통으로 돌아오는지 헤아렸다. 평상시와 다름없는 조건에 있던 벌들은 각각 16마리와 17마리가 시간 내에 돌아왔다. 평균 귀환 시간은 12분이었다. 휴대전화에 노출된 봉군 중 한 군데에서는 6마리가 돌아왔고, 평균 귀환 시간은 20분이었다. 나머지 한 군데에서 보냈던 벌들은 아예 한 마리도 돌아오지 않았다.

이 실험이 분명 섬뜩한 느낌을 주긴 하지만, 벌통 속에 직접 전화기를 놓은 후 나온 결과를 두고 먼 거리에서 영향을 주는 휴대전화의 전자파를 의심하는 것은 좀 심한 비약이다. 그런 까닭에 두려움에 사로잡힌 연구자들은 재빨리 다음과 같은 지적을 했다. "우리는 CCD 현상의 본질을 아직 설명할 수 없으며 이번 건에 대해서는 판단을 유보하고 싶습니다." 요헨 쿤은 이메일을 통해 "우리가 진행한 연구를 바탕으로 전자기파가 CCD의 원인이라고 할 수는 없습니다"라고 밝혔다. 이 설명에 대해 한 대학원생이 덧붙여 설명하기를, "만약 미국인들이 군집 붕괴 현상을 해석하고 싶다면 제초제, 살충제를 먼저 조사해봐야 하고, 이와 더불어 특히 유전자조작 식품에 대해 생각해봐야 합니다."

맞는 말이다. 유전자조작 식품은 일정 정도 CCD의 원인일 수 있고, 이 설명이 휴대전화보다는 조금 더 합리적이다. 그리고 보면, 다코타처럼 CCD가 기승을 부렸던 지역은 휴대전화 보급률이 극히 낮은 데 비해 유전자조작 옥수수와 유채는 가득 뒤덮여 있다.

유전자조작 옥수수는 자연적으로 발생하는 흙 세균인 바실리우스 투린지엔시스(Bacillus thuringiensis, Bt)의 유전자를 옥수수 DNA에 주입한 것이다. 이 주입 과정을 통해 모든 세포에 Bt가 생긴다. 곤충에게 유독성이 있는 이 세균을 주입하면 식물에 천연 살충제를 집어넣는 효과를 나타낸다.✿ 수많은 환경운동가들이 Bt 옥수수를 개발한 몬산토

✿ 꽤 많은 식물이 천연 살충제를 만들어낸다. 담배 속의 니코틴도 그중 하나다. 천연 살충제에 관해서는 다음 장에서 더 자세히 다룰 것이다.

꿀벌 없는 세상, 결실 없는 가을

(Monsanto) 회사를 비난했지만, 내가 보기에는 별 문제가 없다. 식물이 스스로 제조하도록 내버려두지 않고 군이 농작물에 살충제를 뿌려 흙과 지하수를 오염시킬 필요가 없지 않는가? 유기농 농사를 짓는 농부들도 오랫동안 Bt를 천연 살충제로 쓰고 있다. 그러니 몬산토의 의도는 이해할 만하다. 죽은 자를 다시 살려내면 유익하리라고 믿은 프랑켄슈타인 박사도 이해할 수 있다. 실제로는 전혀 진척이 없긴 하지만.

옥수수는 바람으로 가루받이를 하는 식물이다. 곤충이 필요없는 식물인지라 군이 꽃꿀을 만들지 않는다. 하지만 반갑게도 꼭대기에 자라난 옥수수수염에는 단백질이 풍부한 꽃가루가 묻어 있다. 벌은 옥수수 꽃가루를 신나게 모아서 새끼들에게 먹인다. Bt가 벌 후손에게 무슨 짓을 할지 모른단 말인가?

과학자들은 그런 가능성을 일축한다. 발생 지역이 일치하지 않는다. CCD는 주로 유전자조작 옥수수가 없는 주에서 보고되었고, 인디애나와 네브래스카처럼 옥수수 경작이 가장 집중적으로 이루어지는 주에서도 CCD 사례가 보고되지 않았다. 이 문제를 두고 적지 않은 연구가 이루어졌지만, 대부분은 Bt가 꿀벌에 영향을 주지 않음이 드러났다. 한 예로 미국 농무부(USDA)에서는 Bt 옥수수의 꽃가루를 35일 동안 벌들에게 먹이는 실험을 진행했는데, 연구가 끝날 때쯤 보니 아주 건강했다. 4년에 걸쳐 진행된 한 연구에서는 꿀벌들에게 들판에서 먹을 수 있는 수준보다 10배나 많은 Bt 단백질을 먹였다. 이번에도 꿀벌은 건재한 모습을 보였다. 유럽만 해도 그렇다. 유전자조작 농산물을 금지하는데도 꿀벌 봉군이 급속히 붕괴하고 있다.

휴대전화와 유전공학은 CCD의 원인으로 꽤 그럴듯해 보였지만,

결국 후보에서 제외되었다. 그런데도 주류와 대안 언론들 모두 이 문제에 대해 지속적으로 큰 관심을 보였다. CCD가 불러일으킨 집단 상상은 어느 누구도 예측 못 한 방식으로 굴러갔던 것이다.

벌은 늘 사람들의 마음을 사로잡아왔다. 근면과 협동, 벌이 만들어내는 경이로운 산물, 검정과 노랑이 교대로 그어진 띠, 사람과 친밀하게 지내는 생활 방식 등 매력 요소가 즐비하다. 물론 앞서 한 이야기들은 벌이 사는 지역 주민들에게 곧바로 영향을 미치기 때문에 재빨리 전파되었다. 단지 꿀벌만의 문제가 아니라 우리 식량에 관한 문제다! 하지만 소심하고 애매모호한 태도를 보였던 곤충학자들이 갑자기 저녁뉴스에 등장한 진짜 이유는 벌이 죽어서가 아니라 사라졌기 때문이다. 미국, 캐나다, 유럽의 주요 신문들은 저마다 "미스터리한 벌의 실종"에 관한 이야기를 쏟아냈다.

전형적인 추리소설에 나오는 흥미진진한 요소들을 잔뜩 갖추었다. 의문의 죽음, 사라진 사체, 세기말적 분위기, 그리고 계속 드러나는 범죄자들. 몇몇 특이한 원인을 포함하여 온갖 추측이 난무한다. 〈사이언스크리스천 뉴스와이어〉라는 잡지는 요한계시록 6장 6절 "그때 네 생물 사이에서 나오는 듯한 음성을 들으니 가로되 '밀 한 되도 하루 품삯이요, 보리 석 되도 하루 품삯이다. 올리브 기름과 포도주를 해치지 말라'"라는 구절을 들고 나왔다. 포도나무와 올리브나무는 가루받이가 필요없기 때문에 선지자가 CCD를 예언했음이 분명하다는 것이 〈사이언스크리스천 뉴스와이어〉의 해석이다. 이런 생각들의 결론은 다음과 같다. "포도와 올리브유 생산은 군집 붕괴 현상이 발생해도 미미한 영향만 입겠지만, 과일과 채소와 견과류는 생산량이 심각

꿀벌 없는 세상, 결실 없는 가을

하게 줄어들어 기근을 일으킬 것이다. 이처럼 최후의 시기를 경고하는 성경의 예언은 우리 세대에서 실제로 일어나 하나님 말씀이 진실하고 믿을 만하다는 사실을 다시 한 번 입증할 것이다."

식량 생산 및 자연을 대하는 우리의 방식에 문제가 있음을 몸소 체험하기 위해 굳이 그리스도의 공중 재림을 믿을 필요는 없었다. 하지만 이야기가 자꾸 진화하다 보니 곤충학을 언급할 때만큼이나 자주 우리 문명의 명암에 대해서도 언급하기 시작했다.

외계인이 사람을 납치했다는 이야기와 비슷한 식으로 초단파 송신탑이 주목을 받기도 했다. 하지만 보다 신빙성 있는 원인으로 떠오른 것은 지구 온난화였다. 벌이 온도 상승 때문에 말라죽고 있단 말일까? 우루과이에서 벌통 400개를 기르는 다니엘 레이는 그렇다고 여긴다. 레이의 말에 따르면 우루과이는 2007년에 전체 벌의 절반을 잃었는데, 이 상황은 2003년에 비하면 오히려 낫다고 말한다. 그때는 우루과이에 서식하는 벌들이 몰사하는 바람에 양봉가들이 아르헨티나와 미국에서 벌들을 몽땅 수입함으로써 다시 양봉업을 일으켜야 했다. 레이는 1989년에 시작된 우루과이 벌 문제가 우루과이 상공 바로 위에 조그맣게 뚫린 오존층 구멍과 관련이 있다고 믿는다. 그렇다면 우루과이 사람들은 현재 일사병에 걸릴 정도인데, 어떻게 벌만 피해를 입지 않는가? 레이는 마치 벌들이 그렇듯 해가 뜰 때부터 질 때까지 일을 하던 사람이었는데, 지금은 오전 11시쯤부터 오후 5시 사이에 낮잠을 잔다. 해마다 여름이면 우루과이는 극심한 가뭄으로 타들어가기 때문에 아마도 오존층 구멍보다 가뭄이 벌을 훨씬 더 허약하게 만들 것이다. 벌은 아프리카에서 진화한 생물이기 때문에 어쨌든 열기를 참을 수는 있다. 하지만 가뭄은 벌의 먹이를 증발시킨다. 게다가 우루 과이는 최근에 살충제를 과다 사용하는 농업 정책을 채택했으니 미국 처럼 내성이 뛰어난 해충들도 기승을 부릴 것이다.

유기농 양봉가들은 잠시나마 자신들은 안전할 것으로 믿었다. 프린스에드워드 섬의 환경운동가인 샤론 래브추크(Sharon Labchuk)는 다음과 같은 글을 수많은 인터넷 양봉 사이트와 이메일 목록 서버에 올렸다. "저는 1000여 명에 달하는 유기농 양봉가 명단에 속해 있습니 다. 상업적 양봉가를 포함하여 유기농으로 양봉을 하는 사람은 단 한 명도 군집 붕괴 현상을 보고한 적이 없습니다. 대규모 상업 양봉을 하 는 이들의 문제점은 꿀벌 응애를 제거하기 위해 벌통에 너무나 많은 살충제를 투여하고 벌에게 항생제를 먹인다는 데 있습니다. 게다가 가루받이 사업으로 더 많은 돈을 벌려고 트럭에 벌을 싣고 전국 각지 로 돌아다니는 바람에 벌에게 스트레스를 줍니다."

앞서 "온갖 올바른 방법을 다 썼지만" 여전히 원인 불명의 피해 를 입은 유기농 양봉가에 관해 말한 적이 있다. 제리 브로멘센크(벌을 이용해 지뢰를 찾는 사람)는 양봉가들을 광범위하게 조사함으로써 CCD가 양봉 방식과 관계없이 발생한다는 사실을 알아냈다. "군집 붕괴 현상 이 선호하는 대상은 따로 없습니다. 이동식 양봉이든 아니든, 소규모 든 중간 규모든 대규모든 혹은 세계 최대 양봉가든 전혀 가리지 않습 니다. 양봉가가 좋은 사람이든 무난한 사람이든, 아니면 으레 벌은 나 몰라라 하고 잘 자라기만 바라는 사람이든 신경 쓰지 않습니다. 양봉 업을 하다 사태가 발발했을 때 해결할 수 없다고 해서 괴로워하지 않 아도 됩니다. 지금껏 아무도 해결한 사람이 없으니까요."

꿀벌 없는 세상, 결실 없는 가을

브로멘셴크는 CCD 해결의 큰 걸림돌 한 가지도 지적했다. "죽은 벌이 사라진다는 건 정말로 이상한 증상입니다. 특히 이 때문에 사태의 본질이 파악하기가 더욱 어렵습니다. 사체도 없는데 부검을 실시할 수는 없는 법이니까요. 꼭 확인해야 할 벌들은 이미 사라지고 없습니다."

꿀벌 응애가 가장 유력한 용의자다. 하지만 이들은 발생한 지 오래되었을 뿐 아니라 벌떼가 어디론가 날아가 사라지게 만들 수는 없다. 혹시 양봉가들이 꿀벌 응애를 퇴치하려고 써왔던 응애 살충제가 관련된 것은 아닐까? 일단 화학약품이 사용되면 상당수 여왕벌들은 수명이 반으로 줄어든다. 하지만 약의 도움이 없으면 벌집은 전혀 살아남을 수가 없다.

영양실조는 어떤가? 벌은 꽃가루를 먹고 꽃꿀을 농축시키도록 진화해왔지만, 근래 들어 이들은 과당(果糖) 성분이 풍부한 옥수수 시럽을 주식으로 살아왔다. 먹이를 구기 힘든 지역에서도 계속 농작물의 가루받이가 이루어지도록 하기 위해서다. 장기적으로는 그것이 문제가 될 수 있을까?

하지만 이러한 문제점들은 오랫동안 지속되어왔다. 새로운 요인이 벌들을 벼랑 끝으로 몰고 갔다고 보아야 한다. 바이러스? 기생충? 살충제? 과학계는 모든 아이디어들을 다 건드려보았다. 하지만 헛수고였다. 〈로스앤젤레스 타임스〉는 "과학자들은 버려진 벌통을 조사하고 벌 수천 마리를 해부하여 바이러스, 세균, 살충제, 응애 따위가 있는지 검사했다"라고 상투적인 말을 늘어놓다가 이렇게 덧붙였다. "하지만 과학자들은 지금 수렁에 빠져 있다."

모두들 가장 타당한 용의자로 병원균을 꼽는다. CCD가 전염처럼 보이기 때문이다. 죽은 CCD 벌집 속에 두면(또는 죽은 벌집을 정상 벌집의 위에 올려두면) 건강하던 벌들도 죽는다. 더 많은 증거를 내놓은 사람은 데이브 하켄버그다. 그는 플로리다 가게로부터 56킬로미터 떨어진 곳에 코발트 방사선 시설이 있다는 사실을 우연히 알게 되었다. 미국에는 그런 시설이 두 군데인데, 하나는 캘리포니아에 있으며 다른 하나는 플로리다에 있다. 이 시설에서는 한 트럭 분량 단위로 농작물에 방사선을 쬔다. 하켄버그는 벌들이 죽어나간 자기 벌통 몇 개에 방사선을 쏘여달라고 요청했다. 방사선 처리를 한 벌통에 벌을 넣어두었더니 잘 자랐다. 그런 사실을 처음 알고 나서 8개월이 지난 2007년 여름까지 하켄버그는 전체 벌통의 80퍼센트에 방사선을 쏘인 다음 새로 들여온 호주산 벌을 집어넣었다. 그랬더니 어느 벌통보다 훨씬 상태가 좋았다. 벌들이 잘 자랐고 꿀도 많이 나왔다. 특히 최근에 문제가 되었던, 여왕벌을 잃는 피해가 없었다.

방사선 처리를 하지 않은 벌통은 상태가 그리 좋지 않았다. 벌 개체 수가 줄어들었기에 다가오는 겨울을 넘기지 못할 것이 분명했다. 여왕벌을 바꿔도 봤지만✿ 아무런 차이가 없었다. 그는 일단 벌들이 죽게 내버려두고 그 벌통에 방사선 처리를 한 다음 이듬해 봄에 새로

✿ 늙은 여왕벌에게 밑천이 떨어지기 시작하면 양봉가는 그 여왕벌을 잡아서 죽인 다음 더 젊고 민첩한 여왕벌을 벌통에 새로 넣는다. 벌통 속에 사는 일벌과 아무 관련이 없는 여왕벌을 곧바로 넣으면 일벌들에게 죽고 만다. 그래서 속임수로 여왕벌 우리(cage)를 이용한다. 작은 플라스틱 방인 이 우리의 출입구는 사탕으로 막혀 있다. 일벌들이 사탕을 먹기 시작해 입구를 뚫고 여왕벌에게 도착할 때까지 며칠 동안 여왕벌의 페로몬 냄새를 맡는다. 그 덕분에 여왕벌이 새로운 군주로 인정받기가 훨씬 쉬워진다.

운 벌을 넣자고 마음을 굳혔다.

방사선이 CCD를 일으키는 병원균을 죽였을까? 꼭 그렇지만은 않다. 만약 에이즈 환자를 무균 환경에서 살게 하면 면역 체계가 공격받을 일이 없기 때문에 그들은 더 잘 지낼 것이다. 공기에서 에이즈가 발생하는 것은 아니니까. 무균 상태는 언제나 면역 체계가 파괴된 생물이 살기에 더없이 좋은 환경이다.

좋은 추리소설에는 CCD 미스터리와 마찬가지로 수많은 용의자가 등장하지만, 그와 동시에 현장에서 악당을 붙잡는 카리스마 넘치는 형사도 필요하다. CCD에는 분명히 그런 점이 부족한 듯했다. 마침내 컬럼비아대학의 저명한 과학자이자 최첨단 유전자 재조합 기술의 일인자인 W. 이언 리프킨(W. Ian Lipkin) 박사가 사건을 맡겠다고 나서면서부터 상황이 달라졌다.

리프킨 박사는 바이러스를 추적했다. 형사처럼 범죄 현장을 분석하고, 누가 범행 당시 근처에 있었는지를 찾아내려고 증거 자료들을 일일이 조사했다. 만약 동일 용의자가 여러 범죄 현장에 있었다면 범인일 가능성이 커진다. 하지만 리프킨 박사는 세상에서 가장 정교한 유전자 조작 장치를 이용하여 전적으로 유전학 단계에서 작업하는 사람이다. 실제로 1999년 일부 뉴욕인들에게 발생한 병이 잘 알려지지 않은 바이러스인 웨스트 나일 때문임을 밝혀낸 사람도 다름 아닌 리프킨 박사였다. 만약 꿀벌 사회를 유린하는 것도 새로운 병원균이라면 이를 찾아낼 인물로서 리프킨 박사가 적격이었다.

다행히도 CCD 사태가 일어나기 바로 몇 달 전에 꿀벌 유전자의 염기 서열이 전부 규명되었다. 리프킨은 CCD 피해를 입은 봉군 네 군데에서 동사한 벌들을 표본으로 가져오고, 그 대조군으로는 건강한 봉군 두 군데에서 표본을 택했다. 두 표본에 모두 액체질소를 주입한 다음 갈아서 차가운 벌 용액을 만들었다. 그리고 모든 시료에서 염기 서열을 알아보았다. 이런 과정을 통해 파악된 유전암호 사슬—G, C, A, T—은 무려 수백만 개 문자를 일렬로 늘어놓을 만큼 길었다. 꿀벌 유전자의 염기 서열을 제외하고 나니 벌과 공생하는 갖가지 기생충, 바이러스, 곰팡이, 세균 따위의 염기 서열이 남았다. 이 작업은 꿀벌과 꿀벌 응애를 비롯한 주요 단어들을 엄청난 문자의 바다 속에 넣어놓고 단어 찾기 놀이를 하는 것과 같았다. 정체를 알 수 없는 염기 서열은 전 세계에 기록된 방대한 생물체 데이터베이스와 일일이 대조해가며 정체를 밝혀냈다.

리프킨은 범죄 현장에서 찾아낸 모든 생물의 염기 서열을 확인하고 나서 몇 가지 놀라운 점을 포착했다. 특히 어느 한 가지가 붕괴된 봉군 유전자 대부분에서 검색되었다. 마침내 리프킨 형사가 용의자를 찾아낸 것이다.

언론은 마치 세상을 뜨겁게 달군 살인범 수사를 고대하듯이 리프킨의 검사 결과를 기다렸다. 곧 단서가 미리 새어나갔고, 〈월스트리트 저널〉은 "리프킨이 꿀벌 전염병의 원인을 확인했다"는 보도를 냈다. 하지만 〈사이언스〉에서 발견 사실을 공식 발표하고 뒤이어 전 세계 방송과 주요 신문이 참가해 기자회견을 한 결과가 나오기 전까지는 모두들 말을 아꼈다.

이 사건의 용의자로 지목된 이스라엘 급성 마비 바이러스(Israeli acute paralysis, IAPV)는 2004년에 이스라엘에서 처음 확인된 꿀벌 바이러스로서 CCD가 발생한 봉군에 있던 30개 시료 가운데 25개에서 발견되었다. 하지만 건강한 봉군에서는 21개 시료 가운데 단 한 개에서만 나왔다. 또한 CCD가 일어난 봉군뿐 아니라 호주에서 수입된 벌과 중국산 로열젤리에서도 발견되었다.

〈사이언스〉 논문에 다음과 같은 내용이 실리자 의혹의 구름이 특히 호주 상공에 짙게 깔렸다. "CCD가 발생한 벌통에서 나온 벌 시료는 모두 호주에서 수입되었거나 호주산과 섞여 지냈다. 호주에서 미국으로 벌이 수입되기 시작한 해가 2004년이므로 봉군이 비정상적으로 감소하기 시작한 보고가 나타난 시기와 일치한다."

딱 들어맞는 설명이다. 1922년에 시행된 꿀벌보호법도 2004년에 꿀벌 개체 수가 급감하는 바람에 폐지되지 않았던가? 특히 아몬드와 다른 작물이 가루받이를 하는 데 이용되던 벌이 더욱 많이, 그것도 시급히 필요했던 까닭에 전혀 위험 대비를 하지 않았던 탓이다. 당시에 지각 있는 사람들은 국내 산업이 1922년 이후 또 한 번 위기에 사로잡혀서는 안 된다고 경고했다. 놀랍게도 미국동식물검역소(Animal and Plant Health Inspection Service, APHIS)는 수입을 허용해도 좋다고 결정한 것도 모자라 미국에서 기존에 알려지지 않은 꿀벌 질병이나 기생충은 호주에도 없으니 검사나 격리 조치가 전혀 필요 없다고 판단했다. 그래서 검사는 호주 쪽에서 자체적으로 하기로 했다.

미국꿀생산자협회 마크 브래디 회장은 이렇게 입장을 밝혔다. "언제부터 미국이 자국 생산품을 지키려고 다른 나라에 의존하게 되었는가? 중국이 수출하는 장난감을 우리 대신 그들에게 자체적으로 검사하게 놔두는 것과 마찬가지다." 2004년 APHIS가 수입 허용 결정을 내린 이후에 제리 헤이스는 APHIS에 다음과 같이 전했다. 즉, 안전을 기하기 위해 호주산 봉군에서 자란 봉아가 주기를 한 번 거친 다음 봉군이 문제없이 기능한다는 것을 확인하기 전까지는 플로리다로 들어오는 호주산 봉군을 격리시키겠다고 밝혔다. 그러자 APHIS 측은 만약 그렇게 한다면 국제 교역을 방해한 혐의로 정부가 나서서 고소를 할 것이라는 답변을 보냈다. 호주산 벌이 들어오길 간절히 바라는 사람들이 꽤 있었던 것이다.

이제 와보니 IAPV 바이러스는 그때 수입된 벌 속에 들어 있었음이 거의 확실했다. 수입 시기가 정확히 일치했다. 〈사이언스〉는 "CCD 발생 봉군에서 IAPV의 염기 서열이 우세한 것과 더불어 IAPV에 감염된 벌의 수입과 CCD 사이에 시기와 지리 면에서 중첩되는 면이 있기 때문에 IAPV를 CCD의 주요 표지라고 볼 수 있다"라고 정리했다. 물론 과학자들은 호주가 지구상에서 CCD에 걸리지 않은 몇 안 되는 나라에 속한다는 점을 인정한다. 하지만 호주 벌들이 IAPV와 무사히 공생하도록 진화했을지 모른다는 가설을 내놓았다. 게다가 세심한 신경을 써서 "주요 표지"와 "원인"을 구별해서 말했다. 아마 IAPV가 CCD를 일으킨 것이 아니라 CCD가 벌의 면역 체계를 파괴함으로써 IAPV가 번창했을지도 모른다. 마치 구더기들이 직접 죽이지 않은 동물 사체에 득실거리듯이 이 바이러스도 붕괴된 봉군에 잔뜩 나타난 것일 수 있다.

하지만 언론이 나서자 "주요 표지"는 연관성만으로도 유죄로 몰렸다. 언론은 대중들에게 범인 추적이 끝났다는 믿음을 심어주었다. IAPV가 원인임에도 사람들은 호주가 병들고 고약한 벌을 미국으로 보냈다며 실질적인 범죄자로 여겼다.

몇몇 사람들은 즉시 이에 반대했다. 양봉가 제임스 피셔는 〈비컬처(Bee Culture)〉라는 잡지를 통해 〈사이언스〉에서 발표한 논문에 대해 각 논점을 지적하며 이렇게 결론을 내렸다. "저는 호주 양봉가들이 이 논문에 실린 근거 없는 비난 때문에 단체로 타격을 입고 힘겨운 상황을 맞은 점에 대해 사과를 드리고 싶습니다."

단체로 타격을 입었다는 말은 전혀 과장이 아니다. 펜실베이니아 주 상원 의원인 밥 케이시는 나흘씩이나 시간을 들여 농무부 장관에게 급히 편지를 써 "호주산 꿀벌이 CCD와 관련이 없다고 최종 결정이 날 때까지 수입을 잠정적으로 중단시킬 것"과 "이미 미국으로 들어온 호주산 꿀벌 봉군의 효과를 완화시키기 위해 격리 및 검사 강화 같은 조치를 고려해줄 것"을 요청했다. 사흘 후 미국꿀생산자협회도 소송을 제기하면서 APHIS에 다음과 같은 편지를 보냈다. "APHIS가 여왕벌 혹은 패키지 단위로 미국에 들여오는 모든 벌에 대해서 즉시 수입을 중단시켜줄 것을 긴급히 요청하며…… 대학, 정부, 민간 과학자들이 최근에 밝힌 내부 검토용 연구는 꿀벌의 군집 붕괴 현상(CCD)이라는 심각한 사태와 꿀벌 수입 사이에 상당한 연관성이 있음을 시사하고 있습니다."

양봉업계 전체는 호주산 꿀벌 수입 금지를 이미 정해진 일로 받아들였다. 그런데도 APHIS에서는 증거가 더 많이 입수되기 전에는 수입을 중단을 할 수 없다고 나오자 한바탕 소란이 일었다.

하지만 과열된 분위기 속에서 기자회견이 끝나고 사태를 차분히 바라볼 수 있게 되자 여러 가지 점들이 석연치 않음이 분명해졌다. 호주 벌이 CCD와 공생하도록 진화했을 리가 없었다. 왜냐하면 〈사이언스〉에서 분명히 밝힌 대로 붕괴된 양봉장에는 대부분 호주에서 수입된 벌들로 채워져 있었기 때문이다.

그렇다면 1987년 이래 호주에서 꿀벌을 수입해갔던 캐나다는 어떤가? 캐나다는 미국보다 CCD 피해를 덜 입었기 때문에 단지 병든 호주산 꿀벌 탓이라고 간단히 말할 수는 없다. 게다가 캐나다 벌은 늘 미국으로 날아들기 때문에 20년 전에 캐나다에 있었던 것은 무엇이든 오래전에 미국으로 들어왔을 것이다. 한편 유럽은 호주에서 벌을 수입하지 않았는데도 봉군 붕괴가 여전히 기승을 부렸다.

그렇다면 IAPV는 어찌 된 영문인가? 이 바이러스를 처음 발견한 이스라엘 과학자인 일란 셀라(Ilan Sela)는 IAPV에 감염된 벌은 날개를 떨고 마비 증상이 나타나며 벌통 바로 바깥에서 죽는다고 설명했다. 진실이 어둠에 묻혀 있던 중 탐조등이 환하게 켜지자, 지금까지의 증상이 CCD와는 조금도 일치하지 않음이 분명하게 밝혀진 셈이다. 리프킨을 비롯한 동료 과학자들도 이런 점을 인식하고서 희망적인 설명을 내놓았다. "호주에서 개별적으로 수입된 벌이나 CCD에서 표현형〔생물이 유전적으로 나타내는 형태적·생리적 성질〕이 보고되지는 않았지만, IAPV 감염 증상의 다양성으로 볼 때 계통 변이와 동시 감염, 혹은 살충제와 영양실조 같은 다른 스트레스 요인이 존재한다고 본다." 달리 말하면, 미국에서 IAPV는 이전과 완전히 다른 증상을 일으키는 바이러스로 변형되었을지도 모른다. 아니면 미국 내의 다른 요소(살충제? 영양부족?)로 인해 IAPV의 전혀 새로운 모습이 드러났을지도 모른다.

2007년 11월, 호주를 원인으로 지목했던 이론은 큰 타격을 입었다. 2002년부터 미국 농무부 실험실에 냉동되어 있던 시료에 IAPV가 들어 있다는 사실이 발견되었기 때문이다. 2002년이라면 호주산 벌이 수입되지도 않았을 때이다. 드디어 호주는 누명을 벗었다. IAPV의 유전암호가 알려졌기 때문에 과학자들은 어디서나 이 바이러스를 뒤졌다. 과거의 시료든 바다 너머에 있는 것이든 가리지 않고 바이러스를 찾아냈다. 그 결과 이 바이러스는 새로운 침입자가 아니라 오래전부터 전 세계에 퍼져 살면서 인간이 자기를 찾아낼 기술을 발전시키기만을 기다리던 벌 병원균임이 밝혀졌다. 앞서 문제되었던 논문의 저자들도 후속 논문에서 다음과 같이 인정했다. "실제로 IAPV가 지금 미국, 호주, 이스라엘, 중국(로열젤리 시료) 등지에서 발견되고 있다는 사실은 이 바이러스가 이전부터 지구 곳곳에 퍼져 있었을 가능성이 있음을 뜻한다."

호주에서는 과학자들이 이 같은 사실을 조금 더 일찍 생각했어야 한다고 여겼다. 호주의 연방농림장관인 피터 맥가우런(Peter McGauran)은 은근히 으름장을 놓으며 이렇게 말했다. "호주의 양봉가에게 심심한 사과를 해야 할 사람들이 있다. 하지만 우리는 그 사람들이 사과할 때까지 숨죽이고 기다리고만 있지는 않을 것이다." 호주의 으뜸가는 벌 병리학자인 데니스 앤더슨(Denis Anderson)은 더 거친 반응을 보이면서, 〈사이언스〉지 논문 자료를 근거로 추정해보면 CCD의 원인이 IAPV가 아니라 노제마 병원균(Nosema ceranae)이라고 말했다. "하지만 연구자들이 종합적인 벌 병리 현상에 대한 경험과 지식이 부족한 까닭에 그런 점이 간과되었다. 그렇다고 해서 〈사이언스〉 같은 저명 학술지나 그 학술지 논문 심사위원들의 선택을 문제 삼을 수는 없다."

노제마? 이것은 어디서 왔는가?

많은 이들이 궁금해한 질문이다. 꿀벌 응애와 마찬가지로 노제마 병원균은 원래 아시아 꿀벌에 해를 입혔는데, 어느 시점부터 갑자기 유럽 꿀벌로 전파되었다. 이 곰팡이는 벌의 소화관을 감염시켜 소화 기능에 필요한 상피세포(창자 안쪽 면)를 파괴시킨다. 노제마병에 걸린 벌은 영양소를 흡수하지 못해 굶어 죽는다. 2006년 이 병이 유럽에서 처음 발견되자 유럽인들은 이 병원균을 의심했다. 에스파냐는 2004년 에 전형적인 CCD 증상으로 많은 봉군들이 한꺼번에 몰살했던 곳인데, 노제마 병원균은 2003년까지 거슬러 올라가 거의 모든 벌 시료에서 발견되었다. 하지만 2003년 이전 시료에는 극히 드물게 나타났다. 한편 IAPV는 붕괴된 봉군 중 한 군데에서만 발견되었다.

2007년 초 샌프란시스코의 캘리포니아대학 연구자들은 CCD 벌에서 노제마 병원균을 발견하고서 그 병원균이 CCD의 원인일지 모른다고 발표했다. 하지만 메릴랜드 주 벨츠빌에 있는 미국 농무부 벌 연구소는 이를 반박하면서, 1995년 냉동 미국 벌에서 노제마 병원균을 이미 확인했다는 근거를 댔다. 이 연구소가 CCD가 나타난 10개 봉군에서 노제마 병원균의 포자 수치를 확인했음은 분명했다. 양봉가들이 표준적인 노제마 병원균 치료제인 퓨마길린(fumagillin)을 벌들에게 투여했더니 효과가 나타났다. 벌통 안의 포자 개수가 크게 줄어든 것이다. 하지만 벌들은 여전히 죽어가고 있었다. 적어도 이 특별한 벌통에서 노제마 병원균은 살육에 가담하지 않았다. 미국 농무부 연구소는 무너져가는 벌통 여러 군데에서 꿀벌 응애도 확인했지만 많이 들어 있지는 않았다.

누구나 동의할 만한 유일한 사실은 CCD가 발생하려면 여러 원인이 함께 작용해야 한다는 점이다. 어쩌면 벌이 약해져 있을 때만 병원균이 CCD를 일으킬 수도 있었다. 이것은 곧 호주 사람들이 취한 관점으로서, 이들은 칼끝을 상대편에 돌리기로 마음을 정하고는 이렇게 지적했다. "호주의 봉군과 달리 미국 벌들은 영양부족과 살충제, 그리고 기생충으로 스트레스를 받는다. 게다가 작물을 가루받이하려면 장거리 이동을 하기 때문에 벌의 건강이 더욱 약해진다."

캐나다는 한 걸음 더 나아갔다. IAPV가 캐나다 양쪽 해안에서 발견되었지만 〈토론토 글로브 앤 메일(Toronto Globe and Mail)〉은 "벌 바이러스, 터무니없는 말일까?"라는 제목으로 기사를 내놓았다. 이 기사에서 캐나다의 저명한 벌 학자인 마크 윈스턴(Mark Winston)은 다음과 같이 말했다. "IAPV는 다가올 거대한 비극의 단역배우에 지나지 않는다. 곧 닥칠 진짜 위기는 '농업 붕괴 현상'이며 이것은 농업 자체에 타격을 가할 것이다."

CCD 연구자들은 그래도 어쨌든 IAPV가 관련되어 있다고 우겼다. 이들은 자료를 자세히 살펴보고서 미국에 적어도 서로 다른 세 가지 계통의 IAPV가 있음을 확인했다. 하나는 서부 해안 지역에 널리 퍼져 있는 것으로서 유전적으로 호주의 IAPV와 동일하다. 즉, 이 계통은 호주 벌과 함께 건너왔을 가능성이 있다. 또 하나는 동부 해안 지역에 분포된 계통으로서 적어도 2002년 이후 들어왔기 때문에 어딘지 알 수 없는 곳에서 단독으로 유입되었음이 틀림없다. 이처럼 미국 내의 세 가지 IAPV가 이스라엘에서 처음 발견된 IAPV와는 염기 서열이 전혀 다르다는 것은 상황을 더욱 복잡하게 만드는 요인이다. 게다가 미국 계통은 독감 바이러스처럼 재빨리 돌연변이를 일으켜 미래에 우리를 위협할지도 모른다. 이러한 사실을 바탕으로 보면, 유전정보를 찾는 능력은 개발했지만 그것을 이해하는 능력은 아직 부족하다는 결론을 내릴 수 있다.

어찌 되었든 한 CCD 연구팀은 IAPV가 주요 원인이 아님을 보여주는 자료를 자체적으로 갖고 있었다. 앞서 소개했던 제리 브로멘센크는 미 육군 소속 기술자인 찰스 윅(Charles Wick)과 한 팀을 이루었다. 윅은 미국 군용 신종 바이러스 탐색 장치를 고안해낸 인물이다. 미군은 세균전 시대를 대비하여 그런 장치를 갖추려 했다. 이 장치는 세균 크기가 저마다 다를 뿐 아니라 주변 생물체 중에서 가장 작다는 사실에 착안하여 만들어졌다(세균보다 100분의 1만큼 작으며 꽃가루 한 알에 비해 1000분의 1 정도 크기). 벌이 용액처럼 될 때까지 갈아서 큰 입자들을 모두 걸러낸 후 나머지 부분을 분사시키면 레이저를 이용해 각 크기의 입자 개수를 헤아릴 수 있다(세상에 6대밖에 없는 윅의 장치를 사용하면 가능하다). 찾아야 할 대상을 미리 알고 있을 필요는 없다. 크기가 20.9나노미터(nm)이면 날개 기형 바이러스(Deformed sing virus, DWV)다. 하지만 한꺼번에 크기가 다양한 입자들이 발견되면 그중 일부는 미확인 바이러스일 것이다.

브로멘센크 팀이 찾은 세균들도 바로 그랬다. 전체 14개 바이러스 가운데 크기가 25나노미터와 33.4나노미터인 두 바이러스는 일부 CCD 벌통에서 발견되었다. 이 바이러스들이 관련된 걸까? 아니면 벌 속에서 영원히 잠복하고만 있는 바이러스일까? CCD 시료 가운데 IAPV는 10퍼센트가 나타났지만, 호주의 시료에서는 나타나지 않았다. 따라서 이 자료에 따르면 IAPV는 CCD의 원인도, 주요 표지도 아닌 듯했다. 모든 CCD 벌통에 공통으로 나타나는 바이러스는 없었다.

실제로 두 연구팀이 초정밀 탐색에서 얻어낸 가장 중요한 정보는 모든 꿀벌들이 비정상적으로 여러 질병을 앓고 있다는 사실이었다. 브로멘센크 팀은 건강한 벌통들에서 크기가 27.9나노미터인 바이러스를 발견했다. IAPV 초기 연구에 쓰인 CCD 시료 30개 모두에 카슈미르(Kashmir) 벌 바이러스가 들어 있었고 건강한 시료에는 21개 중 16개가 들어 있었다. 그리고 노제마 병원균은 거의 모든 시료에 들어 있었다. 낭충봉아(囊蟲蜂兒) 부패병 바이러스(SBV)와 DWV, 그리고 급성 마비 바이러스도 있었다. 겉으로는 '건강한' 벌이라도 속은 병들어 있었다. 에이즈와 비슷한 점이 있다.✿ 하지만 당시 발견된 사실은 그게 전부였다.

미국인들은 CCD가 해결되었다고 믿고는 금세 관심을 끊었지만, 양봉가들은 문제 해결에 아무런 도움이 되지 않는다고 지적하면서 IAPV 발표에 쓴소리를 내뱉었다. 호주에 사과의 뜻을 전했던 양봉가 제임스 피셔는 〈사이언스〉에 실린 소논문에 단락 수(14개)보다 저자 수(23명)가 더 많음을 알아차렸다.✿✿ 나름의 성과가 있다 해도, 마치 가을이면 사람들이 코를 훌쩍이고 몸이 아픈 이유가 독감 바이러스 때문임을 발표하는 것이나 다름없다. 물론 맞는 말이겠지만 달라지는 것

✿ 일리노이대학 곤충학자인 메이 베런바움(May Berenbaum)은 면역 억제가 한 요인이라는 점을 확인시켜주었다. 유전자 분석으로 밝혀낸 바에 따르면 CCD 벌 속에는 항균성 펩티드인 아피다에신을 암호화하는 유전자가 지속적으로 하향 조정된다. 즉, CCD 벌은 세균과 싸울 면역 세포를 만들지 못한다─옮긴이.

은 없다. 우리는 아직 인체에 사는 바이러스들을 퇴치할 효과적인 치료법을 내놓지 못했다. 벌은 더더욱 가망이 없을 것이다. 비록 양봉가들이 돈을 들여서 벌의 몸속에서 허용할 수 없는 바이러스가 어떤 것인지 가려내는 검사를 한다손 치더라도 이윤이 대폭 줄기 때문에 현실성이 없다. CCD 연구팀은 자신들이 내놓은 결과를 바탕으로 양봉가가 어떤 행동을 취해야 할지 조언했다. "봉군을 건강하게 유지하고 꿀벌 응애 수치를 낮추도록 한다. 노제마 병원균 수치도 낮게 유지하도록 한다. 필요시 추가적으로 영양을 공급하도록 한다." 구체적인 실행 과정은 전혀 제시하지 못한 것이 아쉬움으로 남는다.

달리 말해서, 감기 환자에게 적당한 휴식을 취하고 물을 적절히 마시고 치킨 수프를 조금 먹으라는 격이다.

사실 처음에 양봉가들은 바이러스 이론에 큰 관심을 기울이지 않았다. 하지만 데이브 하켄버그와 동료들은 선견지명이 있었다. 이들은 오랫동안 관찰 수첩을 서로 비교해가며 정확히 언제 어디서 벌이 병에 걸리는지 파악하고 있었다. 또한 정확히 무엇이 CCD를 일으키는지 안다고 확신하고 있었다.

✿✿ 절묘한 지적이긴 하지만, 전적으로 맞는 말은 아니다. 근거가 될 자료들은 추가 논문에 포함되어 있었다. 실제로 CCD 연구자들은 거침없이 돈과 인력을 끌어모아 최대한 짧은 기간에 CCD 연구를 마치려고 노력했으며 종종 무보수로 일하기도 했다. 모두들 총명하고 부지런했으며 헌신적이었다. 단 한 가지 실수라면 언론과 양봉업계가 즉각적인 해답을 원하던 터라, 5년 후 분위기가 진정될 때까지 기다리지 못하고 그들이 원하는 대로 해주었다는 것뿐이다.

05

서서히 퍼지는 독

살충제 제조회사의 딜레마를 한번 생각해보자. 이 회사의 목표는 생명체에 독성을 주는 화학약품을 만드는 것이다. 하지만 식물에게도 닿기 때문에 모든 생명체의 씨를 말려서는 안 된다. 따라서 해충만 죽이고 식물은 살아남을 수 있는 물질을 만들어야 한다. 또한 보호하려는 작물이 결국에는 여러 동물의 먹이로도 쓰일 것이다. 따라서 죽여야 할 동물이 아니라 자칫 엉뚱한 동물까지 죽어서는 안 된다. 결국 살충제 제조는 기본적으로 곤충과 인간 사이에 놓인 생물학상의 차이를 얼마나 잘 활용하느냐가 핵심이다.

예전 방법은 투여량에 초점을 맞추었다. 말라티온(Malathion)과 디아지논(Diazinon) 같은 유기 인산염은 충분히 우리를 죽일 수 있지만, 농작물에서 씻겨나가고 남은 소량으로는 그렇지 않다. 약 15년 전에 살충제 혁명이 일어나자 예전 방법은 새롭게 대체되었다. 네오니코티노이드(Neonicotinoid)라는 새로운 살충제 제품군이 나왔다. 네오니코티노이드는 식물들이 오랫동안 해충을 물리치기 위해 만들어온 천연 살충제인 니코틴(nicotine)을 모방한 약품이다. 물론 니코틴의 대명사는 담배이지만, 토마토, 감자, 피망 따위에도 니코틴이 소량 함유되어 있다.

네오니코티노이드는 신경계에 작용하는 독성 물질인데, 뉴런끼리 혹은 뉴런과 근육 사이에 신호를 주고받을 때 쓰이는 신경전달물질인 아세틸콜린을 받아들이도록 설계된 수용체와 결합한다. 이 수용체에 아세틸콜린 대신 네오니코티노이드가 채워지면 말 그대로 신호가 어긋나버린다. 신경이 작동하지 않아야 할 때 작동하며 정상 신호가 전송되지 않는다. 방향감각 상실, 단기기억 상실, 식욕 상실 등이 아세틸콜린 손상의 첫 징후다. 그에 뒤이어 진동과 경련이 일다가 마침내 마비 증상과 함께 죽는다. 인간에게 나타나는 파킨슨병과 알츠하이머병은 아세틸콜린 수용체 이상을 특징으로 한다.

곤충의 신경 통로는 포유류에 비해 네오니코티노이드에 훨씬 취약하다.✿ 따라서 네오니코티노이드는 곤충에게는 한 시간 안에 화학적으로 유도된 치매 증상을 일으키면서도, 우리에게는 거의 아무 영향을 주지 않고 인체에서 48시간 이내에 배출된다. 살충제로는 완벽하다! 아무 걱정할 것 없이 농작물에 네오니코티노이드를 뿌려도 된다. 실제로도 그렇게 한다. 100개국에서 140개 농작물에 사용 허가를 받은 이미다클로프리드(imidacloprid)는 최고의 인기를 누리는 네오니코

✿ 예를 들어, 사람이 바닥에 쓰러져 몸을 비틀 정도가 되려면 얼마나 많은 담배를 피워야 되는지 생각해보라. 실제로 특이하게도 흡연자는 비흡연자보다 절반 정도만 파킨슨병에 걸린다.

티노이드 성분으로서 매년 5억 6000만 유로가 팔려나간다. 현재 세계에서 최다 판매되는 살충제다.

이미다클로프리드는 단지 농작물에만 쓰이진 않는다. 애완동물에게 벼룩 약 '어드밴티지'를 바를 때도 이미다클로프리드를 사용하는 셈이다. 이것은 더욱 완벽한 약이다. 푸들이 약을 아무리 많이 핥아먹어도 죽지 않고 벼룩만 죽기 때문이다. 잔디밭이나 골프 코스에 '메리트' 약을 뿌릴 때도 이미다클로프리드를 사용하는 셈이다. 메리트를 쓰면 고양이, 개, 아장아장 걷는 아기와 노인은 죽지 않고 흙 속의 벌레만 죽는다. 월마트를 거닐면 이미다클로프리드 제품이 많이 보이는데, 가끔씩은 전혀 뜻밖의 제품에도 이 성분이 쓰이고 있음을 발견한다. 곤충이 달려들지 못하게 보호해준다는 종합 화초 관리뿐 아니라 온갖 땅벌레를 처리해 '장기간 보호'해주는 데도 쓰인다. 미국과 유럽에서는 네오니코티노이드 제품이 적어도 일곱 가지는 쓰이는데, 그중에서 이미다클로프리드가 가장 많이 쓰인다. 1에이커당 미국에서는 20달러에 팔리는 데 비해 중국에서는 고작 2달러에 팔린다.

가끔씩 이 약품은 전혀 뜻밖의 장소에서도 모습을 드러낸다. 미국 산림청은 진딧물과 비슷한 곤충인 면충(綿蟲)을 결사적으로 퇴치하기 위해 이미다클로프리드를 도입했다. 아시아에서 들어온 이 곤충은 사우스캐롤라이나에서 마인까지의 이스턴 헴록(미나릿과의 독초—옮긴이)을 황폐하게 만들었다. 면충은 헴록 가시의 밑부분을 빨아 먹어서 감염 몇 년 안에 나무를 죽인다. 현재로서는 이 벌레를 퇴치하지 않으면 이스턴 헴록이 멸종할 것으로 예견하고 있다. 현재 헴록 수천 그루가 뿌리를 내리고 있는 흙에는 이미다클로프리드가 투여되어 있다. 살충제는 나무 전체를 통해 퍼지며 털투성이 면충을 비롯하여 헴록을 빨아 먹을 가능성이 있는 여러 벌레들을 죽인다. 드넓은 그레이트 스모키 마운틴즈 파크는 이제 그 약으로 완전히 뒤덮인 셈이다.

이미다클로프리드가 성공을 거둔 이유에는 체내 침투성 살충제라는 점이 한몫을 했다. 식물 속으로 스며들어 줄기, 잎, 뿌리 등 식물 조직 전체에 퍼지기 때문이다. 이 식물을 먹은 벌레는 죽는다. 이 물질은 비가 내려도 씻겨 내려가지 않고, 게다가 농작물에 뿌릴 필요가 없을 때도 있다. 이미다클로프리드에 씨앗을 담갔다가(회사는 이런 식으로 투여하는 제품을 판매한다) 파종을 한 식물이 자라나면 그 속에 약품 성분이 가득 들어차게 된다.

대단히 편리한 방식이 아닐 수 없다. 약품 처리한 씨앗을 심어놓기만 하면 되니까 독성 분무액을 공기 중이나 물에 뿌리지 않아도 된다. 농부들 마음에 쏙 드는 방식이다. 아울러 네오니코티노이드가 기존 살충제에 비해 향상된 약품임을 반박하기는 어렵다. 미 환경 보호국(EPA)에서는 독성이 높은 유기 인산염 사용을 단계적으로 금지하려고 한다. (유기 인산염은 자연환경에 오래 잔존하지는 않지만 독성은 DDT보다 더 크다.) 침투성 성분인 네오니코티노이드로 바꾸면 모두에게 득이 된다.

물론 벌은 예외다. 곤충의 신경전달물질을 공격 대상으로 삼는 새로운 살충제는 벌의 먹이에도 스며 있으니, 벌에게는 결코 축복의 약품이라고 할 수 없다.

살충제가 꿀벌에게 가하는 위협은 새삼스러운 이야기가 아니다. 대부분 살충제는 아무 벌레나 죽인다. 어디서나 쉽게 죽음이 목격된다. 농약 살포 비행기는 저공비행으로 하얀 안개를 길게 퍼뜨리며 지나간다. 수백만 마리 벌들이 들판에서 죽은 채 발견되고 양봉가들이 비명을 지르며 피해 보상을 요구하지만, 대개는 아무 소용이 없다. 조금만 들추어내도 터무니없는 상황이 아닐 수 없다. 제리 헤이스는 이렇게 말한다. "양봉업은 농업에서 늘 찬밥 신세였어요." 벌이 가루받이를 계속해왔지만 고맙다는 말도 듣지 못한 채 당연시되었고, 틈만 나면 농약 세례나 받았다.

이런 촌극이 수십 년째 계속되자 농부와 양봉가는 서로 의견을 잘 조율하는 사이가 되었다. 농부는 벌이 활동을 마칠 때까지 농약 살포를 중단하거나 적어도 살포가 곧 시작된다고 알려주었다. 차츰 살충제가 벌을 죽이는 비율은 이전보다 3분의 1로 줄어들었다. 하지만 데이비스에 있는 캘리포니아대학의 꿀벌 전문가 에릭 뮤센(Eric Mussen)은 벌들이 죽는 원인 중 10퍼센트가 여전히 살충제 때문이라고 판단한다. 많은 봉군이 아직도 화학약품의 집중공격 아래 놓여 있다.

하지만 침투성 살충제가 새로 등장하자 상황이 달라졌다. 벌이 활동하는 동안에도 굳이 살포를 중단할 필요가 없다. 바이엘 사(맞다, 그 아스피린 회사)는 그런 문제가 사라졌다고 주장한다. 이 회사의 연구 결과에 따르면, 꽃가루나 꽃꿀에 스며드는 이미다클로프리드의 양은 1 내지 2피피비(ppb, 1ppm의 1000분의 1인 농도 단위) 정도로 극히 미량이기 때문에 벌이 먹거나 벌집에 농축되는 양으로는 아무런 해도 끼치지 못한다고 한다.

하지만 이 주장에 모두가 동의하는 것은 아니다. CCD 발발 직후 살충제가 꿀벌에 미치는 영향을 전문적으로 연구한 펜실베이니아의 곤충학자 머라이언 프레이저(Maryann Frazier)는 내게 이렇게 말했다.

"네오니코티노이드가 꽃가루와 꽃꿀 속으로 얼마나 스며드는지에 대해서는 의견이 분분합니다. 바이엘 사에 물으면 아주 적다고 말하겠지만, 우리는 확신할 수 없습니다." 2007년 그녀가 이끄는 연구팀은 벌 봉군에 스며든 살충제에 관해 역사상 유례없을 정도로 광범위한 연구를 시작했다.

이탈리아 우디네대학이 연구를 실시한 결과, 이미다클로프리드에 적신 옥수수 씨앗의 살충제 성분이 옥수수 씨를 뿌릴 때 파종 기계의 배수관을 따라 흘러나왔음이 밝혀졌다. 실제로 실험에 쓰인 여과지에는 이미다클로프리드의 유럽 상품인 가우초(Gaucho)가 배어나와 분홍색을 띠고 있었다. 파종 당일 농장 가장자리에 자라는 꽃의 잔여량은 124피피비였는데, 사흘 후에도 여전히 9피피비가 남아 있었다.

물론 이 정도의 이미다클로프리드 수치가 꿀벌을 직접 '죽이지는' 않는다. 하지만 봉군 전체에 미치는 영향은 어떨까? 이미다클로프리드 수치가 치명적인 수준은 아니어도 벌의 행동 방식을 변화시켜 벌집 전체의 생존 지혜를 훼손함으로써 CCD와 비슷한 증상을 일으킬 수도 있다.

많은 연구에서 그런 점이 드러났다.

2001년 이탈리아의 국립양봉연구소에서는 이미다클로프리드 함유량을 0피피비, 100피피비, 500피피비, 1000피피비 등으로 다양하게 해서 꽃꿀과 비슷한 설탕 용액이 담긴 먹이통을 벌에게 제공하는 실험을 시행했다. 벌은 우리에 갇혀 있었고, 각각 번호표를 붙여놓아 벌이 먹이를 먹은 다음 자기 벌통으로 되돌아가는지 관찰했다. 대조군 벌(이미다클로프리드를 섭취하지 않은 벌) 가운데 거의 80퍼센트가 2시간 안에 벌통으로 돌아왔으며 24시간 안에는 약 90퍼센트가 돌아왔다. 이 미다클로프리드를 100피피비 섭취한 벌은 2시간 내에 고작 57퍼센트만 돌아왔고, 24시간이 지나도 간신히 27퍼센트만 더 돌아왔다.

그렇다면 이보다 더 많은 이미다클로프리드를 섭취한 벌들은 어떻게 되었을까? 500피피비와 1000피피비를 섭취한 벌들은 24시간이 되어도 먹이통에서나 벌통에서나 단 한 마리도 보이지 않고 사라졌다. 실제로 그 다음날이 되어도 생사를 가릴 것 없이 벌통 앞이나 먹이통 앞에 한 마리도 보이지 않았다. 아마도 그 벌들은 벌통으로 되돌아올 수 없었거나 도중에 죽었을 것이다.

하지만 이미다클로프리드가 그 벌들을 직접 죽이지는 않았던 것 같다. 다른 벌들에 비해 시간이 더 걸리긴 했지만, 우리를 열어주었을 때 모두 밖으로 날아갈 수 있었으니 말이다. 평균적으로 보면 우리를 떠날 때 대조군 벌들은 거의 곧바로 날아갔지만, 100피피비를 섭취한 벌들은 10분, 500피피비를 섭취한 벌들은 45분, 그리고 1000피피비를 섭취한 벌들은 75분이나 걸렸다. 이 벌들은 모두 연구자들이 말을 아끼며 이름 붙인 '변칙적 비행 행동'을 보였다. "자주 풀밭에 떨어졌고, 비행 방향도 벌통 쪽이 아니었습니다. 살충제를 섭취한 벌들은 방향감각을 잃은 듯 보였고, 아마 그 때문에 사라지지 않았나 싶습니다." 연구자들은 입을 모았다.

정말로 그 때문이었을 수 있다. 벌의 행동을 보니 확실하다. 방향 감각 상실과 단기기억 상실을 일으키는 신경독성물질을 벌에게 약간 투여해보면, 대부분은 벌집으로 돌아오는 데 어려움을 겪는다. 하지만 술 마시며 흥청대는 여느 남학생들처럼 벌도 결국에는 두어 시간 안에 정신을 차리고 벌집으로 돌아온다. 하지만 100피피비와 500피피비 사이의 살충제를 섭취한 벌들은 심각한 상태에 빠진다. 심한 타격을 받은 까닭에 열린 문밖으로 제대로 빠져나가지 못하고 땅에 떨어지기도 하며 마침내 날개에 힘을 주어 날아보지만, 마치 음주 운전자가 고속도로에서 비틀대며 질주하듯 방향을 잡지 못하고 엉뚱한 곳으로 날아간다.

이탈리아, 프랑스, 영국 등지에서 시행된 다른 연구들에서도 이미다클로프리드의 준(準)치명적 효과가 확인되었다. 한 연구에 따르면 벌통 속에 고립된 벌들에게 이미다클로프리드 500피피비를 투여했는데, 이 벌들은 한동안 움직이지도 의사소통을 하지도 못하다가 몇 시간이 지나니 정상으로 회복되었다고 한다. 이로써 이미다클로프리드를 과하게 섭취하고 사라진 벌들이 그 화학약품 때문에 바로 죽지는 않았어도 벌집으로 돌아오지 못하고 한데서 죽었을 것이라는 설명에 더욱 힘이 실렸다.

봉군의 생존은 벌의 뛰어난 학습 능력에 달려 있다. 하지만 여러 실험에서 입증된 바대로, 이미다클로프리드가 투여된 벌들은 신체뿐 아니라 기본적인 학습 반응에도 손상을 입는다. 향기와 음식 사이의 관련성을 알아내지도 못한다. 이 벌들을 해부해보니 뇌 손상이 드러났다.

바이엘 사는 이 연구에 대해 심하게 반박하지는 않는다. 다만 벌이 먹는 꽃가루와 꽃꿀에 스며드는 이미다클로프리드의 양이 극히 적다고 주장할 뿐이다. 바이엘 사가 자체 연구한 바에 따르면, 해바라기 꽃꿀 속에는 이미다클로프리드 잔여량이 1.5피피비 미만이며 옥수수와 유채 꽃가루 속에 남은 양은 5피피비 미만이라고 한다. 그들은 실험실에서 꿀벌에게 실질적인 영향을 미치려면 최소한 20피피비 이상이어야 준치명적 효과가 생길 것으로 판단했다. 그러면서도 다른 연구자들이 6~48피피비까지 다양한 수치를 내놓는다는 점은 인정하고 있다.

이미다클로프리드에 대한 연구가 왜 이토록 많이 이루어질까? 1996년 프랑스에 가우초가 처음 도입되었을 때 프랑스 꿀벌들이 불가사의하게 사라진 일이 있었기 때문이다. 2001년이 되자 150만 개였던 꿀벌 봉군이 100만 개로 줄어들었다. 이 살충제를 만든 바이엘 사 과학자들이 내놓은 아래 설명을 들어보면 께름칙하기 그지없다. "이 사태의 특징은, 벌들이 무기력해져 움직이지 못하고 벌통 바깥의 땅으로 모이는 현상이 나타난다는 것이다. 게다가 벌들이 경련을 일으키고 먹이를 구하러 나갔다가 방향감각을 잃는 바람에 개체 수가 줄어든다. 병에 걸린 벌이 돌아오더라도 입구를 지키는 벌에게 공격을 받는다. 형태학상으로 볼 때 병든 벌은 뱃속이 시커멓게 손상되어 있다. 꿀벌 봉군 3분의 1이 이런 증상을 보인다. 봉군 차원에서 보자면 이 병으로 인해 벌이 직접적으로 죽지 않는데도 벌 개체 수가 상당히 감소하며 꿀벌 수확량도 많이 감소한다."

프랑스에서 CCD 증상은 '미친 벌 질병'이라는 다소 자극적인 이름으로 알려졌다. 프랑스인들은 꿀벌이 가장 좋아하는 식물인 해바라기를 문제의 원인으로 지목했다. 마침 당시에 이미다클로프리드를 대규모로 투여한 첫 번째 작물이었기 때문이다. 1999년 1월에 소량의 이미다클로프리드가 해바라기 꽃가루에 남아 있다는 연구 결과가 나왔다. 이에 격분한 프랑스 양봉가들이 파리에서 가두시위를 벌이자 프랑스 농림부는 해바라기 씨앗에 가우초를 처리하는 작업을 2년간 전국적으로 금지한다고 발표했다. 이 발표 후 농림부는 바로 연구에 착수했다.

2001년이 되자 프랑스 농림부는 가우초와 벌의 죽음에 결정적인 관련성이 없다고 밝혔다. 하지만 어찌 되었든 예방 원칙에 입각해 살충제 사용 금지 기간을 2년 더 연장하기로 결정했다. 하지만 미국에는 이 조치가 전혀 영향을 주지 못했다. 미 환경 보호국이 몬산토 사에 "문제 원인이 귀사의 베스트셀러 제품에 있다는 증거는 없습니다. 하지만 위험 예방 차원에서 연구를 더 해야 하므로 2년간 사용을 금지하겠습니다"라고 통보하는 일은 상상도 할 수 없었다.

프랑스에서 금지 조치를 내린 데에는 그럴 만한 연유가 있었다. 2002년에 프랑스 전역에서 모은 시료를 조사해보니 이미다클로프리드가 49퍼센트나 발견된 것이다. 놀라운 수치였으며 살충제 중에서 가장 높은 비율이었다. 몇 년 지나지 않아 낮은 비율이긴 해도 이 새로운 살충제는 프랑스 시골 지역으로 가득 퍼졌다.

프랑스 농림부가 요청한 대로 프랑스 과학기술협회는 이미다클로프리드의 위험성을 평가하기 위해 광범위한 전염병학 연구를 시작했다. 이 협회는 파스퇴르연구소, 국립과학연구센터, 캉(Caen)대학과 메스(Metz)대학이 공동으로 결성한 것이다. 이들은 2003년 108쪽에 달하는 보고서에서 이런 결론을 내렸다. "가우초로 씨앗을 처리하는 데 따르는 위험성을 조사한 결과, 그 우려가 실제로 드러났다. 가우초로 씨앗을 처리하면 생명 활동의 여러 단계에서 벌에게 상당한 위험을 가

한다." 곧바로 해바라기에 대한 가우초 사용은 영원히 금지되었다.

이에 격분한 바이엘 사는 가우초와 꿀벌의 죽음에는 아무 관계가 없음을 보여주는 연구 결과들을 여럿 들고 나왔다. 미친 벌 질병이 1999년 금지 이후로도 전혀 해소되지 않았다는 점을 지적했는데, 충분히 설득력이 있었다. 하지만 프랑스 양봉가 동맹의 대변인인 모리스 마리는 즉시 반박을 가했다. "가우초를 처음 도입한 이래 해바라기 벌꿀 수확에 엄청난 손실을 입었다. 그 약품이 최대 3년까지 흙 속에 남아 있다 보니 살충제 처리를 안 한 식물까지 벌에 치명적인 농도로 살충제 성분을 갖게 된다." 게다가 양봉가들은 처음에 해바라기에 대한 가우초 사용이 금지된 이후 옥수수에는 이것이 널리 사용되었기 때문에, 해바라기를 통해서는 아니더라도 옥수수를 통해서 벌에게 유입되었음을 지적했다.

후속 보고서에서 과학기술협회도 이에 동의하며 다음과 같이 밝혔다. "가우초로 옥수수 씨앗을 처리하는 문제도 해바라기의 사례와 마찬가지로 위험하다는 연구 결과가 나왔다. 오염된 꽃가루를 먹은 양육벌의 사망률이 높아졌음을 참고해볼 때 해바라기에 사용을 금지한 이후에도 가우초의 영향으로 벌이 계속 죽었음을 알 수 있다."

프랑스 양봉가 동맹에는 미국에 비해 좀 더 괜찮은 로비스트들이 있었음이 틀림없다. 2004년 5월에 프랑스 농림부장관이 옥수수에 대해서도 가우초 사용을 금지한다고 발표했으니 충분히 그렇다고 짐작할 수 있다. 확실을 기하기 위해 그는 피프로닐(fipronil)을 비롯한 여섯 가지 침투성 살충제도 함께 금지했다.

바이엘 사가 미숙한 판단을 했을까? 장담하기는 어렵다. CCD에 대해 프랑스 정부는 거침없이 이미다클로프리드에 유죄를 선고하는 식으로 입장을 표명했지만, 그에 못지 않게 반대 측 증거도 많다. 프랑스는 이미다클로프리드와 피프로닐을 금지해온 유일한 국가로 남아 있지만, 그렇다고 이미다클로프리드가 널리 사용되는 다른 유럽 국가들에 비해 그리 나은 형편이 아니다.

2000년에는 캐나다의 프린스에드워드 섬(PEI)과 뉴브런즈윅에 서식하는 벌들에게도 붕괴 현상이 발생했다. 마침 감자가 많이 자라는 이 지역에서는 감자 딱정벌레를 퇴치할 목적으로 1년 전에 이미다클로프리드가 도입되어 이 지역 감자 90퍼센트에 이미 사용되고 있었다. 따라서 사태가 발생하자마자 이 약품은 관련성을 의심받았다. 벌이 감자 꽃을 찾지는 않지만 같은 지역에서 자라는 유채, 클로버, 해바라기 농장으로는 날아든다. 이미다클로프리드가 흙 속에 배어나와 그 꽃들을 오염시키지 않았을까?

이듬해 PEI대학에서 실시된 연구에 따르면 그렇지 않았다. 연구 결과 흙 시료에서 이미다클로프리드가 다량 검출되었지만 꽃과 꽃꿀과 꽃가루에서는 검출되지 않았기 때문이다. 아르헨티나에서 실시한 연구에서도 가우초로 처리한 해바라기를 먹이로 삼은 벌 봉군에서 아무런 부작용이 드러나지 않았다. 그 봉군에 속한 벌들은 해바라기 벌꿀을 풍성하게 만들었으며 7개월이 지나도록 번창했다.

그렇다면 데이브 하켄버그가 방사선 처리한 벌통이 그렇지 않은 벌통보다 상태가 더 좋았다는 것은 어떻게 보아야 하는가? CCD 이면에 어떤 생물학적인 요인이 있다는 뜻은 아닐까? 그 사실을 근거로 살충제가 혐의를 벗지 않을까? 꼭 그렇지는 않다. 먼저, 살충제는 대개 강한 방사선을 쬐면 변질된다. (햇볕만 쬐도 이미다클로프리드는 변질된다.) 둘째, 앞서 지적했듯이 만약 이미다클로프리드가 면역 체계를 파괴한다면 방사선을 쬔 벌통은 무균 병동처럼 병든 벌들을 더 잘 보호해줄 수 있기 때문이다.

이미다클로프리드가 원인이라고 보기 어려운 결정적인 증거는 이 살충제의 효과가 간접적이라는 점이다. 즉, 행동양식에 영향을 끼쳐 벌이 간접적으로 죽는 방식이다. 예를 들면 플로리다의 제리 헤이스는 CCD가 발생한 봉군을 목격했을 때 느낀 점을 이렇게 술회했다. "가장 먼저 이미다클로프리드가 떠올랐습니다. 진드기 퇴치용으로 플로리다에서 사용되던 살충제니까요. 그 살충제는 벌이 보금자리로 돌아가는 방법을 잊게 하고 면역 체계를 파괴시킵니다. 이미다클로프리드의 전형적인 증상이 바로 그랬습니다. 정말 전형적인 증상입니다."

데이브 멘더스는 동부 해안 근처에서 7000개 벌통을 기른다. 이 사람이 소유한 양봉장은 마인의 블루베리 농장에서 매사추세츠의 크랜베리 농장을 거쳐 플로리다의 감귤 농장까지 펼쳐져 있다. 그는 CCD 연구팀과 긴밀하게 협조해 연구에 동참했지만 IAPV 이론을 거부하며 이렇게 말한다. "정상적인 제 벌통에서도 IAPV, DWV, 그리고 노제마 병원균이 확인되었습니다. 모두 다 제가 기르는 벌들에 있는 문제입니다. 그런데도 제 벌은 멀쩡합니다." CCD의 원인이 더욱 교묘한 것이라며 그는 이렇게 덧붙인다. "침투성 살충제가 이 문제 전반에 걸쳐 상당히 중요한 요소라고 저는 믿습니다." 이미다클로프리드와 알디카브(aldicarb)가 멘더스의 벌통 속 벌밥(beebread)에서 소량이나마 발견된 것에 대해서는 이렇게 설명한다. "벌밥은 신경계가 형성되는 발육 단계에 있는 봉아에게 주는 먹이입니다. 우린 벌의 신경계에 관해서는 잘 모르지만, 발육 단계에 어떤 문제가 생기는지 봅니다. 이런 설명을 했더니 누군가에게 '아, 그래요. 키우시는 벌들은 날 때부터 장애가 있었군요'라는 답을 들었어요. 정확한 지적입니다. 살충제에 노출된 이전 세대부터 문제가 시작되지만 부화한 새끼 벌은 정상처럼 보입니다. 겉으로 드러나는 장애는 없지요. 하지만 분명히 문제는 잠재해 있습니다. 그게 발현되기까지는 여러 세대가 걸립니다. 특히 유념할 사실은 부화한 새끼 벌은 다음 세대를 돌보는 양육벌이 된다는 점입니다."

이 말을 듣고 보니 데이브 하켄버그가 그의 병든 벌에 대해 하던 말이 떠오른다. "벌의 행동이 달라졌습니다. 가만히 앉아만 있어요. 함께 모이지도, 어딘가로 가지도, 먹지도, 집을 짓지도 않습니다. 그리고 여왕벌은 벌통 구석자리에 멀찍이 떨어져 있습니다. 거긴 여왕벌이 있을 곳이 아니거든요. 네오니코티노이드 제품에는 그 제품이 곤충에게 기억상실, 식욕 감퇴, 방향감각 상실, 면역 체계 붕괴 따위를 일으킨다는 경고 문구가 적혀 있습니다. 신경계 장애를 일으킨다는 뜻이죠. 하지만 벌통을 아무리 뚫어져라 살펴본들 신경계 장애를 눈으로 확인할 수는 없습니다."

진드기의 경우에는 그들이 혼란스러운 나머지 몸치장을 그만두기 때문에 면역 체계 붕괴가 일어나기도 한다. 그러면 곰팡이를 비롯한 여러 병원균이 몸 전체에 퍼진다. 바로 CCD 벌들의 전형적인 증상이다. 꿀벌에게 몸치장은 질병과 기생충으로부터 자신을 지키는 중요한 방어 수단이다. 에이즈가 사람을 직접 죽이지는 않지만 면역 체계

꿀벌 없는 세상, 결실 없는 가을

를 파괴시키는 것만으로 폐렴을 비롯한 여러 질병들이 최후의 일격을 가하도록 만들듯이, 바이엘 사의 주장대로 이미다클로프리드가 직접 살육에 가담하지는 않고 곰팡이와 굶주림이 대신 처리하도록 상황을 조성할 수도 있다.

실험실과 현장 연구에 따른 결과는 CCD를 유발하기에는 농작물의 꽃가루와 꽃꿀 속에 남은 이미다클로프리드 수치가 너무 낮다고 암시하지만, 그렇다고 이를 인정하기에는 양자의 관련성이 너무 크다. 만약 여러분이 형사이고, 어떤 희대의 연쇄살인범 용의자가 여자들에게 독을 먹이고 몸에 빨간 장갑을 남겨둔다고 상상해보자. 빨간 장갑과 함께 새로운 희생자가 발견되고 그가 범죄 현장 주변에 있었다는 사실을 확인했으면, 비록 알리바이가 어느 정도 충분해도 여러분은 계속 그를 용의자 명단에 둘 것이다. 마찬가지로 이미다클로프리드는 숱한 형사들이 밀착 감시 중인 용의자인 셈이다. 비록 어느 형사도 체포할 준비가 되어 있진 않지만 말이다.

이를테면 우리는 벌을 직접 죽이려면 이미다클로프리드가 얼마만큼 드는지 안다. 또한 벌이 한 시간 내에 마약에 취한 것 같은 상태가 되는 데 이미다클로프리드가 얼마나 필요한지도 안다. 하지만 벌에게 '일평생' 조금씩이지만 끊임없이 이미다클리프리드를 투여하면 어떻게 될까? 여러 연구에 따르면 이미다클로프리드 0.1~1.0나노그램으로도 벌의 학습 능력과 방향 찾기 능력이 달라질 수 있다고 한다. 먹이구하기 벌은 매일 상당량의 이미다클로프리드에 노출된다. 이 때문에 어떤 영향을 받을지는 아무도 모른다. 사람에게 치명적인 영향을 미치려면 함량이 아주 높아야 할 것이다. 어떤 사람은 온종일 담배를 피워대는데도 건강해 보인다. 만성 질병이 드러난 후에야 그 치명적인 효과가 분명해진다. 네오니코티노이드도 이럴 수 있지 않을까?

예를 들어 이미다클로프리드로 처리한 작물을 먹는 벌이 기르는 애벌레는 발육 단계에서 이 살충제 0.3~0.5나노그램을 섭취할 우려가 있으므로 어느 정도 영향을 받지 않을까? 곧바로 죽음으로 몰고 갈 만큼 많은 양은 아니지만, 신경계에 영향을 주면 어떻게 되는 것일까?

데이브 하켄버그는 2006년 11월 미국에서 CCD가 발생한 것도 그런 이유 때문이라고 믿는다. 여름내 이미다클로프리드 처리를 한 작물을 벌들이 먹이로 삼은 지 몇 주가 지나자 일어난 일이기 때문이다. 농작물에서 얻은 꽃가루는 벌통에 저장되어 새끼들에게 먹이로 주어진다. 늦가을에 번데기가 되는 애벌레는 6주가 아니라 6개월이라는 수명을 갖는 겨울 벌이 된다. 2006년 겨울 벌들의 행동 양식이 치명적일 정도로 바뀐 것도 먹이 공급 때문이지 않을까?

아직은 아무도 모른다. "단일 살충제가 치사량에 가까운 양이 될 수 있는지 혹은 장기간 노출이 어떤 영향을 주는지에 대해서는 그 누구도 살피지 않는다. 그 준치명적인 효과에 대해서 우리는 인식하지 못하고 있다." 머라이언 프레이저는 이렇게 말한다. 마침내 2008년에 프레이저는 충격적인 살충제 연구 결과를 발표했다. 그녀는 CCD가 발생한 벌통, 대조군 벌통, 그리고 펜실베이니아 과수원의 사과를 가루받이한 벌통에서 나온 꽃가루와 밀랍 시료 196개를 분석했다. 그 과수원들이 선택된 까닭은 살충제 사용 기록이 철저히 기록되어 있었기 때문이다. 또한 그곳은 사과 말고는 다른 꽃이 없는 지역이기도 했다. 196개 가운데 193개 시료에 살충제가 남아 있었다. 단 3개만이 깨끗

했다. 그녀는 감정을 자제하며 내게 이렇게 말했다. "단 하나 시료 속에서도 아주 다양한 화학약품이 발견되어 무척 놀랐습니다. 함유량도 다양했습니다. 대개 화학약품은 몇 피피비 정도만 존재했지만, 사람이 먹는 음식에도 영향을 끼칠 만한 수준이 포함된 살충제가 몇 가지 있었습니다."

프레이저가 시료에서 찾아낸 살충제는 모두 43가지였으며 이와 함께 5가지 물질대사 산물도 들어 있었다. 이 물질들은 살충제가 분해되면서 생긴 산물로서 살충제 자체보다 더 독성이 강하다. 또한 거의 모든 단계에서 유기 인산염과 피레드로이드(pyrethroid) 같은 화학약품이 발견되었다. 화학약품 종류는 네오니코티노이드를 비롯한 침투성 살충제가 14가지, 곰팡이 제거제가 14가지, 그리고 제초제가 6가지였다. 단일 시료에서 최대 17가지 살충제가 발견되기도 했다. 평균적으로는 한 시료에서 5가지가 발견되었다.

이 결과를 프레이저는 어떻게 해석할까? "알고 보니 벌은 그런 화학약품을 잘도 집어삼켰습니다. 벌의 몸속에 들어간 살충제 가운데 일부는 이미 오랫동안 뿌려지지 않았던 성분입니다. 그런 물질들을 어떻게 흡수했는지가…… 흥미롭습니다." 이것이 그녀의 답변이다.

이 결과를 어떻게 해석해야 할까? 상상 이상으로 땅에는 살충제가 듬뿍 스며들어 있으며 예상과 달리 완전히 사라지지는 않는다는 뜻이다.

그렇다면 이미다클로프리드는 어떤가? 놀랍게도 이 살충제가 검출된 꽃가루 시료의 개수는 고작 7개뿐이었다. 하지만 수치는 6.2~24피피비 사이였으며 평균은 14.9피피비였다. 바이엘 사가 꽃가루 속에 들어 있다고 주장한 수치보다 훨씬 높았다. 또한 바이엘 사가 피해를 일으킬 수 있다고 믿고 있는 수치, 즉 20피피비보다 높은 시료도 몇 개 있었다. 하지만 이미다클리프리드는 43가지 살충제 명단 중 아래쪽에 놓여 있었으며, 이 살충제가 든 7개 시료도 CCD가 발생한 벌통과는 관련이 없다고 나와 있었다.

다른 화학약품 두 가지도 발견되었다. 플루밸리네이트와 쿠마포스는 아피스탄과 체크마이트에 들어 있는 활성 화학약품이다. 당연히 이 두 가지는 가장 흔히 쓰이는 살충제로서 67개 시료에서 플루밸리네이트가, 51개 시료에서 쿠마포스가 검출되었다. 모든 밀랍 시료에 하나도 빠짐없이 들어 있었다. 병들었거나 죽은 봉군에서는 이 두 가지 살충제 수치가 3~5배나 더 높았다. 결정적 증거까지는 아니어도 위험성을 확신할 수 있을 만한 수치였다.

쿠마포스가 봉군의 몰락과 관련이 있다는 말은 타당하지만, 플루밸리네이트는 독성이 전혀 없다고 알려져 있던 살충제다. 심지어 전적으로 유기농 양봉을 선호하는 어느 양봉가까지 내게 이런 말을 했다. "효과가 더 이상 없을 때까지 5년 동안이나 아피스탄을 썼습니다. 정말 좋은 제품이죠. 위험한 화학약품이 아닙니다. 이 약품을 삼사 주 동안 벌통 속에 넣어두었다가 꺼내도 그대로 있습니다. 전혀 벌의 체내에 스며들지 않습니다." 이런 정도인데 플루밸리네이트가 어떻게 문제될 수 있었겠는가?

일단 그렇다고 해두자. 제콘 사에서 플루밸리네이트를 약품으로 처음 등록한 1983년에는 평판이 좋았다. 그 당시 꿀벌에 대한 이 제품의 LD50(시험 개체 수 절반이 죽는 데 필요한 양) 수치는 한 마리당 65.85마이크로그램이었으니 비교적 독성이 약했다. 하지만 그 후로 플루밸리네이트는 온갖 굴곡을 겪었다. 이 약품의 소유 회사가 1983년에 산도스 아그로 사로 바뀌었다가 1997년에는 웰마크 사로 바뀌면서 제품이 줄곧 변질되어왔다. 타우플루밸리네이트(tau-fluvalinate)로 알려진 새 약품은 벌 한 마리당 LD50 수치가 0.2마이크로그램을 나타내 이전보다 무려 329배나 독성이 강해졌다. 지금은 꿀벌에게 매우 독성이 높다고 평가된다. 프레이저가 확인한 모든 봉아에서는 거의 치명적인 농도의 플루밸리네이트(쿠마포스도 마찬가지)가 검출되었다.

미국 전역에서 모인 양봉가 회의에서 프레이저가 그 연구 결과를 발표하는 순간에 나도 그 자리에 있었다. 회의실은 쥐 죽은 듯 조용했다. 그녀가 발표한 내용을 통해 자신들이 15년 동안이나 치명적인 신경 독성 물질로 벌을 중독시켜왔다는 사실을 두 귀로 똑똑히 들었으니 그럴 만도 했다. 프레이저는 특유의 무뚝뚝한 어투로 그 상황을 다음과 같이 요약했다. "벌통에 이런 화학약품을 더 이상 쓰지 말아야 합니다."

이 문제는 그리 단순하지 않다. 이미다클로프리드, 플루밸리네이트를 비롯한 여러 단일 살충제가 꿀벌이나 다른 동물에 끼치는 영향과는 다르다. 농부, 자택 소유자, 골프 코스, 어업국, 야생동물보호국은 시장에서 합법적으로 구입할 수 있는 것이면 살충제를 마음껏 사용해온 터라 이웃들이 보아도 전혀 신경 쓰지 않을 정도였다. 따라서 자연환경 속에 여러 살충제가 마구 섞여 있다고 짐작할 수 있다. 농부들은 심지어 농장 전체에 여러 살충제를 한꺼번에 뿌릴 수 있도록 여러 화학약품들을 '쌓아놓고' 혼합했을 정도다. EPA(미 환경 보호국)에서는 이렇게 약품을 혼합해 쓰는 일이 어떤 효과를 가져올지 연구했을까?

사실 EPA는 살충제 혼합의 효과에 관해서 연구한 적이 없었다.

실제로 EPA는 살충제 검사를 거의 하지 않는다. 제조회사에서 자체적으로 실시하는 안전성 검사와 보고서 제출에만 의존하고 있는 실정이다. EPA가 보고서를 검토하긴 하지만, 의문점이 발견될 때만 추가적으로 검사할 뿐이다.

바이엘, 바스프(BASF), 다우(Dow), 몬산토, 듀폰(Dupont), 신젠타(Syngenta) 같은 화학약품 재벌사들은 세계 시장을 지배하고 있다. 따라서 이 회사들에는 자사 신제품이 자연환경 속에 존재하는 다른 독성 물질과 상호작용할 수 있음을 검사할 책임이 분명히 있다. 그렇지 않은가?

하지만 실제로 상호작용에 관한 검사는 전혀 이루어지지 않는다.

아무 데서도 안 한다.

바로 그 점을 우려하는 제리 헤이스는 이렇게 말한다. "그런 화학약품이 꿀벌에게 미치는 영향에 대한 검사는 아주 피상적이고 초보적인 수준입니다. 전부를 검사하기는 해도 단지 개별적으로만 실시할 뿐입니다. 기본적으로 개별 약품의 치명성 검사만 할 뿐이지, 준치명적 함량이 어느 정도인지 살펴보지도 않고 더군다나 혼합 문제는 거들떠보지도 않습니다. 즉 10가지 살충제를 섞어 꿀벌 먹이 속에 넣으면 어떻게 되는지는 아예 관심도 없습니다. 만약 준치명적 수준은 24~27피피비인데 이와 비슷한 수준의 화학약품 15가지에 함께 노출된다면 결국엔 어떻게 될까? 일벌이 죽을까? 애벌레는? 여왕벌이 뭔가 이상해지는 건 아닐까? 이미 몇몇 살충제가 그런 걸 봐왔듯이 수벌의 정자가 전멸할까? 우리에게는 과학적인 자료가 없다. 여기 서부 지역에 죽치고 앉아 이 문제의 해결을 재촉할 중대 국면이 다가오기를 하염없이 기다릴 뿐이다.

중대 국면은 가까이 와 있는 듯하다. 예를 들어 최근에는 박과 식물(오이, 멜론, 스쿼시, 호박, 주키니), 사과, 배, 딸기, 체리 등—모두 꿀벌이 가루받이를 돕는 식물이다—에 기생하는 가루 모양의 흰곰팡이를 퇴치하는 데 쓰이는 곰팡이 제거제 프로큐어(Procure)가 네오니코티노이드와 결합하면, 상승효과를 일으켜 꿀벌에 미치는 독성이 1000배 이상 증가한다는 연구 결과가 나왔다. 또한 플루밸리네이트의 기본 구성에는 단독으로는 '비활성'인 피페로닐부톡사이드(piperonyl butoxide, PBO)라는 성분이 들어가는데, 100마이크로그램만 들어가도 꿀벌에게 미치는 독성이 20배나 커진다. 이제껏 연구된 사례는 위의 두 경우뿐이지만, 온 세상의 들판과 시내에 매일 수백 가지 독약 칵테일이 만들어진다고 미루어 짐작할 수 있다.

o6

2007년 11월, 플로리다

44번 국도는 플로리다 주의 레이크 카운티를 곧게 가로지르는 유일한 도로로서 대규모 소 방목장, 소나무 지대, 마음껏 먹을 수 있는 메기 식당, 배스잡이 어선 판매장 등을 지난다. 도로 옆 지평선에는 독수리들이 늘 원을 그리며 날고 있다. 레이크 카운티에서는 야자수가 드리운 해변이나 이빨을 드러낸 큰 쥐를 볼 수 없다. 데이토너 비치가 동쪽으로 한 시간 거리에, 매직 킹덤이 남쪽으로 한 시간 거리에 있기는 하지만, 레이크 카운티는 여러 호수로 나뉜 지역이다. 예상대로 많은 호수들로 이루어져 있어 악어가 득실거리고 물가에는 아이들이 튼실한 웃통을 드러낸 채 물고기를 잡는다. 플로리다가 현재 모습을 갖추기 전에는 거대한 습지에 지나지 않던 곳이다.

20세기에 레이크 카운티에는 감귤 재배가 성행했다. 땅값이 싼 데다 양봉가들이 꽃을 따라다니며 벌을 키웠기 때문이다. 오칼라 국

꿀벌 없는 세상, 결실 없는 가을

립공원에 아늑히 자리 잡은 유마틸라 마을은 플로리다 주 양봉의 중심지였다. 하지만 오늘날 유마틸라에 남은 양봉가라고는 빌 로즈를 비롯해 몇 명뿐이다. 이 근처에 벌통 4500개를 소유한 로즈의 양봉장은 현재 플로리다에서 가장 크지만 벌통 수가 많이 줄었다. CCD가 처음 발생했던 2005년만 하더라도 벌통 수가 1만 개였다.

빌 로즈는 CCD 사태 한가운데 있는 사람인지라 한번 만나보고 싶었다. 그는 플로리다의 최대 양봉가일 뿐 아니라 뛰어난 사업가이기도 하다. 땅도 넓은 데다 양봉에 필요한 자원도 많이 갖추고 있었다. 이 사람에게 불가능한 일이라면 다른 양봉가에게는 물어볼 것도 없었다. 그런 사람인데도 수백 마리씩 벌을 잃어가고 있었다. 그는 전화기 너머로 이렇게 말했다. "만약 비참하게 죽은 벌들을 보고 싶으면 당장 여기로 오시면 됩니다. 전부 텅 빈 벌통뿐입니다."

로즈는 나이 60세 정도에 체구가 다부지고 콧수염이 희끗희끗하며 독특한 말투를 썼다. 마치 남부의 미식축구 코치처럼 기질이 거센 사람이었다. 실제로 미식축구를 했다고 한다. 1960년대에 플로리다 주립대학에서 공격적인 수비수 역할을 화려하게 마친 다음 세인트루이스 카디널즈 팀에서 3년 계약을 제의받았다. 로즈는 다른 사업을 하면서도 이전 팀보다 조금 더 많은 금액으로 캐나다 미식축구 동맹과 계약을 맺었고, 그 다음 2년 동안 몬트리올에서 살았다. 그가 살았던 곳은 1967년 세계박람회용으로 축조된 해비탯 67이란 아파트로서 정육면체들이 다닥다닥 붙은 듯한 구조를 하고 있다. 그곳 생활에 대해 로즈는 이렇게 회상했다. "매일 밤마다 여자들 꽁무니를 쫓아다녔죠, 세상에나, 거긴 미니스커트 지역이었어요. 여자들이 옷을 걸치고 다니지 않았습니다. 몬트리올에 살 때는 정말 즐거웠습니다." 하지만 이것도 부실한 해비탯 67의 계단 때문에 무릎이 다치기 전까지의 이야기다. 그 다음 날 경기에서는 제대로 걸을 수도 없었다. 트레이너가 무릎에 진통제를 주사한 덕분에 겨우 뛸 수 있었다. "뛰어나가서 멋진 경기를 했습니다. 기분이 아주 좋았어요. 경기가 끝난 날 밤에 파티에 갔지만, 그리 오래 있진 못했습니다. 다친 다리가 아파오기 시작했으니까요. 그날 밤은 병원에서 보내야 했죠. 혼자서 이런 생각을 했습니다. '그래, 미식축구는 이제 끝이야. 내게는 어머니도 계시고 형도 있잖아. 농장에서 일하는 것도 좋아하고 말야. 돌아가고 싶다. 큰돈은 안 되겠지만 적어도 친구들과 더불어 살 수는 있으니까.' 어느 날 구단주에게 은퇴하겠다고 말했습니다. '지금 뭐라고 했어요?'라고 묻기에 '고향으로 돌아갈 겁니다'라고 단호하게 말했습니다."

레이크 카운티에 있는 로즈 가족의 농장은 1000에이커에 이른다. 낙농업과 함께 옥수수를 비롯해 플로리다에 알맞은 여러 작물을 기른다. 몇 년간은 형이 하는 농장 일을 돕다가 자기 일을 하기로 결심했다. 그 지역에 벌이 잘 자란다는 사실은 진작부터 알고 있었다. 1973년에 일단 벌통 50개를 샀고 이후에 350개를 더 구입했다. 그 후로는 많이 사지 않았다.

벌꿀이 지닌 가장 큰 매력은 개체 수가 기하급수적으로 늘어난다는 점이다. 벌통을 나누는 방법은 아주 많은데, 가장 기본적인 방법은 이렇다. 8개 틀 중에서 벌이 가득 차 틈이 벌어진 벌통을 하나 고른 다음, 빈 벌통을 하나 갖고 온다. 빈 벌통 속 틀 4개를 벌과 새끼가 가득 찬 벌통의 틀 4개와 맞바꾼다. 새 벌통에 여왕벌 한 마리를 새로 넣어둔다. 가득 찬 벌통 하나 대신 반씩 차 있는 벌통 2개가 금세 생긴다. 여러 조건이 적절하다면 반만 차 있는 기간은 오래가지 않는다. 여왕벌이 재빨리 빈 틀에 알을 낳으면 곧 벌이 된다. 어느새 벌이 가득한 벌통이 2개 생긴다. '벌통을 두 배로 늘리려면' 벌이 가득 찬 벌통 위에 빈 벌통을 하나 올려놓는 방법도 있다. 여왕벌이 빈 벌통 속에도 알을 낳게 하고 가득 찼을 때 분리한 다음 새로운 여왕벌을 넣어주면 된다. 앞서 말했듯이 처음에는 여왕벌을 우리 속에 넣어야 한다.

로즈는 이른 봄 오렌지가 꽃을 피우기 직전에 벌통을 처음 나누었고, 다시 꽃꿀이 생기는 시기인 2주 후에 때때로 다시 나누었다. 2월에 400개였던 벌통이 4월에 1600개로 늘어났고 그 속에는 벌과 오렌지 꽃 벌꿀이 가득했다. "좋은 벌통이라면 벌통이 400개에서 금세 늘어납니다. 벌통이 좋지 않으면 끔찍한 결과가 생기죠. 실제로 나중에 그런 일이 생기고 말았지만."

돌이켜보면 1970년대와 80년대는 미국 양봉업이 황금기를 누렸다. CCD도, 꿀벌 응애도, 제3세계 국가로 인해 일어나는 가격 경쟁도 전혀 없었다. 플로리다 벌꿀은 세계 최고였다. 북쪽 지역에서 생성되는 클로버 벌꿀만큼 빛깔은 곱지 않았지만 맛은 훨씬 나았다. 국내에서 팔리지 않으면 유럽에서 재빨리 수입해갔다. 레이크 카운티는 플로리다 주뿐만 아니라 미국의 감귤 중심지였기에 매년 봄마다 가만히 있어도 각 벌통마다 맛도 좋고 꽃향기까지 배어나는 최고 품질을 자랑하는 오렌지 꽃 벌꿀이 100~200킬로그램이나 생긴다.❃ 오렌지 꽃 다음에는 골베리(gallberry)와 팔메토(palmetto)가(둘 다 미국 남부 지역에서 많이 자란다—옮긴이) 뒤를 잇는다. 플로리다는 여름에 꽃이 많이 피지 않기 때문에 로즈는 클로버가 있는 다코타로 벌을 보낸다. 그리고 가을에는 플로리다에 브라질 고추나무가 꽃을 피우니 그들을 다시 데려온다. 겨울에는 단풍나무, 버드나무, 야생 체리 따위가 꽃을 피우니까 이듬해 다시 감귤이 꽃을 피우기까지 벌을 계속 기를 수 있다. 로즈는 이렇게 말했다. "1980년대에는 벌통 하나당 100킬로그램 가까이 벌꿀을 채취할 일이 흔했습니다. 평균이 그 정도였죠. 어떤 벌통에서는 150킬로그램 가까이 벌꿀을 모았습니다." 그는 한 종류 꽃으로 생산된 벌꿀을 채취할 때마다 벌을 위한 몫으로 꿀을 남겨놓고 나서 벌통을 계속 나누어 더 많은 벌이 생기도록 했다. 나머지는 대자연과 벌들이 알아서 했다. "당시에는 벌에게 먹이를 주지도 않았습니다. 그 누구에게도 벌에 먹이를 준다는 말을 들어본 적이 없었어요."

얼마 안 가 로즈의 벌통은 수천 개로 늘었다. 돈이 술술 들어왔다. 그와 동시에 레이크 카운티에서 그 자신만큼이나 열심히 일하는

✿감귤류는 가루받이 방식이 흥미롭다. 이들은 품질이 탁월한 벌꿀을 만들기 때문에 양봉가들이 오렌지 과수원을 보는 애정은 남달랐다. 하지만 감귤류 식물은 대부분이 제꽃가루받이(자가수분), 즉 꽃 속의 암술과 수술이 서로 결합해 과일을 맺는 방식으로 가루받이가 이루어지므로 경작자들은 늘 감귤류 식물이 얻는 것 없이 꽃꿀만 내어준다고 여겨왔다. 하지만 최근 연구에 의하면 벌이 가루받이에 참여했을 때 더 튼실하고 풍부한 과일이 열린다고 한다. 벌이 없으면 오렌지 수확량이 절반으로 줄어들어 가격이 두 배로 오를 것이다. 하지만 클레멘타인(만다린)의 경우는 오렌지와 다르다. 10년 전쯤 에스파냐에서 건너온 클레멘타인, 즉 귤은 미국 어린이들의 간식으로 대단한 히트 식품이 되었다. 씨가 없는 데다 벗기기도 쉬웠던 까닭이다. 캘리포니아는 그 분위기에 편승하여 오렌지 나무 수천 에이커를 베어내고 클레멘타인과 심었다. 경작자들은 클레멘타인과 다른 감귤 종이 가루받이를 하면 씨가 생긴다는 사실을 몰랐다. 씨가 든 클레멘타인은 아무도 원하지 않았다. 그 때문에 클레멘타인 경작자들은 캘리포니아 양봉가들과 전면전에 들어가, 꽃이 피는 시기에는 수 킬로미터에 걸친 감귤 과수원 주변을 벌 비행 금지 구역으로 설정하려 했다.

유일한 생물, 곧 그가 기르는 벌을 차츰 제대로 이해하게 되었다.

나를 데리고 양봉장을 함께 거닐 때에도 그의 목소리에는 벌을 존중하는 마음이 배어 있었다. 하지만 그 마음에는 비통한 현실을 견디어야 하는 안타까움도 함께 깃들어 있었다. 그때가 2007년 11월 14일이었다. 바로 그 전달에 그는 4000개 벌통이 죽어나가는 모습을 지켜봐야 했다. "우리는 그 많은 벌통들을 계속 돌봤지만 끝내 죽고 말았습니다. 정말로 기가 막혔어요"라고 그는 탄식했다.

사우스다코타에서 벌을 데려왔던 한 달 전 상황에 대해서는, "그때만 해도 벌통에 꽤 벌이 많아서 죽어가는 벌통은 전혀 보이지 않았어요"라고 알려주었다. 로즈는 40년 동안 해온 대로 벌이 가득 찬 틀을 빈 벌통에 넣고 새 여왕벌을 넣어주어 벌통 수를 늘렸다. "일주일후에 돌아와서 우리는 뭔가 일이 생겼다는 걸 알았어요. 수많은 여왕벌들이 그때까지도 우리(cage) 안에 있었습니다. 벌들이 시시각각 죽어나가는 터라 여왕벌을 밖으로 꺼내줄 수가 없었나 봅니다. 사람들이 직접 손으로 여왕벌 우리를 열어야만 했습니다."

당시에 로즈는 작업 감독 펠리페를 시켜 벌들이 시련을 이겨내도록 각 벌통마다 옥수수 시럽 한 단지를 먹이로 주게 했다. "펠리페는 잘될 거라고 했습니다. 그래서 2주 동안은 벌통에서 관심을 뗐습니다. 어떻게 할지 전혀 모르겠어요. 그럼 지금 한번 살펴봅시다."

우리가 늘어선 벌통 사이를 걷고 있을 때 그는 말을 이었다. "날지 못하는 벌이 많아요. 아주 많이는 아니지만요." 로즈는 첫 번째 벌통의 덮개를 들어올리더니 가벼운 푸념을 늘어놓았다. "12마리 정도 있군요. 벌통에 꿀이 그득한데도 말입니다. 이걸 들어올려 보세요. 꿀이 적어도 11킬로그램은 됩니다. 하지만 정작 벌이 없어요. 아무도 훔쳐가지 않는데도 이 지경입니다." 그는 머리를 절레절레 흔들며 말을 이었다. "저 빌어먹을 벌통에 벌이 가득 차야 하는데 말입니다."

우리는 다음 벌통의 뚜껑을 열었다. "틀 하나에만 벌이 있습니다. 벌들이 죽어간다는 뜻이에요."

받침대에 일렬로 늘어놓은 여러 벌통을 살피고 있자니, 부상자들을 응급치료하느라 정신없는 야전병원 속을 지나고 있는 듯 느껴졌다. 분명 우리 쪽이 지고 있는 상황이었다. "이건 이미 죽었고… 저건 죽어가고 있고……. 또 저쪽도 죽었고… 죽었고……. 이쪽은 살아남을지도 모릅니다만, 그리 많지는 않습니다. 겨우 두세 개 틀에 벌이 살아 있을 뿐입니다. 문제의 핵심은 벌들이 꽃가루를 받아올 수 있느냐입니다. 근처에는 도깨비바늘과 메역취가 조금밖에 없습니다."

로즈는 덮개 아래 벌통 속을 슬쩍 쳐다보기만 하고도 각 벌통의 건강 상태를 파악했다. 그는 "저 벌통은 이미 절반 이상이 죽었습니다. 저것도 상태가 좋지 않습니다……. 이 벌통은 정상적인 틀이 하나 반으로 줄어 있지만, 적어도 겉보기에는 멀쩡하네요"라고 말하고는 남은 벌통들을 빠르게 지나가고 있었다. 더 이상 벌통을 하나하나 살펴볼 엄두가 나지 않는 듯했다. "죽었고… 죽었고……. 저 벌통도 살아남지 못할 겁니다. 꿀통은 가득 찼는데 벌은 코빼기도 안 보여요……. 이것도 죽었습니다." 그는 한숨을 쉬더니 다시 말을 이었다. "모두 죽을 겁니다. 펠리페는 사람이 착해서 내 기분을 생각해 가급적 좋게 말합니다. 하지만 나도 실상을 알고 있습니다."

그 다음 벌통에는 벌 몇 마리가 뚜껑 위를 기고 있었다. "이런 벌

꿀벌 없는 세상, 결실 없는 가을

들은 아주 희귀합니다." 그는 탄식했다.

희망을 가져보자는 뜻에서 나는 그 벌들을 가리켰다. 그러자 로즈는 걸음을 멈추더니 덮개를 휙 열어젖히고 무릎을 꿇은 채 35년간 벌을 관찰해온 경험을 이 몇 마디로 압축했다. "모두들 이상하게 걷는 꼴을 한번 보세요. 전혀 질서가 잡혀 있지 않습니다. 함께 모여 있지를 않아요. 뭉쳐 있는 벌들은 어디에도 없습니다. 빌어먹을 벌통 속을 그냥 뿔뿔이 걸어다닐 뿐이에요. 다들 어쩔 줄을 모르고 있습니다. 무질서 그 자체라고요."

나는 잘 알아들을 수가 없었다. 질서가 잡힌 벌통은 어떤 모습이던가? 나중에 로즈는 건강한 벌통 몇 개를 내게 보여주었다. 차이가 확연했다. 언뜻 보기에는 수천 마리 벌레들이 아무 목적 없이 기어다니는 듯했지만, 금세 의미 있는 물결로 한 움직임이 되었다. 모든 벌들이 조절 체계, 본능, 단순한 의사소통이라는 보이지 않는 지시에 따라 다 함께 움직이고 있었다. 벌통은 자체적으로 의식을 지니고 있었다. 건강한 봉군에서는 뉴런 사이를 흐르는 전기신호처럼 벌 사이에 지성이 번쩍인다. 벌은 각자 임무를 맡고 있다. 벌 수천 마리를 개별적으로 보는 느낌이 아니라 서로 연결된 지적인 존재 하나를 대하는 느낌이었다. 그 지성이 효과적으로 발휘되어 침을 내밀고 내 귀를 쏠 때는 그런 느낌이 한층 더 커졌다. 하지만 죽어가는 봉군을 살펴보니 전혀 지성의 기미가 없었다. 보통은 몇 마리가 남아 있긴 했지만 대학살의 생존자마냥 목적도 없이 떠돌고 있었다. 실제로 그런 존재들이었다. 조직 체계가 산산조각 나자 벌들은 방향을 찾지 못해 벌통 속에서 틀 사이를 오가고 있을 뿐이었다. 벌통을 밝히던 위대한 의식의 불이 꺼지자 남은 벌들은 조직을 구성하는 원칙을 잃고 말았다. 만약 의식이 남아 있다 해도 중증 치매 환자가 갖는 의식에 지나지 않았다.

이 사태의 원인에 대해 로즈에게는 확실히 짚이는 데가 있었다. 그는 명칭이 붙기 전부터 이 사태를 알고 있었다. "알고 보니, 예전에 이미 겪었던 일이었어요. 하지만 올해만큼은 아니었습니다. 그런 상황을 제대로 알게 된 건 4년 전이었습니다. 사우스다코타에서 마지막으로 온 벌들이 정상적으로 움직이지 않았습니다. 이후 줄곧 상태가 나빠졌습니다. 마침내 몸을 떨기 시작하더니 죽어갔습니다. '도대체 벌에게 무슨 일이 생긴 걸까? 어디서 무슨 일을 당한 게 분명해' 저는 계속 이렇게 생각했습니다."

2004년 가을에 로즈는 처음으로 사우스다코타에서 캘리포니아로 벌통 5500개를 실어왔다. 아몬드 가루받이를 위해서였다. 늘 꿀벌을 채취하는 일만 해왔지만 가루받이 사업 가격이 벌통당 80달러까지 오르자 아몬드 가루받이로 돈을 벌어보자고 마음을 먹었다. 캘리포니아로 벌을 데려와서는 2월에 가루받이를 하기까지 따뜻하게 지내도록 보관실에 넣어두었다. 어느 날 농장 감독이 전화를 해서는 벌 숫자가 줄어들고 있다고 알렸다. 로즈는 벌통마다 옥수수 시럽을 1갤런씩 더 넣으라고 말했다.

벌통은 틀이 서너 개인 것부터 8개가 다 꽉 찬 것까지 다양하다. 아몬드 경작자들은 꽉 찬 벌통에 대해서만 제 가격을 쳐준다. 로즈는 벌통 1500개 가운데 1100개에 대해서만 돈을 받았다. 나머지 벌통은 인정받지 못했다. 이때 정황에 대해 그는 이렇게 설명했다. "최대한 빨리 여기까지 다시 데려왔지만 그때부터 이미 벌이 죽어가고 있었습니다. 까닭을 알 길이 없었습니다. 응애 때문이 아니라는 것은 알았습니다. 살아오면서 응애 때문에 큰 고욕을 치른 적은 없었습니다. 항상 남들이 하는 만큼은 청결을 유지했으니까요. 하지만 사우스다코타에서 데려온 벌 세 트럭 분량이 그해에 모두 죽었습니다. 단 한 마리도 남지 않고 말이죠. 사우스다코타에 벌을 죽게 만드는 무언가가 있다고 생각했습니다. 하지만 모두들 사우스다코타로 벌을 데려가기 때문에 말도 안 되는 생각이었습니다."

2006년에 로즈는 사우스다코타에서 벌통 2000개를 더 잃었다. 손해를 메우기 위해 로즈는 교육받은 대로 벌통 속 틀에 사과 식초를 뿌렸다. 그리고 죽은 벌들이 든 벌통을 양호한 벌통 위에 올려놓고 먹이를 넣어주었다. 여왕벌이 죽은 벌통 속에도 알을 낳도록 하기 위해서였다. "대략 네 번 정도 먹이를 넣어준 다음 다시 가서 살펴보았더니 모두 죽어 있었습니다. '젠장, 이 몹쓸 벌통 때문에 멀쩡한 벌들까지 죽게 만들다니!' 죽은 벌들이 근처에 하나도 없었습니다. 하켄버그가 이런 이야기를 시작했을 때 사람들이 '군집 붕괴 현상'이라고 부르던, 바로 그 현상이었습니다. 사람들이 와서 내 벌들을 보고는 '똑같은 일이 생겼군요'라고 말했어요."

로즈는 조사에 나서 이것저것 물어보기 시작했다. 프랑스에서는 이미다클로프리드 사용을 금지했다는 생각이 퍼뜩 떠올랐다. "사우스다코타는 대초원도 많고 자주개자리 들판과 건초용 목초장이 많이 있던 지역입니다. 하지만 요즘에는 전부 옥수수, 콩, 해바라기뿐입니다. 이들에게선 에탄올을 얻을 수 있으니까요. 씨앗들을 전부 가우초에 담갔다가 심습니다. 그 씨앗을 먹으면 죽습니다. 대단한 과학자가 아니라도 그 정도는 누구나 압니다."

중서부 지역에서는 많은 양봉가들이 그의 말에 동의한다. 개중에는 미네소타 주 양봉가인 데이브 엘링턴도 끼어 있다. 엘링턴은 이렇게 말했다. "저는 중서부 지역에 관해 이런 물음을 던지고 싶습니다. 옥수수 농장에 작고 노란 나비가 날아다니는 모습을 마지막으로 본 때가 언제인가? 모두들 '알다시피 마지막으로 나비를 본 지가 꽤 오래됐죠'라고 답했습니다. 참 어이없는 얘기지만, 나비들은 옥수수 위에 자주 앉아 있곤 했습니다. 하지만 이제는 더 이상 여기 없습니다."

로즈는 여름이 왔다고 해서 벌을 모두 사우스다코타에 보내지는 않는다. 언제나 일부를 나누어놓는다. 그렇게 함으로써 부지불식간에 과학 실험을 위한 완벽한 대조군을 마련해놓는 셈이다. 만약 CCD가 사우스다코타에서 데려온 벌에 딸려온 바이러스 때문에 일어난 것이라면, 벌이 돌아오고 나서 플로리다에 있는 다른 벌들도 전염될 것이다. 만약 CCD가 꽃꿀과 꽃가루 속에 스며든 살충제 때문에 일어난 것이라면, 사우스다코타 벌은 플로리다 벌에게 CCD를 옮기지 않을 것이다. 로즈가 사우스다코타의 죽은 벌통을 정상적인 플로리다 벌통 위에 올려놓았을 때처럼, 플로리다 벌이 사우스다코타 벌의 먹이에 접촉하지만 않으면 전염되지 않을 것이다.

예전에는, 로즈의 벌들이 여러 곳에 흩어져 살다가 모두 한데 모이는 가을이 되었을 때 여름 내내 클로버와 해바라기 만찬을 즐겼던 사우스다코타 벌이 옥수수 시럽으로 연명하던 플로리다 벌에 비해 훨씬 앞서 있었다. 로즈는 사우스다코타 벌과 플로리다 벌이 반반씩 섞여 있는 플로리다 남부에 양봉장 하나를 갖고 있었다. 벌들이 방대한 고추나무 꽃밭 위에서 꿀을 빨고 있었다. 그의 아들은 벌들이 어디서 왔는지도 모른 채 꿀받이 틀이 더 필요한지 알아보려고 살피고 있었다. 그런 아들이 아버지에게 전화를 걸어왔다. "아버지, 벌이 조금 이상해요. 꿀받이 틀 위에 좀 모여 있긴 하지만, 꿀을 전혀 만들지 않아요." 로즈는 뒤쪽 벌(플로리다 벌)들은 어떤지 물어보았다. "말도 마세요. 그 쪽도 완전 엉망이에요." 아들은 답했다.

로즈는 CCD가 일어났다고 해서 사망 선고가 내려진 것이라고 믿지는 않는다. 로즈는 전화를 끊고 벌을 살피러 갔다. "마당에 나가 보니 알 수 있었습니다. 꿀이 가득 있긴 했지만, 벌들이 힘이 부쳐서 입구에 있는 꿀을 꿀받이 틀까지 옮기지 못하고 있었습니다." 안살림 벌은 심하게 나약해진 데다 숫자도 적었기에 공동 작업을 위한 선이 끊겨 있었다. 전부 꿀로 가득 찬 벌통 바닥에 달라붙어 있었다. "벌통 위에 격왕판✿을 설치하자 상황이 더 나빠졌습니다. 여왕벌은 알을 낳을 자리를 찾지 못했습니다. 다시 이전 상태로라도 되돌리자는 생각으로 격왕판을 뺐더니 원래대로 돌아가긴 했습니다. 하지만 도대체 어떻게 된 거죠? 보통 36에서 45킬로그램까지 꿀을 만들어내던 벌들이 새끼들의 보금자리를 빠져나올 수 없다니요?"

하지만 벌들이 완전히 죽은 것도 아니었다. "그나마 우리를 살린 건 새로 생긴 꽃가루와 꽃꿀이었습니다. 벌들은 줄고, 줄고, 또 줄었지만, 그나마 완전히 죽지는 않았기에 다시 회복하려 애쓰고 있었어

✿ 작은 일벌들이 꿀받이 틀로 출입할 수 있도록 해주는 공간. 여왕벌은 몸집이 커서 그 속에 갇혀 지낸다.

요. 죽음의 행렬이 그쳤는지 더 이상 죽지는 않았습니다. 살아남은 벌의 수를 헤아려봤습니다. 이 벌들마저 죽으면 끝장이라고 생각하면서요. 그런데 꿀을 전혀 만들지 않았더군요. 벌통 4000개에서 한 통도 얻지 못했습니다. 500드럼은 나와야 하는데도 말입니다."

로즈는 다코타 지역에서 사용한 살충제 때문에 벌들이 병든다고 생각한다. 따라서 오염되지 않은 양질의 먹이가 있는 곳으로 벌을 옮기면 상태가 다시금 호전될 수 있다고 여겼다. 그런 까닭에 로즈는 지난 몇 년간 사우스다코타에서 처음으로 데려온 벌들은 플로리다 남부의 브라질 고추 꽃꿀을 먹고 지내서 상태가 좋았던 반면, 사우스다코타에서 마지막으로 데려온 벌들은 너무 늦게 오는 바람에 브라질 고추꽃꿀을 먹지 못해 죽었다고 믿는다. 하지만 2007년에는 그런 상황조차 바뀌었다. "올해엔 (사우스다코타에서) 첫번째로 데려온 벌들까지 영향을 받았고, 그 다음에 온 벌들도 전부 그랬습니다." 그는 허탈해했다.

사람들은 흔히들 이렇게 짐작한다. CCD로 고초를 겪는 양봉가들 모두가 가루받이 사업을 하기 때문에 2주마다 벌을 옮겨 다니며 스트레스를 주고 들판에 널린 수많은 병원균에 노출시킨다고. 하지만 로즈는 그렇지 않다. 그의 벌은 플로리다와 사우스다코타 말고는 머물러본 적이 없으며 그것도 1년 중 짧은 기간 동안만 이동했다. 큰 손실을 입었던 아몬드 사건 외에는 결코 가루받이 사업도 하지 않았다. 이제까지 양봉 수입이 전부 꿀에서 나왔기 때문에 현재 처참한 상태가 된 것이다. 얼마나 오래 버터낼지 그 스스로도 확신을 못 하고 있다.

"5년 전쯤에는 꿀 수확이 좋았습니다. 사우스다코타에서만 1200드럼이 나왔으니까요. 오렌지에서 900드럼, 골베리에서 400드럼을 얻었죠. 정말 최고의 해였습니다. 하지만 그 후로는 거의 꿀이 생기지 않습니다. 지난해에는 감귤류에서 300드럼이 나왔습니다. 그 전해에는 200드럼이었습니다. 올해엔 150드럼만 나와도 다행입니다. 아마 감귤에서 나오는 꿀은 작년이 마지막이었을 겁니다"

플로리다 주에서 감귤 농업은 신속하고도 착실히 쇠퇴하고 있다. 첫 번째 타격은 1980년대에 닥친 끔찍한 냉해의 행렬이었다. 플로리다에서 보낸 어린 시절이 기억난다. 그때 감귤 농부들은 오후에 기온이 떨어져 감귤 잎이 서리를 맞아 죽을까봐 필사적으로 감귤 과수원에 약을 쳤다.

하지만 허사였다. 1990년대 들어 플로리다 중부 지역의 감귤 농업은 몰락했고 덩달아 일부 양봉가들도 망하고 말았다. 나머지 양봉가들은 트럭에 벌을 싣고 몇 시간씩 달려 감귤이 남은 남쪽 지역으로 가서 적당한 양봉장을 찾아야 했다. 하지만 요즘에는 '감귤그린병(Citrus greening disease)'이 나타나 그나마 남아 있던 감귤 과수원까지 초토화되고 있다. 감귤그린병은 중국에서 날아온 또 다른 작은 선물로서 2005년 플로리다에 처음 모습을 드러낸 이후 몇 년 안에 나무들을 죽이고 있지만, 아직 치료제는 나오지 않았다. 아니나 다를까 감귤그린병을 옮기는 나무이(psyllid)라는 곤충을 퇴치하기 위해 감귤 경작자들도 침투형 살충제를 쓴다. 양봉가들은 마냥 손을 놓고 있거나, 그렇지 않으면 벌을 잃고 꿀을 오염시킬 위험을 무릅쓰고라도 행동에 나서야 한다. 플로리다 주에서 감귤을 위한 살충제 살포 방안을 새롭게 내놓았을 때는 3월만이 유일하게 살포가 없는 달이었다.✿

하지만 감귤그린병 말고도 새로 들어선 대규모 주택단지와 외래 감귤과의 경쟁이 더해져 상황은 더욱 심각한 수준이다. 내가 이야기해본 사람 중 어느 누구도 플로리다 감귤 농업이 15년 후까지 지속되리라고 보지 않았다. 아울러 고귀한 오렌지 꽃 벌꿀도 운명을 마감할 것이다.

다른 꽃나무들은 어떤가? 골베리와 팔메토는 플로리다 중부에서 조지아까지 길게 뻗은 소나무 숲에서 많이 자란다. 그중에서도 팔메토는 남쪽을, 골베리는 북쪽을 장악하고 있다. 그런데도 사람들이 플로리다로 몰려온다는 소식은 들리지 않는다. 트럭을 타고 여러 양봉장 사이를 다니던 중에 로즈와 나는 더 빌리지스(the Villages)라는 곳을 지나쳤다. 예전에 목장과 감귤 과수원이 있던 드넓은 지역에 드문드문 새로 생긴 퇴직자 주택단지 더 빌리지스는 28개 골프 코스, 40개 휴양 시설, 폴로 연습장이 갖추어져 있으며 7만 인구를 자랑한다. 심지어 슈퍼마켓, 쇼핑센터, 병원 등도 골프 카트 길로 연결되어 있다.

더 빌리지스를 보면 레이크 카운티 땅값이 비싼 이유를 확실히 알 수 있다. 이제는 감귤 나무도 사라지고 팔메토와 골베리도 해가 갈수록 줄어든다. 얄궂게도 플로리다 양봉가들의 구원자는 바로 외래 식물인 멜라루카(melaleuca)와 브라질 고추였다. 호주가 원산인 멜라루카는 잎이 얇은 작은 나무로서 플로리다에서는 1800년대부터 장식용으로 심기 시작했다. 습한 지역에서 잘 자란다는 사실이 알려지자 1941년에는 지대를 안전하게 하려는 의도로 미 육군 공병대에서 오키

✿ 감귤그린병 치료를 받은 과수원에 있던 벌통을 검사한 결과 알디카브(aldicarb) 수치가 심각할 정도로 높았다. 알디카브는 사람에게도 꽤 강한 독성을 주는 살충제다.

꿀벌 없는 세상, 결실 없는 가을

초비 호수 제방을 따라 멜라루카를 심었다. 그러자 효과가 꽤 좋아서 젖은 땅을 말리고 활용성을 높이기 위해 에버글레이즈에 나무를 심기 시작했다. 멜라루카가 실제로 토종 식물들에 비해 물기를 더 잘 말리지는 않았지만 꽃과 씨를 많이 생산했기에 경쟁자들을 제칠 수 있었다. 1990년대로 들어오자 멜라루카는 수십만 에이커에 달하는 에버글레이즈 땅을 정복함으로써 토종인 참억새류 초원 지역을 습지로 바꾸어놓았다. 이 현상은 누구에게도 좋은 일이 아니었지만, 유일하게 양봉가들은 예외였다. 갑자기 꽃꿀 풍년을 맞은 것이다.

1990년대 플로리다 주는 제초제 살포와 물리적 제거로 멜라루카를 퇴출시킬 공격적인 프로그램을 실시했다. 이 프로그램은 외딴 지역부터 적용되었는데, 정확하게 양봉가들의 이용 지역과 일치했기 때문에 그들에게는 기분 좋은 일이 아니었다. 오늘날 멜라루카는 여전히 에버글레이즈의 드넓은 지역을 차지하고 있지만, 벌이 접근할 만한 나무는 많지 않다.✿

지금껏 어느 누구도 브라질 고추나무의 기세를 꺾은 이는 없다. 월계수를 닮은 이 관목은 도로변 도랑을 비롯한 거친 지역에 서식하는데, 붉은 과일을 풍성히 맺기 때문에 '플로리다의 호랑가시나무'라는 별명을 얻었다.✿✿ 이 나무도 1800년대에 장식용으로 들어왔지만,

---

✿ 한번은 로즈의 트럭 기사 한 사람이 더러운 접근로에 퍼져 있는 늪지대를 관통할 지름길을 내려고 했다. 접근로가 붕괴되자 반쯤 찬 벌통과 완전히 찬 벌통을 포함하여 벌통 240개가 늪 속으로 빠져버렸다. 물에 잠긴 벌통 중 윗부분에 있던 벌통 50여 개를 간신히 구해냈다.
✿✿ '분홍 고추열매'라는 맛 좋은 열매도 실제로는 브라질 고추 열매를 말린 것이다.

1950년대까지는 그리 번성하지 않았다. 오늘날 이 나무들은 플로리다에서 70만 에이커의 땅을 차지하고 있는데, 주로 도로변과 농장 근처다. 플로리다에서 가을에 꽃꿀을 제공하는 중요한 식물인 이 '고추나무'는 현재 플로리다 벌꿀 생산 식물 가운데 으뜸이다. 총생산량으로 보면 으뜸이긴 하지만, 이 나무에서 나온 벌꿀은 맛이 떨어지기 때문에 제빵용 등급으로 취급되며 도매시장에서 1파운드당 약 60센트에 판매된다. 반면 식탁용 등급은 80센트에 팔린다.

벌통 240개를 실으러 트럭을 타고 달리고 있을 때 로즈는 그 고추나무를 가리켰다. 어디에나 있는 도로 옆 인공 수로를 따라 한정없이 뻗어 있었다. 그런데 지나면서 보니, 마치 누군가가 화염방사기를 난사한 듯한 곳이 있었다. 로즈는 농약 살포 때문이라고 알려주었다. 플로리다 주는 라운드업(Roundup)이라는 제초제와 그 유사 제품을 무기로 삼아 고추나무와 전쟁을 치르고 있다.

로즈는 멜라루카를 잃는다는 사실이 여전히 마음 쓰라렸다. 만약 고추나무까지 잃게 된다면 업계를 떠나야 할 판이라며 말을 내뱉는다. "이전에는 고추나무로 뒤덮인 지역이 꽤 있었는데, 젠장, 이제는 거의 사라졌어요." 주에서 살포 프로그램에 돌입했을 때 그는 실제로 플로리다의 주도인 탤러해시(Tallahassee)로 달려가서 관련자들에게 거칠게 항의했다. "여러분들은 바다소를 살리자, 팬더곰을 살리자, 곰을 살리자 등등의 구호를 들었을 것입니다. 지금은 '빌어먹을 양봉가를 살리자'란 구호가 더 맞습니다. 바로 당신들이 우리 양봉업을 죽이고 있습니다. 지금은 우리가 필요 없다고 여기시겠지만, 언젠가 호되게 당할 날이 올 것입니다." 그들은 외래 종은 토착 식물이 아니라고 해명했다. "오렌지 나무도 토착 식물이 아닌 건 마찬가지입니다!" 로즈는 항변했다. "도대체 누가 토착이니 아니니 정한단 말입니까? 누가 모래 위에 금을 그어놓고 무엇은 되고 무엇은 안 된다고 한단 말입니까?"

감귤 과수원이라고 해서 아무 제약 없이 번지고 있는 것은 아니었지만, 그의 지적은 일리가 있었다. 어떤 외래 도입종(멜라루카, 브라질 고추나무, 아시아 감귤 나무이)은 농약으로 죽이고 어떤 종(감귤, 젖소)은 보호하고 또 어떤 종(꿀벌)은 무시하는 반면, 어느 도입종은 매일 수백 에이커가 넘는 땅을 장악해나간다는 사실은 내가 보기에도 모순이었다. 물이 부족한 도시인 마이이매에서는 멜라루카보다 더 많은 양의 물을 에버글레이즈에서 가져가 소비한다.

그리고 플로리다는 급격한 지역개발로 혜택만 입은 곳이 아니다. "제 본부는 휴스턴 근처에 있습니다." 미국꿀생산자협회 회장인 마크 브래디는 내게 말했다. 이어서 그는 "꿀을 채취하던 텍사스는 현재 전 지역이 콘크리트로 덮여 있습니다. 콘크리트 환경에서는 벌이 잘 지낼 수 없습니다." 캘리포니아는 샐비어처럼 우수한 벌꿀을 제공해주는 식물을 비롯하여 여러 야생화들이 독특하게 어울려 자라는 곳이다. 한때는 양봉의 친국이었지만 지금은 지역개발, 기후 변화, 산림 화재로 많은 야생지가 사라지고 있다. 6월부터 11월까지 가뭄에 바짝 타들어갈 때면 캘리포니아는 벌 서식지로서 위험에 직면한다. 옥수수만 자라는 중서부의 황량한 사막 지역은 상황이 더욱 열악하다.

하지만 빌 로즈나 마크 브래디에게 당신이 당면한 가장 큰 문제가 무엇이냐고 묻는다면 지역개발은 그중 세 번째 항목에도 들지 못할 것이다. CCD조차 첫 번째 문제에 들지 않을 것이다. 1등의 영광을 차지한 것은 실제 의미로든 비유적인 의미로든 중국과 중국산 꿀의 범람에 돌아갈 것이다.

나는 로즈와 함께 그의 일꾼들을 데리고 미국에서 가장 크면서 세계에서 손에 꼽는 벌꿀 가공회사, 즉 그로에브 팜스(Groeb Farms)로 갔다. 그곳에서 우리는 로즈의 텅 빈 양철통 수백 개를 차에 실을 예정이었는데, 때마침 나는 벌꿀 만리장성을 보았다. 무게가 약 300킬로그램에 밝은 녹색빛이 도는 중국산 꿀통 1000개를 4.5미터 높이로 쌓아 만든 벽이었다. 6미터 높이의 다른 벽 하나에는 옥수수 시럽이 든 거대한 플라스틱 통이 달려 있었다. 그로에브 팜스는 꿀 가공량이 하루에 대략 11만 3000킬로그램 정도 되지만, 이 꿀이 모두 지역 양봉가로부터 온 것은 아니다. 미국에서 소비되는 꿀 가운데 약 70퍼센트는 수입산이고, 그중 중국산이 가장 많다.

중국산 제품이 대개 그렇듯이, 중국은 자국 이외 지역의 꿀 생산까지 위축시켰다. 판매 가격이 싸다. 실제로 너무 싸다 보니 미국은 2002년에 중국산 꿀에 관세를 매겼다. 뒤이어 미국 꿀 생산자들이 소송을 제기하기도 했다. 당시 꿀 가격은 파운드당 약 50센트로서 1979년 가격 그대로였다. 미국에서 생산하는 꿀에는 파운드당 약 1달러라는 비용이 들었기 때문에 미국 양봉가들은 본전도 건지지 못하는 형편이었다. 관세는 결국 공정한 경쟁을 위한 방법인 셈이었다.

하지만 수입업자들은 돈세탁과 비슷한 '꿀세탁' 게임을 잽싸게 장악해버렸다. 관세가 부가되지 않는 아시아 국가에서 신생 회사들이 나타나 꿀 가공업자들에게 접근함으로써 하룻밤 사이 엄청난 물량을 바닥 가격으로 제공하기 시작했다. 몇 달간 중국 수출은 급감한 반면 꿀 산업에서 그다지 중요한 역할을 하지 않았던 말레이시아, 태국, 베트남 같은 국가의 수출은 급등했던 적이 있다. 세계 기록 수준이었다. 꿀의 원산지는 파악 불가였다. 일부는 중국 꿀이 캐나다로 갔다가 캐나다산으로 바뀌어 미국으로 되팔렸다. 공식 기록으로만 따지면 미국 꿀 수입량에서 중국산이 차지하는 비중은 27퍼센트에 지나지 않는다. 하지만 실질적인 수치는 80퍼센트에 육박할 것으로 믿는 사람들이 더 많다.

미국 세관은 이 게임에 재빨리 끼어들어 제3국에서 들어오는 벌꿀을 압수했다. 하지만 꿀 검사는 형식적으로 이루어졌다. 또 하나 놀라운 사실은, 그 꿀들이 클로람페니콜(chloramphenicol) 항생제에 오염되어 있다는 점이다. 미국과 캐나다와 유럽에서는 탄저병 같은 심각한 감염 치료에 쓰이는 강력한 약품인 클로람페니콜을 농업용으로 쓰지 못하도록 금지하고 있다. 세균이 이 약품에 내성을 키우지 못하도록 하기 위해서다. 심지어 이 약품은 사람에게도 골수 손상을 일으키는 치명적인 질병, 즉 재생불량성빈혈을 일으킬 수 있다. 미국 식품 의약국(FDA) 인터넷 사이트에 들어가면 자세히 알 수 있다. 2002년 8월에서 2003년 2월 사이에 FDA 요원들은 루이지애나와 텍사스 수입업자들로부터 클로람페니콜에 오염된 중국산 꿀을 압수했다. 막대한 분량이었다. 중국 꿀에 대해 잠정적으로 수입 금지 조치가 내려졌다.

무엇보다도 2003년 2월에 실시된 단속은 맥이 빠진다. 지난 2002년 8월 19일, FDA는 꿀이 항생제로 오염되어 있을지 모른다고 가공업자들에게 알렸다. 하지만 가공업자들은 계속 꿀을 팔았다. 사라 리(Sara

Lee)라는 회사에도 7만여 킬로그램을 팔았다. 이 회사는 빵 50만 개에 그 꿀을 발라 소비자에게 팔다가 판매 개시 열흘 후 꿀벌 사용을 중단했다. 2002년 9월 18일, FDA는 가공업자들에게 꿀이 정말로 항생제에 오염되었다고 통보했다. FDA가 꿀을 압수하기까지 다섯 달이나 걸린 이유와, 그 사이에 무슨 일이 있었는지는 알 길이 없다.

중국산 꿀에 대해 수입 금지와 압수가 진행되자 꿀 가격은 단번에 파운드당 88센트로 올랐으며 가격 상승세가 지속되어 잠깐이지만 1.5달러까지 치솟기도 했다. 미국의 벌꿀 생산자들은 환호성을 질렀다. 다시 생계를 이어갈 수 있게 되었기 때문이다. 하지만 벌꿀 가공업자들로서는 그렇게 쾌재를 부를 일이 못 되었다. 꿀벌의 가장 큰 구매자는 사라 리 같은 대형 업체인데, 이런 회사들은 벌꿀에 3배 값을 치르려 하지 않았다. 가공업자들만 중간에서 곤란한 처지에 빠졌다.

하지만 이런 상황이 오래가지는 않았다. 중국 당국으로부터 농산품에 대한 클로람페니콜 사용 금지 조치가 떨어지자 중국산 꿀 수입 금지가 철회되었기 때문이다. 한편 중국 회사들은 관세법의 허점을 발견했다. 가격 덤핑 전력이 없는 신생 회사일 경우 꿀을 선적할 때 관세를 직접 지불하는 대신 소정의 예치금을 맡기도록 허용한다는 조항이 있었던 것이다. 그런 다음에 미국 상무부가 1~2년 정도 가격 상황을 판단하여 적절한 관세를 책정한다. 따라서 중국 회사들은 관세를 내는 대신 예치금을 맡겨두고 예전과 똑같이 바닥 가격으로 꿀을 수출했다. 미국이 수금을 시작할 때가 되자 중국 회사들은 감쪽같이 사라지거나 사업을 정리해버렸다. 하지만 언제나 신생 회사들이 준비하고 있다가 꿀을 대량으로 싣고 와서는 더 많은 예치금을 맡겼다. 지금까지 벌꿀에 대한 관세로 1400만 달러가 걸렸지만, 나머지 6400만 달러는 미지급 상태다. 한편 벌꿀 가격은 다시 이전 수준으로 폭락했다.

치솟는 가격 때문에 한때 타격을 입은 벌꿀 가공회사들은 다시는 수급 부족에 빠지지 않아야겠다고 결심했다. 알다시피 벌꿀은 수십 년이 지나도 좋은 상태를 유지할 수 있다. 그런 까닭에 현재 플로리다 주에는 중국 벌꿀의 벽이 늘어서 있고, 다코타에는 클로버 벌꿀 창고가 빽빽이 들어서 있다. 세계 시장에 무슨 일이 생기더라도 미국 벌꿀을 말도 안 되는 낮은 가격으로 유지하기 위한 대책인 셈이다.✿

하지만 꿀을 먹고 싶지 않은 사람들도 있을 것이다. 이 글을 쓰고 있는 내 책상 위에는 플로리다 잭슨빌에 있는 선도적인 식품 안전 연구 기관인 ADPEN 연구소에서 온 실험 보고서가 놓여 있다. ADPEN 연구소가 2006년 1월 플로리다의 벌꿀 가공회사에서 중국산 벌꿀을 무작위로 뽑아 시료를 분석했더니 그 속에서 48피피비의 시프로플로삭신(ciprofloxacin)이 검출되었다. 시프로라고도 불리는 이 약품은 탄저병 치료를 위한 최후의 방법으로 2001년에 사용된 아주 강한 항생제다. 독일 최정상급의 식품 안전 연구소인 아플리카(Applica)는 중국 벌꿀 시료에서 시프로를 수없이 많이 검출했다.✿✿ 중국은 극심한 오염과 지저분한 하수 처리, 그리고 몇 안 되는 농산품 기준 등을 문제로

✿ 2008년에 양봉가들은 다시금 중국 벌꿀 수입을 중단했다. 아르헨티나 양봉업은 가뭄이 악재로 작용한 데다 농부들이 재배 작물을 클로버와 자주개자리에서 에탄올 시장 공급용 콩으로 바꾸면서 몰락했다. 여기에 미국 벌꿀 수확이 기록적으로 감소함으로써 세계적으로 벌꿀 부족 사태가 초래되었다. 이런 추세가 언제까지 계속될지는 아무도 모른다.
✿✿ 유럽연합에서 퇴짜를 맞은 벌꿀은 검사 기준이 덜 엄격한 미국으로 향했다.

안고 있는 나라다. 따라서 중국 양봉가들이 심각한 세균 감염 문제를 해결하려고 벌통에 이 약품을 던져넣었음이 분명했다.

단지 중국 벌만의 문제가 아니었다. 시프로는 플루르퀴놀린 (fluoroquinolones)으로 알려진 항생제 종류인데, 2005년에 미국 남동부 전역의 슈퍼마켓에서 팔리던 베트남 메기에서 검출되면서부터 널리 알려졌다. 그 후 2007년에 플루르퀴놀린을 비롯한 여러 항생제가 메기와 새우 같은 중국산 양식 해산물에서 검출되었다. 일부는 암과도 관련이 있다고 밝혀졌다. 검사받은 시료 중(FDA는 전체 물량의 20분의 1만 검사를 실시한다) 총 15퍼센트가 항생제 양성 반응을 보이자 FDA는 중국산 해산물 수입을 전면(이번에도 잠정적이긴 했지만) 금지했다.

식품 공급에 관한 한 미국은 현존하는 가장 강력한 항생제인 플루르퀴놀린에 대해서는 조금도 관용을 베풀지 않는다. 내성이 생길 위험성 때문이다. 먼 장래에 닥칠 위협만은 아니다. 항생제에 내성이 생긴 황색포도상구균의 여러 변종들('포도상구균' 감염을 일으킴)이 급속도로 번져 매년 적어도 2만 명이 사망한다. 에이즈 사망자 수보다 큰 수치다. 이 살인 포도상구균 변종들은 오직 병원에서만 나타나곤 했다. 그것만으로도 위험했는데, 최근에는 새로운 변종들이 아무 곳에서나 활개를 치고 있다. 항생제로 퇴치할 수 없는 세균인지라 종종 치명적인 결과를 가져온다.

이 새로운 세균은 어디서 온 것일까? 마이클 폴란이 〈뉴욕 타임스 매거진〉을 통해 밝혔듯이, 전문가들은 비좁은 환경에서 자라는 소, 돼지, 닭에 세균 퇴치용 항생제를 투여할 수밖에 없는 공장식 축산에서 그 세균들이 진화한 것이라고 믿는다. 항생제를 투여하면 대부분 세균은 죽지만, 항생제 내성 유전자가 생겨 살아남으면 강력한 세균 종을 길러낸다. 바로 지금도 일어나고 있는 일이다. 네덜란드 돼지 농장 가운데 60퍼센트에 내성이 있는 포도상구균이 상존한다. 온타리오 주 돼지 농장 중 20퍼센트는 이 균에 감염되어 있다.❀

중국 농장에서 내성을 띤 세균의 실태를 알려줄 자료는 없다. 하지만 끔찍할 정도로 심각한 수준임은 군이 따져볼 필요도 없다. 중국의 수산업과 수질오염의 규모는 헤아리기 힘들다. 중국에는 어부 450만 명이 주로 물에서 일하고 있다. 물은 인간의 활동으로 오염될 수밖에 없는 곳이다. 중금속, 수은, 내연제, 하수, DDT 같은 살충제들이 중국 하천에 정기적으로 모여든다. 독성 물질이 포함된 이 비좁은 환경 속에서 물고기를 키우려면 항생제를 비롯한 여러 화학약품을 지속적으로 투입해야 한다. 이 화학약품들이 하천을 따라 쓸려 내려간다. 중국은 이런 현실이 바뀌고 있다고 주장한다. 중국 수산업 협회 회장은 〈뉴욕 타임스〉에 다음과 같이 썼다. "2005년 이전에 우리는 맹목적으로 약품을 사용했습니다. 병을 퇴치하는 데 매우 효과적이었으니까요. 하지만 이제는 규제 때문에 감히 그렇게 하지 않습니다."

중국 벌꿀 속에 미국에서와 동일한 항생제가 존재한다는 것은 곧 중국 양봉가들도 이곳과 동일한 문제, 즉 과밀과 오염으로 생긴 질병과 싸우고 있다는 뜻이다. 〈로스앤젤레스 타임스〉는 2007년에 중국

❀ 의사들은 항생제에 내성이 생긴 포도상구균을 퇴치하려고 필사적인데, 근래에는 고대로부터 내려온 치료 물질에 눈길을 돌렸다. 이것이 놀라운 임상 효과를 보여 지금은 지구상에 존재하는 으뜸가는 항균성 물질로 인정받고 있다. 그것이 바로 벌꿀이며, 이에 대해서는 '부록 4'에서 자세히 다룬다.

양봉업의 상태를 다룬 꽤 섬뜩한 기사를 하나 내놓았다. 기사에 소개된 양봉가는 중국 산시 성의 시골 사람인데, 그는 약국에서 개당 10센트를 주고 페니실린이 든 약병을 사서 벌에 투여했다. 벌들은 병에 걸렸고, 그는 벌들이 근처 화학 공장에서 흘러나온 폐수로 오염된 물을 마셨기 때문에 그렇게 된 것이라고 믿었다. 중국 양봉가 중 약 70퍼센트가 항생제를 쓴다. 한 기업가는 중국 정부로부터 아카시아 자연 보호림을 임대하고 나서 양봉가 45명을 모았다. 그가 양봉가들에게 항생제는 물론 철과 납 성분으로 꿀을 오염시킬 수 있는 금속 용기도 쓰지 않아야 한다는 원칙을 내세웠다. 이런 노력을 기울인 그에게 돌아온 보답이라고는 고작 뇌진탕뿐이었다. 경쟁을 좋아하지 않던 그 지역의 양봉가 15명에게서 뭇매를 맞은 것이다.

중국 양봉가들 대부분은 아마 아주 정직할 것이다.(공정하게 말하면, 미국 양봉가들도 대부분 항생제를 사용한다. 단 불법 약품을 사용하지 않을 뿐이다.) 그리고 중국에는 꽃 자원이 상당히 풍부하다. 예를 들면, 길이 40킬로미터에 너비가 8킬로미터까지 이르는 거대한 아카시아 숲에서는 향기 좋고 빛깔 좋은 벌꿀이 엄청나게 많이 생산된다. 이 꿀은 미국 니사나무에서 생산된 꿀처럼 천천히 굳는다. 앞으로도 나는 중국 해산물을 먹지 않을 셈이다. 그리고 중국 벌꿀도 이것저것 따져본 후에야 먹을 생각이다.✿ 대체로 나는 꿀을 양봉가에게 직접 사려고 한다. 요즘에는 직거래 시장과 시골 가판대에서 직접 구할 수 있다. 꿀은 컨테이너 선박에 실려 도착해서는 안 될 식품이다.

✿ 게다가 나는 중국산 장난감이라면 누구도 입에 넣지 못하게 한다.

물론 겨자꿀 드레싱이나 꿀을 넣어 만든 햄에 붙은 성분표에서는 누가 꿀을 만들었는지 알 길이 없다. 국제적인 사기 행위 덕분에 제조사조차 꿀의 원생산자를 모른다. 신성한 아카시아 숲에서 나오지 않는 꿀이 분명히 있다. 어딘가에서 교묘한 방법으로 엉터리 꿀을 만들어내는 사람들이 있는 것이다.

꿀은 생산 비용이 많이 드는 반면에 옥수수 시럽은 진흙보다 더 싸다. (영양학적으로 보자면 값을 치른 만큼 영양을 얻는다.) 1970년대 벌꿀 생산자들은 꿀에 옥수수 시럽을 타는 수법으로 돈을 많이 벌었다. 당시 꿀은 파운드당 56센트인 데 반해 옥수수 시럽은 6센트였다. 하지만 옥수수 시럽을 탄 꿀을 알아내는 방법이 금세 개발되었다. 그런데도 불량품 제조자들은 상황이 더 좋아졌다. 1998년 북아메리카의 벌꿀 거대 수입상들은 인도의 한 회사로부터 '벌꿀 유사품'을 톤 단위로 제공하겠다는 팩스를 받았다. 그 제품은 옥수수 시럽이나 쌀 시럽을 원료로 "효소 발효술로 가공되어" 물리적으로나 화학적으로 벌꿀을 그대로 모방한 것이었다. 미국, 캐나다, 유럽의 양봉가들은 그런 '벌꿀 유사품'에 반대한다. 하지만 우리는 꿀을 발라 볶은 땅콩을 통해 그 유사품을 먹고 있을지도 모른다. 국제 식품 바이어들의 지침서에는 벌꿀 공급업체 8군데와 더불어 '벌꿀 대체식품' 공급업체 14군데의 명단이 새로이 올라와 있다.

쌀 시럽을 변형해 꿀과 비슷하게 만드는 일은 화학적인 문제이기도 하지만, 때로는 존재론적인 문제이기도 하다. 예를 들어 꿀이란 무엇인가라는 근본적인 질문을 해보자. "순전히 벌이 따온 꽃꿀로 만든 시럽"은 시대에 한참이나 뒤떨어진 답이다. 최근에 중국에서 나온

'패커즈 블렌드(Packer's Blend)'를 소개하겠다. 이 제품은 미국 의회가 예치금 유치라는 편법을 금지한 직후인 2006년에 첫선을 보였다. 진짜 중국 벌꿀은 관세를 내야 하지만, 50퍼센트 이하의 벌꿀이 포함된 제품은 법 적용을 받지 않는다. 양봉가들이 "우스운 벌꿀"이라고 부르는 이 제품은 40~49퍼센트 꿀을 함유하고 있다. 나머지는 시럽이다. 옥수수 시럽과 쌀 시럽, 그리고 유당 시럽 등으로서 모두 싼값에 구할 수 있다. 이 혼합 제품을 들여온 수입업자들은 혼합 제품으로 또는 순수한 벌꿀로 제조회사에게 팔지 모른다. 미국 또는 캐나다산의 좋은 클로버 벌꿀을 첨가하여 진짜 벌꿀 맛을 내서 제조회사에 넘기는 것이다.

패커즈 블렌드는 파운드당 40센트에 팔리기 때문에 우리가 짐작하는 것보다 훨씬 많은 음식에 첨가될지 모른다. 하지만 성분표에서는 '패커즈 블렌드'를 찾을 수 없다. 대신 쌀 시럽과 벌꿀이 각각 기재되어 있을 수도 있고 그냥 꿀이라고만 적혀 있을 수도 있다. 패커즈 블렌드를 구입하는 식품 제조사들은 그 제품이 실제로 어떤 것인지 알고 있을까? 진짜 벌꿀이라는 말을 듣고 사는 것일까? 오염되었을지 모르는 중국 벌꿀을 쓴다는 사실을 알고 있을까?

장담하기는 어렵다. 하지만 한 가지 확실한 사실은, 사업 규모와 상관없이 미국 양봉가들은 상대가 안 된다는 것이다. 얼마 전까지만 해도 로즈의 양봉장에서 30킬로미터쯤 떨어진, 플로리다 주 드랜드에 위치한 호러스 벨 벌꿀 회사(Horace Bell Honey Company)는 미국에서 가장 큰 벌꿀 회사였다. 벨은 1964년에 아내인 루엘라와 함께 이 회사를 창립한 사람인데, 당시 벌통 4만 개에 직원 50명을 두고 연간 100만 파운드의 꿀을 생산했다. 하지만 2000년에 중국과 아르헨티나에서 40센트짜리 꿀이 수입되자 꿀을 모두 팔고 직원들에게도 작별 인사를 고했다. 루엘라 말로는 꿀 가격 때문만은 아니라고 한다. 꿀벌 응애가 나타나 농약을 많이 쳐야 하는 상황이 닥친 것도 큰 이유였다. 벌에게 살충제와 항생제를 치기 싫었고 살충제 성분이 꿀 속에 스며드는 위험스러운 상황도 내키지 않았다. 그래서 사업을 접었던 것이다.

버려진 호러스 벨 회사 건물에 가보면 을씨년스럽기 그지없다. 1400제곱미터와 그 절반 크기의 큰 창고 두 개는 거의 텅 비어 있다. 잡초들이 창고 주변의 갈라진 포장길을 뚫고 가득 솟아나 있다. 벌꿀 판매라고 적힌 푯말이 여전히 서 있는지라 큰소리로 알리면 사람들이 와서 오래 묵고 짙은 꿀이 담긴 병을 팔 것만 같다. 하지만 큰 창고 한쪽 구석에서 망치 소리가 들리기에 고개를 돌려보니 멕시코 인부 몇 명이 새 벌통을 만들고 있었다. 근처에 새로 마련된 10에이커쯤 되는 들판에는 옥수수 시럽 단지를 얹어놓은 벌통 행렬이 길게 줄지어 있었다. 36년 동안이나 벌을 길렀던지라 벨은 결코 이 사업에서 손을 뗄 수가 없다. 그는 다시 한 번 절박한 상황과 맞서기로 했다. 미국과 캐나다의 벌꿀 산업은 죽은 것이나 마찬가지다. 벨은 헛된 기대는 하지 않으며 이 벌들로 꿀을 만들 생각은 전혀 없다. 단지 벌에게 옥수수 시럽을 잔뜩 먹여 벌들이 비교적 온화한 가을 내내 수를 늘리면 〈아메리칸 비 저널〉을 통해 한 통당 140달러에 판매할 생각이다. 상당수가 돌아올 수 없는 임무를 띤 가미카제가 되어 서쪽으로 향할 것이다. 그곳은 이제 벌에 큰 자본이 투입되는 미국 내의 마지막 장소이기에 마지막 필사의 도전을 걸기에는 제격이다.

06 2007년 11월, 플로리다

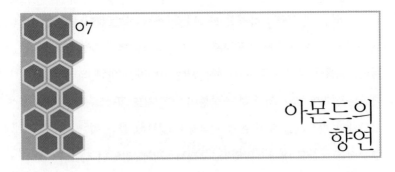

아몬드의
향연

매년 2월이면 500킬로미터에 이르는 캘리포니아 중부 지역은 눈이 덮인 듯 하얗게 변한다. 눈이 내리는 계절이긴 하지만, 실제 눈은 아니다. 이곳 센트럴 밸리는 한낮에 기온이 15도까지 육박하기 때문에 눈이 내리지는 않는다. 이곳을 온통 하얗게 뒤덮은 것은 아몬드 꽃잎이다. 차로 몇 시간을 달려도 보이는 것이라고는 언덕과 계곡 기슭을 수놓은 근사한 띠 모양의 방대한 단일 작물 숲이다. 다 합하면 무려 3100제곱킬로미터에 이른다. 사실상 이 인공 숲에 사는 생명체라고는 일렬로 늘어선 아몬드 나무와, 그 행렬을 따라 자라는 풀들, 숲을 관리하는 사람들, 그리고 1년에 몇 주간 찾아오는 벌떼뿐이다. 벌들은 50만 에이커에 달하는 방대한 아몬드 나무들이 거창한 성(性)의 향연을 즐기도록 시중들러 오는 셈이다.

　캘리포니아 아몬드는 거대 사업이다. 나는 아몬드를 에스파냐와 관련시킨다. 타파스(에스파냐의 대중 요리―옮긴이) 식당의 간식거리와 셰리주(에스파냐 원산의 백포도주―옮긴이)로 유명한 에스파냐는 세계 제2의 아몬드 생산국으로서 세계시장의 5퍼센트를 차지하고 있다. 한편 캘리포니아는 82퍼센트를 차지한다. 세계 아몬드 산업 그 자체인 셈이다.

여러 요소들이 완벽하게 들어맞았기에 가능한 일이었다. 이 모두는 아몬드 나무들만으로 이루어진 결과였다. 아몬드는 복숭아와 아주 밀접한 관계에 있으며 이 둘의 조상은 중앙아시아에서 함께 진화했다. 그 후 복숭아는 동쪽으로 가서 중국의 습한 저지대에 적응했고, 아몬드는 서쪽으로 가서 건조한 구릉지에 적응했다. 두 나무는 외양도 비슷하다. 둘 다 6미터까지 자라며 나무줄기는 큰 가지 네댓개로 갈라진다. 아몬드 꽃은 복숭아 꽃과 비슷하지만 다육과와 식용 불가능한 씨 대신에 가죽 같은 겉껍질에 감싸여 있으며 먹을 수 있는 씨가 생긴다.

아몬드 나무는 중앙아시아가 원산지였지만, 6000년도 더 지난 옛날에 레반트 지역에서 처음 재배되었다. 이곳은 동부 지중해를 따라 이어진 초승달 모양의 지역으로서 터키에서 시작해 요르단, 시리아, 이스라엘, 그리고 멀리 이라크와 이란까지 이어진다. 이집트 투탕카멘 왕의 묘에는 아몬드가 들어 있고, 성경에서도 아몬드는 줄곧 언급된다. 아몬드 나무는 기후에 극히 민감해 여름에는 고온건조하고 겨울에는 한랭다습한 근동(近東) 지역에서만 잘 자란다. 꽃은 밸런타인데이 무렵인 아주 이른 시기에 피긴 하지만, 그 후로 냉해를 입으면 과일 발육이 멈출 수 있다. 이처럼 까다로운 조건 때문에 지구상에서 아몬드가 성공적으로 자랄 수 있는 곳은 한정되어 있다. 에스파냐, 그리스, 터키, 이란, 그리고 중국의 극히 일부 지역에서만 잘 자란다. 미국의 경우 캘리포니아의 새크라멘토 계곡과 샌와킨 계곡이 유일한 후보 지역이다. 1840년대 초에 사람들은 남동부와 심지어 뉴잉글랜드 지역에서도 아몬드를 길러보려 했지만, 봄 서리와 습한 여름 날씨 때문에 성공하지 못했다.

하지만 기후 조건이 완벽하다는 것만으로 아몬드가 잘 자라지는 않을 것이다. 곤충이 꽃 가루받이를 도와야 한다. 그것도 아주 많은 꽃을. 복숭아나 사과라면 꽃송이 중 10퍼센트만 가루받이가 이루어져도 충분히 풍성하게 열매를 맺을 수 있다. 되도록 크고 매력적인 과일이 열리려면 꽃을 성기게 해주어야 한다. 하지만 우리는 아몬드의 씨를 먹는다. 따라서 조밀하게 심어도 문제될 것이 없고 사실 소비자들은 아몬드가 작을수록 더 좋아한다. 작고 균일한 견과들이 빽빽이 들어서게 하려면 가루받이가 거의 100퍼센트 이루어져야 한다. 따라서 아몬드 과수원에는 가루받이 매개자가 많이 필요하다.

하지만 2월경에는 새크라멘토에 곤충들이 많지 않다. 아마 오래전에는 레반트 숲 지대에 곤충이 많았을 것이다. 하지만 살충제에 찌든 현대의 거대 농업지에는 조그만 땅 한 구역조차 작물을 심어놓았다. 드넓은 지역에 잡초라고는 없으니 가루받이에 도움이 될 야생 곤충은 1년 내내 거의 볼 수가 없다. 따라서 오랫동안 벌꿀에만 의존할 수밖에 없었다. 1970년대 한 표준 지침에는 이 문제에 관해 이렇게 기술하고 있다. "꿀벌은 사실상 아몬드 가루받이를 상업적으로 해낼 수 있는 유일한 곤충이다. 전 세계 경작자들은 꿀벌을 가루받이에 이용해왔다. 꿀벌 수가 많아야 한다는 건 아무리 강조해도 모자람이 없다."

지금 상황은 더 열악하다. 아몬드는 다른 과일이나 견과류와 마찬가지로 제꽃가루받이를 하지 못한다. 나무에 달린 꽃송이 하나에서 나온 꽃가루는 다른 꽃송이에 과일을 맺게 하지 못한다. 유전자가 같은 나무에 달린 꽃송이도 가루받이가 이루어지지 않는다. 자연은 근친교배를 꺼린다. 하지만 특정한 과일나무 품종끼리는 교배가 가능하다. 아몬드를 번식시키려면 곤충 한 마리가 아몬드 꽃송이 하나에서 꽃가루를 취한 다음 다른 품종의 아몬드 꽃송이로 옮겨야만 한다. 따라서 아몬드 경작자는 적어도 아몬드 나무 두 품종을 길러야 한다. 전통적으로 경작자들은 한 품종 3줄당 딴꽃가루받이할 또 다른 품종을 1줄씩 심어왔다.

이쯤에서 다시 한 번 당신이 벌이라고 상상해보자. 늦은 아침 햇빛으로 냉기가 흩어지자마자 당신은 잽싸게 벌통을 빠져나와 꽃이 한창인 근처 아몬드 숲으로 날아간다. 처음 눈에 띄는 꽃에 내려앉아 끈적끈적한 주둥이를 쑥 밀어넣고서 꽃꿀을 빨아들인다. 꿀 주머니를 다 채우려면 여러 꽃송이에서 꽃꿀을 따야 한다. 그렇다면 다음 목표로 어디를 물색해야 할까? 바로 옆? 아니면 과수원 저 너머에 있는 다른 품종으로 할까? 시간과 에너지를 아끼려면 바로 옆으로 향하는 것이 옳다. 오직 한 나무에서 꽃꿀을 전부 취하고 벌통으로 곧장 돌아가 짐을 부리는 편이 더 이상적이다.

한 번 먹이를 구하고 나서 나무를 두 그루 이상 찾으려면 어떻게 해야 하는가? 한 나무에서 꽃꿀과 꽃가루를 충분히 찾을 수 없거나(동료들이 이미 먹이를 다 따버려서), 꽃마다 벌써 구애자들이 몸을 박고 있다면 다른 곳을 찾을 수밖에 없을 것이다.

따라서 아몬드 나무를 두 품종 이상은 심어야 할 뿐 아니라 과수원에 벌을 가득 채워놓아야 한다. 벌들이 서로 경쟁하며 꽃을 찾아 수많은 나무에 내려앉는 바람에 다른 품종끼리 잘 섞이게 된다. 나무 한 그루마다, 꽃송이마다 딴꽃가루받이가 이루어지려면 엄청나게 많은 벌이 날아다녀야 한다.✿

꽃이 막 필 무렵이 가장 좋은 철이다. 꿀벌은 춥거나 비가 오면 일을 쉬는 노동조합원이다. 아몬드 업계에서는 실제로 "벌의 노동시간"을 기록해둔다. 벌의 노동시간은 해당 연도에 아몬드 꽃이 피어 있는 시간 중에서 기온이 영상 12.7도 이상, 풍속이 시속 24킬로미터 미만이며 바람이 불지 않는 총시간을 말한다.(벌의 노동시간은 우울한 수치였던 2004년의 92시간에서 햇빛이 좋았던 2002년의 200시간까지 다양하게 나타났다.) 더군다나 아몬드 꽃은 개화 당일에 번식력이 가장 좋고, 사나흘 안에 번식이 이루어진다. 2월에 센트럴 밸리는 벌의 노동시간이 75시간이 될 수도 있지만 50시간밖에 안 될 수도 있다. 따라서 날씨가 고약하면 벌의 노동시간이 어떻게 되든 아몬드 경작자는 그 시기에 비행 부대가 집중적으로 꽃을 공략하도록 충격과 자극을 충분히 가해야 한다.

무엇보다도 벌이 많아야 한다. 에이커당 벌통 2개가 표준이다. 2.3개를 가장 이상적으로 여긴다. 전문가들은 정상적인 조건이라면 에

✿ 만약 인간이 이런 사실을 알아내기 전에는 아몬드 나무들이 어떻게 번식했을지 궁금하다면, 오래전에는 야생 아몬드가 어느 한 종만 대량으로 진화하지 않았음을 기억하기 바란다. 숲은 다양한 유전자로 풍성했을 뿐 아니라 해마다 아몬드가 많이 열려야 할 필요도 없었다. 새로 씨를 뿌릴 수 있을 정도면 충분했다. 오직 비정상적인 대량 경작 과수원에서만 기이한 가루받이 방식과 전략이 필요하다.

이커당 벌통 1개로도 충분하다고 말하지만, 경작자들은 에이커당 2개 이상 준비해두는 쪽을 더 선호한다. 당신이 지금 이 부분을 읽고 있는 현재에도 아몬드 나무가 70만 에이커 규모로 자라고 있을 테니 가루받이를 위해서 속이 꽉 찬 벌통이 150만 개는 필요한 셈이다. 미국 전역에서 정상적인 벌통을 모조리 끌어모아야 하는 개수다. 이런 상황이고 보니, 1월이 되면 양봉가들이 저마다 아몬드 경작자에게 벌통을 빌려주려고 몰려든다.

이 때문에 벌 수가 너무 많아져서 경쟁이 치열해졌고, 2월에 아몬드 숲에서 꽃꿀 찾기와 크리스마스이브에 맨해튼에서 퍼비 인형(1998년 출시된 이래 엄청난 인기를 구가하는 어린이용 인형—옮긴이) 찾기가 비슷한 셈이 되었다. 꽃꿀이 든 꽃송이 하나를 찾아내려면 그 작은 날개로 한참이나 날아다녀야 한다.

2월에 벌통이 벌들로 가득 차 있기란 본질적으로 불가능하다. 유럽 꿀벌은 12월과 1월을 거의 동면 상태로 보낸다. 떼 지어 몸을 떨고 있는데, 새끼도 많이 낳지 않고 꽃 피는 봄이 오기만을 기다린다. 2월 초에 8개 벌통 틀에 벌이 가득 차도록 하려면, 실제로는 12월인데도 벌들이 먹이가 풍부한 봄이 온 것처럼 믿게끔 속임수를 써야 한다. 11월과 12월, 그리고 1월 내내 비교적 따뜻한 곳에 벌들을 데려다놓고 계속 먹이를 주고 또 준다. 그렇게 하면 여왕벌이 알을 계속 낳고, 그래야 2월에 아몬드 나무를 향해 날아갈 먹이구하기 벌 부대가 생긴다. "꿀벌 사육"이 가능한 이런 방식은 사실 점점 더 늘고 있긴 하지만, 양봉가로서는 비용이 크게 들뿐더러 벌에게도 위험이 따른다.

이 방식은 여러 면에서 양봉가에게 불리하다. 디젤 가격의 급등과 도난 위험이 그것이다. 전문 양봉가들은 가끔 벌통을 도난당하기도 하고 누군가 고의로 벌통을 부수는 일도 당한다. 더러는 아이들이 대범하게 일을 저지르기도 하지만, 가루받이 대여료가 급상승하자 전문 절도범들은 지게차와 트럭을 이용해 벌통을 도둑질해간다. 지키지도 않으면서 드넓은 아몬드 숲에 벌통을 놓아두면 쉽사리 사라질 수 있다. 일부 양봉가들은 소에게 그러듯이 벌통에 낙인을 찍거나 추적용 마이크로칩을 부착하기도 한다. 그러나 도둑들은 자기 벌통에 벌을 옮겨 담은 다음 훔친 벌통을 버린다. 2007년에서 2008년까지 캘리포니아 양봉가들은 적어도 33만 달러 손실을 입었다.

한편, 매음굴 효과도 나타났다. 벌들이 3주간의 대향연을 맞아 전국에서 한 지역으로 몰려드는 바람에 온갖 병균과 기생충이 쉽게 퍼진다. 3월을 맞아 아몬드 숲을 떠날 때가 되면 상당수 벌들이 허약하고 굶주리고 병든 상태가 된다. 따라서 아몬드 경작자들은 양봉가들에게 가루받이 대여료를 후하게 지불해줄 수밖에 없다. 양봉가 측에서도 예상치보다 훨씬 많은 돈을 받아야 수지가 맞는다.

굳이 이렇게까지 해야 할까? 좋은 아몬드를 얻는 것이 이처럼 속임수가 필요하고 큰 비용이 든다면 좀 더 만만한 다른 작물을 기르면 되지 않을까? 이 질문에는 간단한 답이 나온다. "왜냐하면 아몬드로 많은 돈을 벌 수 있으니까."

아몬드는 새로운 밀레니엄 시대에 가장 위대한 성공 신화다. 캘리포니아 와인 산업이라는 말을 들어본 적이 있을 것이다. 아무리 그렇다 해도 아몬드 수출액은 연간 10억 달러로 와인 수출 규모의 두 배에 달한다. 아몬드는 캘리포니아의 소득을 올려주는 가장 성공적인 작물이다. 아몬드는 20세기의 대부분을 여느 견과류와 다름 없는 존재로 보냈지만, 최근 몇 가지 성과에 힘입어 캘리포니아의 금광으로 변모했다.

아몬드 성공은 상당 부분 가루받이(수분)와 관련이 있다. 아몬드 경작자들은 아몬드 생산에 꽤 많은 벌과 딴꽃가루받이가 필요하다는 사실을 줄곧 알고 있었지만, 최근에서야 얼마만큼 필요한지 인식하게 되었다. 즉, 벌만 충분하면 아몬드 나무를 촘촘히 심어서 에이커당 수익을 훨씬 더 올릴 수 있는 것이다. 경작자들은 3 : 1 비율로 서로 다른 품종을 끼워넣는 전통 방식의 문제점을 알아냈다. 3줄 중에서 사이에 선 나무들은 '가루받이를 시키는' 품종과 인접하지 않는 까닭에 아몬드 수확량이 적어진다는 사실을 간파한 것이다. 그래서 이들은 2 : 1 구성으로 바꾸었다. 아울러 벌은 더 많이 사들였다. 1970년대에는 벌통 하나에 10달러를 치르고 저렴한 비용으로 번식을 시켰다. 하지만 수확량은 두 배로 늘었다. 하지만 2 : 1 구성으로 바꾸자 같은 품종끼리 마주보는 나무들은 가루받이를 해주는 품종과 마주하고 있는 나무들보다 수확량이 30퍼센트나 적었다. 그래서 경작자들은 1 : 1 비율로 바꾸었다. 수확량은 다시 폭발적으로 늘어났다. 1960년대에 경작자들은 에이커당 1000파운드 수확을 기대치로 잡았다. 2002년이 되자 에이커당 평균 2000파운드 이상이 수확되었다. 오늘날에는 새 품종을 많이 심고 구성 비율도 조밀하게 해 에이커당 3000파운드라는 수확을 거둔다.

마케팅 활동 또한 아몬드 산업 팽창에 기름을 부었다. 아몬드 위원회는 아몬드를 새로운 건강식으로 격상시켰다. 이를 위해 아몬드의 비타민 E와 항산화 성분이 암과 심장 질환을 방지할 수 있음을 밝히는 연구에 자금을 지원했다. 세계 아몬드 소비량은 최고점에 올랐다. 1995년에는 2억 7000킬로그램이던 소비량이 요즘에는 7억 2000킬로그램 이상으로 늘어났다. 그리고 사람들은 건강식을 사는 데는 기꺼이 돈을 낸다.

근래 들어 수확량이 엄청나게 늘었는데도 불구하고 아몬드 수요량을 따라 갈 수가 없다. 가격이 치솟았다. 2001년에 파운드당 1달러, 2002년에는 1.5달러, 그리고 2003년에는 2달러로 올랐다. 2005년에는 우박으로 수확량이 예상치보다 6800만 킬로그램 정도 줄었다. 그리고 곧 가격이 미친 듯이 치솟아 파운드당 3달러로 오르더니 곧이어 4달러가 되자 아몬드 구매사들은 충격에 휩싸였다. 그 후로 매년 생산이 기록적으로 늘어나 현재는 파운드당 2달러로 안정되었다.

이런 수치들을 종합해보면 이른바 아몬드 특수라는 말이 실감난다. 아몬드 경작지는 1990년대 40만 에이커에서 2000년 50만 에이커, 2005년 55만에이커, 그리고 2008년에는 67만 에이커로 늘어났다.✿ 아몬드 경작자 한 명당 10년 전에는 에이커당 1000파운드를 수확했으며 당시 가격이 파운드당 1달러였기에 총수익은 에이커당 1000달러였다. 그런데 2005년에는 새로운 식재 방식으로 에이커당 3000파운드

✿ 다른 곳과 비교해 보면, 마인 주의 야생 딸기 농장 역시 가루받이를 많이 요하는 작물로서 고작 6만 에이커를 차지할 뿐이다. 2007년에 블루베리가 7700만 파운드 수확되어 파운드당 94센트에 팔렸다(2005년 65센트에서 오른 가격이다. 가격 상승의 원인에는 벌통 대여 비용의 상승도 한몫을 했다). 총수익 7200만 달러는 아몬드 총수익의 3퍼센트에 지나지 않는다.

수확량에 파운드당 가격이 3달러였으니 총수익은 에이커당 9000달러였다.

센트럴 밸리에 사는 이들이 모두들 아몬드를 기르고 싶어하는 이유가 자명해진다. 목화도 센트럴 밸리의 주요 작물이긴 하지만, 목화 가격은 오랫동안 바닥에 머물러 있다. 2008년이 되자, 사실 목화 경작자들은 목화 재배로 얻는 수입보다 오히려 물 기근에 시달리는 아몬드 경작자들에게 "물 사용권(수리권)"을 팔아서 버는 돈이 더 많았다. 어떤 이들은 아몬드 특수에는 목화를 걷어내고 아몬드를 심었다. 그런 까닭에 과수원마다 과일이 주렁주렁 열리기 시작했다.

하지만 벌이 없다면 아몬드 나무는 아무 가치가 없다. 캘리포니아에는 대략 벌통이 35만 개 있는데, 수요는 150만 개에 육박하므로 양봉가들은 엄청난 시장을 소유하게 되었다. 1970년대처럼 벌통을 10개씩 빌리는 일은 진작에 자취를 감추었다. 매년 속이 울렁거릴 만큼 벌통 대여가 늘어났다. 아몬드 경작자들이 벌통 하나당 지불하는 값도 2004년 50달러, 2005년 70~90달러, 2006년 120달러로 오르더니, 마침내 2007년 CCD 광풍이 몰아치자 150달러로 치솟았다. 2008년 양봉가와 아몬드 경작자 사이의 계약 흥정은 벌통 하나당 160달러부터 시작되었다. 틀이 10개인 벌통이면 값이 추가되었고, 막판 협상에서는 벌통 하나당 200달러까지 치솟기도 했다.

지난 10년간 아몬드의 융성과 꿀벌의 몰락은 특이하게도 나란히 일어났다. 기적과도 같은 일이다. 만약 아몬드 경작자들이 수입 급증으로 양봉가에게 돈을 벌어다주지 않았다면, 미국 양봉업은 벌써 사멸하고 말았을 것이다. 시기가 정확하게 맞아떨어졌다. 아몬드 특수로 들어온 돈이 생명줄이 되었는데, 단지 양봉가만 살아난 것은 아니다. 아몬드 가루받이 중개업자인 조 트레이너(Joe Traynor)가 지적했듯이, 아몬드 산업은 벌통 대여에 기꺼이 돈을 지불함으로써 간접적으로 다른 모든 농업 분야에도 자금을 지원하고 있다. 사과, 블루베리, 크랜베리, 수박, 호박을 비롯한 여러 농업 분야도 벌꿀이 필요하지만, 이들은 전 비용을 자체적으로 감당하지 못한다. 또한 아몬드 산업은 양봉업계에서 기부하는 액수 이상으로 상당한 돈을 가루받이 연구에 기부하고 있다.

하지만 업계 간 긴장 역시 존재한다. 벌통 대여 가격이 회오리바람처럼 치솟고 다른 수익거리를 몽땅 잃은 양봉가들이 이 사업에 더 많이 몰려들자 부당이득을 취하는 이들이 나타났다. 아몬드 경작자들은 벌통 단위로 값을 지불한다. 그런데 벌통은 한정 없이 많다. 만약 벌통 바깥에서만 살펴본다면, 8개 틀 모두에 건강한 벌이 가득 찬 벌통과 몇몇 틀에 병든 벌이 들어 반쯤 붕괴된 벌통의 차이를 파악하기가 어려울 수 있다. 하지만 아몬드 수확이 좋지 않으면 가루받이를 맡은 벌통의 상태를 확실히 알 수 있다.

몇 년 동안 양봉가들이 아무 거리낌 없이 죽은 벌들을 아몬드 숲에 풀어놓고 돈을 벌고 나니, 일부 경작자들도 벌통 상태를 파악할 수 있을 만큼 영리해져서 벌통을 받기 전에 검사를 하기 시작했다. 그들은 조 트레이너처럼 벌통 속 8개 틀에 벌이 가득 찼음을 보증해주는 중개업자를 통해 벌통을 구하려 한다. 꽤 많은 벌통들이 퇴짜를 맞으니, 벌통을 트럭에 싣고 캘리포니아까지 오느라 많은 경비를 쓴 양봉가들은 시름이 깊어진다. 그러면 남의 땅에 부려놓은 반쯤 죽은 봉군들을 어떻게 처리할지 결정을 내려야 한다.

　전문가들은 대부분 벌통이 거부당하는 문제가 앞으로 더욱 심해질 것으로 믿는다. 캘리포니아 양봉가 겸 가루받이 중개업자인 라이언 코진스는 CCD 사태로 벌통 절반을 잃었다. 그는 "지난 2년 동안 양봉업이 실제로 수요를 만족시켰는지 확실치 않습니다. 물론 숫자상으로는 벌통이 많지만, 그 속에 뭐가 들었는지가 중요해요. 만약 상당수 벌통들이 검사를 받는다면 결과는 아주 끔찍할 겁니다"라고 말했다. 2008년 꽃이 만발한 시기에는 날씨가 완벽해서 허약한 벌통들도 간신히 살아남을 수 있었지만, 조만간 봄비가 많이 내리는 철이 오면 허약한 벌통들이 아몬드 농사에 막대한 피해를 입힐 것이다.

　자기 벌통이 기준 미달임을 이미 알고 있는 양봉가들도 있지만, 2005년 빌 로즈가 그랬던 것처럼 대부분은 마지막으로 확인했을 때 벌통 상태가 최상이었기 때문에 그런 사실을 미처 예상하지 못했다. 그러다 운반 중이나 캘리포니아 창고에서 대기 중일 때 CCD가 발생하고 말았다. 개중에는 벌들이 한가하게 지낼 때는 정상이었다가 아몬드 가루받이를 하느라 벌이 스트레스를 받아서 꽃이 핀 첫 주가 지나자 죽었다고 하는 양봉가들도 있었다. 양봉가들이 계산에 넣어야 할 두 가지 변수는 경작자의 거부, 그리고 벌을 죽음으로 몰고 갈 위험성이다.

　언뜻 생각해보면 양봉가들이 경작자와 나누는 협상에서 유리한 위치에 있을 것 같다. 아몬드 경작자들은 벌이 반드시 필요하다. 벌이 없으면 아몬드도 없다. 또한 그들에게는 대여료를 지불할 돈도 있다. 지금까지는 분명 지갑이 두둑하다. 벌통 하나당 180달러를 지불해도 수익이 난다. 하지만 가격이 감당할 수 없는 수준으로 오를 수도 있다. 근래에는 여분으로 10만 에이커 땅이 대기 중이고 매년 수확량은 전해의 기록을 깨고 있다. 그렇기에 기상재해만 일어나지 않는다면 가격은 그대로 낮은 수준을 유지할 것이다.✿ 중국과 경쟁이 시작되어 가격이 파운드당 1달러로 내려갈 수도 있다. 중국에서는 이미 10만 명에 달하는 위구르 농부들이 엄청나게 많은 아몬드 나무를 공격적으로 심어왔다.

얼마 전에는 벌통 대여료가 아몬드 생산 비용의 약 8퍼센트를 차지했다. 그런데 지금은 거의 20퍼센트에 이른다. 아몬드 과수원 1에이커를 운영하려면 대략 2000달러라는 비용이 드는데, 현재 연료, 관개시설, 근로자 임금, 장비, 가루받이 등 예산에 포함되는 항목들의 가격이 전부 급격히 오르고 있다. 공급이 계속 늘어나 한계점에 이르면 아몬드 가격이 떨어질 수도 있다. 비용을 낮추어야 하는 경작자들에게는 벌통 대여료가 첫 번째 표적이다. 제꽃가루받이를 하는 아몬드 품종이 연구 중에 있다. 이 품종도 벌을 통한 가루받이가 필요하기는 하지만, 벌의 수가 지금보다는 훨씬 적어도 된다. 벌이 이 나무에서 저 나무로 옮겨다닐 필요가 없기 때문이다.

아몬드에 반드시 벌이 필요한 것만큼이나 양봉가들도 아몬드가 필요하다. 벌통 하나를 유지하기 위한 연간 비용은 모든 상황이 정상적일 때 약 100달러다. 벌통 하나에서 생기는 꿀의 가격은 50~80달

✿ 2008년 1월 샌크라멘토 계곡에서 발생한 '세기의 강풍'으로 아몬드 나무 수천 에이커가 쓰러졌다.

　　　　　　　　　꿀벌 없는 세상, 결실 없는 가을

러에 지나지 않는다. 따라서 아몬드 경작자에게서 받는 150달러짜리 수표는 양봉업이 직업이냐 아니면 비싼 취미이냐를 구분하는 결정적인 기준이 된다. 아몬드 산업이야말로 미시시피 강 서쪽의 양봉가들을 먹여 살리는 유일한 업종이다. 이 산업이 살면 양봉업도 산다. 조 트레이너는 국립양봉연맹의 이름을 "아몬드수분협회"로 바꿔야 한다며 우스갯소리를 한다.

에릭 올슨(Eric Olson)이 좋은 예다. 야키마를 거점으로 워싱턴에서 꽤 큰 규모로 양봉장을 운영하는 그는 "작년에 우리 벌들은 상태가 상당히 좋았습니다. 사람들이 말하는 문제에 대해 전부 들었는데, 저는 PPB(Piss-Poor Beekeeping)(극히 열악한 벌 사육 방식—옮긴이)가 원인이라고 생각했습니다. 올해는 우리 벌도 상태가 좋지 않은지라 갑자기 PPB가 남의 일같지 않습니다"라고 말한다. 2007년 여름까지만 해도 올슨은 1만 3000개 벌통을 소유하고 있었지만 2008년 아몬드 가루받이 기간에는 9000개로 줄어들었다. 그는 "만약 아몬드 가격이 벌통 하나당 80달러로 떨어졌다면 저는 여기 있지도 않았을 겁니다"라며 말을 맺었다.

동부 해안 지역에서조차 양봉가들은 호러스 벨 벌꿀 회사의 전철을 밟아 벌통을 아몬드 가루받이용으로만 여기기 시작한다. 나이든 양봉가들 중에는 고생에 찌든 나머지 벌통을 아몬드 숲으로 데러가 마지막 대여료를 받고 양봉을 끝내고 싶어하는 이들도 있다.

아몬드 나무는 점점 불어나는데 벌은 자꾸만 줄어든다. 이런 흐름은 마치 캘리포니아 지층처럼 서로를 닮게 만든다. 앞으로 몇 년 뒤면 이 압박이 훨씬 더 거세질 것이다. 아몬드 경작지 총면적은 2008년 67만 에이커, 2009년 72만 에이커, 그리고 2010년이면 76만 에이커에

이를 것이다.

도대체 누가 그 많은 꽃을 가루받이할 것인가? 미국 벌로는 충당이 안 된다. 캐나다 벌도 마찬가지다. 그렇다면 이제, 클로버가 무진장 많고 외래 병원균이 거의 없는 캐나다의 앨버타 같은 곳에 서식하는 벌들을 미국 벌과 섞어서 사용하는 께름칙한 방법이 남았다.✿ IAPV 바이러스를 퍼뜨릴지도 모르는 호주산 벌들도 점점 더 많이 이용될 것이다. 아마도 2008년에 수입되는 10만 꾸러미 벌통에는 각 꾸러미마다 굶주린 벌들이 수천 마리씩은 될 것이다. 하지만 수입 시기는 좋다. 호주의 여름은 미국의 겨울과 같기 때문에 1월에 호주에서 들어오는 벌들은 남반구의 꽃꿀을 잔뜩 섭취해 활기가 흘러넘친다. 하지만 수입 비용이 포장 단위당 115달러나 들기 때문에 임시변통에 지나지 않는다. 747기로 샌프란시스코까지 벌을 옮기는 과정에서 일정 부분은 손실이 일어나고 도착해서도 보관할 시설이 필요하다. 도착할 때쯤이면 많은 벌들이 이미 노쇠해진다. 실제로 4파운드짜리 꾸러미를 검사해보니, 호주산 벌은 월동을 마치고 활기가 충천해 있는 미국산 벌통보다 가루받이 능력이 절반에 불과했다. 숫자가 부족한 벌통을 벌충하기에는 좋은 방법이지만, 호주산 벌 단독으로는 무리가 있다.

벌통 이동을 통한 가루받이 방식으로 얻는 경제적 효과는 이미 한계에 이르렀을지 모른다. 아몬드 가격 하락이나 기름 값 상승으로

✿ 앨버타와 서스캐처원의 벌통은 꽃이 피는 4주 동안 무려 400파운드나 되는 꿀을 생산한다고 알려져 있다.

는 거의 타격을 받지 않는다. 진짜 문제는 캘리포니아가 가루받이에 꼭 필요한 곤충들을 더 이상 확보할 수 없다는 데 있다. 캘리포니아는 한때 벌들의 천국이었지만, 이제는 3주간 임무를 마치고도 살아남은 벌이 있으면 다행인 상태로 전락했다.

CCD나 꿀벌 응애가 없었던 20년 전에 캘리포니아의 유명한 양봉가였던 앤디 나쉬바우어는 위험한 미래에 대해 다음과 같이 경고했다.

아몬드 꽃가루 그 자체는 벌에게 좋은 먹이가 아니다. ……벌에게는 균형 잡힌 식단이 필요하기에 꽃가루를 늘 두 가지 이상 섭취해야 한다. 아몬드(다른 작물도 포함하여) 가루받이를 할 때 벌들은 비교적 비좁은 공간에 몰려 있기 때문에 그 과수원 나무나 땅바닥이 아니고서는 꽃가루를 모을 기회를 얻지 못한다. 그리고 아몬드 가루받이를 위해 거의 100만 통이나 되는 봉군이 좁은 지역에 밀집해 있기 때문에 온갖 꿀벌 바이러스들이 훨씬 더 널리 퍼질 수 있다. 이것은 의심할 여지가 없다.

나쉬바우어도 자기 벌통이 죽어가는 모습을 보아왔으며 그 증상에 대해 나름내로 SAD, 즉 스트레스 심화성 쇠퇴(Stress Accelerated Decline) 또는 BAD, 즉 벌 자가면역 장애(Bee Autoimmune Deficiency)라는 이름을 붙이기도 했다. 벌들이 죽었을 때 받은 느낌이 바로 그러했기 때문에 그는 이 두 가지 축약어를 선호했다. "SAD나 BAD에 걸린 벌은 죽기 전에 반드시 증상이 나타납니다. 이런 벌통들은 꽃꿀이 생기고 난 다음 시기에 생산성이 커지고 새끼를 돌보는 시간이 늘어난 것 같습니다. 하지만 가을이나 초겨울에 …… 순식간에 달라져서 꿀로 가득 찬 벌통만 남기고 벌들은 사라지고 맙니다." 언뜻 생각하기에 꽃꿀 생성기나 새끼 돌보는 기간 이후에 벌들이 가장 취약해진다는 사실은 모순인 듯하다. 하지만 대가족을 부양하거나 끝도 없이 몇 달간 초과근무를 한 경우를 생각해보면 납득이 간다.

나쉬바우어는 양봉업의 현실에 충격을 받아 아래와 같이 불길한 미래를 예견했다.

나는 (1954년에) 견습생으로 양봉업을 시작한 구세대 사람이다. 당시 벌통당 평균 수확량은 요즘 평균보다 3배는 많았다. 양봉을 하는 집은 반듯한 중산층 생활이 가능했기에 3년마다 차를 바꾸고 자녀들을 대학까지 보낼 수 있었다. 양봉가가 매년 10퍼센트 넘도록 벌을 잃는다는 것은 비정상인 일이었고, 또 그 사람이 가난하다는 뜻이었다. 오늘날 캘리포니아의 벌 교체율은 보통 30퍼센트이며 차츰 50퍼센트에 가까워지고 있다. …… 35년간 벌을 관찰하고 자료를 습득한 경험을 바탕으로 내 의견을 말해보면, 이처럼 극적으로 벌이 손실되는 현상은 앞으로도 계속될 것이고, 이따금씩 이런 불가사의한 사태는 더욱 빈번하게 일어날 것이다.

예상은 바로 적중했다. 축약어 때문에 "스트레스 심화성 쇠퇴 (SAD)"라고 부르기는 했지만, 이 이름은 뜻밖에도 전문가들이 꿀벌들의 죽음을 지켜보면서 알게 된 진리를 잘 담아내고 있다. 아마 우리가 벌들을 너무 몰아부치는 바람에 더 이상 견딜 수 없게 된 것은 아닐까?

꿀벌 없는 세상, 결실 없는 가을

08

신경쇠약 직전의 벌들

오늘날 꿀벌들은 그 조상들이 단 한 번도 겪지 않았던 압박에 직면해 있다. 그들이 당면한 문제들의 목록은 이렇다. 꿀벌 응애, 기문 응애 (tracheal mite), 작은벌집딱정벌레, 아프리카 '킬러' 벌, 미국 부저병 세균, 곰팡이, 각종 바이러스 따위다. 이 밖에도 살충제, 항생제, 영양실조, 도시화, 세계화, 지구온난화에 맞서고 있다. 플로리다의 주의 대표적인 양봉가이며 온순한 성격의 소유자인 제리 헤이스조차 이런 상황을 꼬집어 "꿀벌들이 살아 있다는 사실이 놀라울 따름입니다"라고 표현했다.

  CCD 연구 집단은 꿀벌의 유전자 검사를 통해 이스라엘 급성 마비 바이러스(IAPV) 외에도 많은 세균을 발견했다. 이 연구 집단의 바이러스 학자인 에드워드 홈즈는 이렇게 설명했다. "우리는 벌 개체들이 엄청나게 많은 바이러스를 몸에 달고 산다는 사실을 알았습니다. CCD에 걸린 집단과 그렇지 않은 집단 모두 그랬습니다. ……CCD와 관련성이 많은 바이러스도 있지만, 바이러스들이 벌 집단과 상호작용하는 방법이 무엇이냐가 더 큰 의문입니다. 우리는 그것을 전혀 모릅니다."

CCD 증상을 보이지 않았던 벌들조차 낭충봉아부패병 바이러스, 날개 기형 바이러스, 검은여왕벌세포 바이러스, 카슈미르 벌 바이러스를 비롯한 온갖 바이러스가 몸속에 가득했다. 벌 세계에 뭔가 심각한 문제가 있는 것이다. 죽어가는 벌 집단에서 바이러스 한 종이 검출된다면 아마 바로 그 바이러스 탓일 것이다. 만약 거기서 바이러스가 14종이나 검출된다면 면역 체계가 붕괴된 탓일 것이다. 그리고 면역 결핍의 대표적인 원인은 만성 스트레스다.

무엇이 벌에게 스트레스를 가하는 걸까? 그 요인은 사람이 받는 스트레스와 거의 똑같다.

당신이 이상적인 근무 환경에서 일한다고 상상해보자. 잠을 푹 자고 깨어난 당신은 아침식사로 근육과 뇌에 좋은 건강식을 먹고 최대 효율을 발휘할 수 있다. 온종일 별 소동 없이 최적의 기온과 편안한 작업환경 속에서 일하기 때문에 체온을 유지하려고 몸을 떨거나 땀을 흘려 에너지를 낭비할 필요가 없다. 독성 물질에도 최소한도로만 노출된다. 친구와 가족들도 당신을 든든하게 지원해준다. 하루 내내 기민하면서도 여유가 있다. 따라서 생산성은 매우 높다.

그럼 이번에는 시나리오를 달리 구성해보자. 당신은 충혈된 눈으로 전국을 날아다니고, 아침 식사로는 콜라를 마시고 기력을 충전한다. 임대한 차를 끌고 업무 회의에 참석하러 나선다. 그런데 아뿔싸! 내비게이션이 고장 나서 길을 헤맸다. 회의에는 초조하고 긴장된 모습으로 뒤늦게 참석한다. 위궤양이 도진 데다 항생제도 듣지 않아서 어쩔 수 없이 사과를 하고 화장실로 향해야 한다. 게다가 양탄자에서 벼룩이 튀어 양말 속으로 들어온다. 회의 중간에 방역 요원들이 들어와서 회의실 안에 흰 연기를 살포하자 당신은 구토를 일으킨다. 회의 내내 무능했던 당신은 기대했던 판매 계약을 성사시키지 못한다. 하지만 다른 회의에 가야 하므로 그 문제를 신경 쓸 겨를도 없다. 실제로 밤 늦게까지 회의를 하고 나서 다시금 충혈된 눈으로 집으로 향해야 한다. 차분히 앉아 식사할 시간도 없어서 운전 중에 도넛 몇 개를 허겁지겁 먹어 치운다.

이런 생활을 하면 몸 상태가 나빠진다. 소화해낼 수 없는 근무 일정 때문에 늘 초조할 뿐 아니라 수면 부족과 당분이 가득한 식사, 그리고 화학물질로 인한 오염 때문에 면역 체계가 약화된다. 병치레가 잦아지면서 업무 능력도 계속 곤두박질친다. 일을 마치고 아내와 잠자리에 들어도 로맨틱한 밤에는 전혀 마음이 없다. '아이가 학습 장애를 겪는 것 같은데 어쩌지?' 따위의 일로 머릿속이 복잡하기 때문이다.

우리에게 저장되어 있는 에너지는 한계가 있기에 에너지를 축나게 하는 요소는 모두 스트레스 원인이다. 질병과 싸우는 일, 불편한 여행, 위험한 화학물질 해독, 불길한 징후에 대한 걱정, 수면과 식사를 거르고 어쩔 수 없이 보내는 일상 등은 모두 에너지를 고갈시킨다. 면역 체계와 생식기관, 그리고 손상된 세포를 회복시키는 신체 능력을 배양하는 일처럼 장기적인 건강 계획에 쓰일 수 있었던 에너지가 낭비되는 셈이다.

꿀벌의 일생은 봉아에서 안살림 벌을 거쳐 먹이구하기 벌로 이어지는 삶을 느리고 체계적으로 살도록 설계되어 있다. 바이러스를 비롯한 여러 병원균들이 200만 년 동안 꿀벌과 나란히 살아왔지만 정상적인 상황에서는 조용히 뒤로 물러서 있다. 매년 풍부한 꽃을 기대할 수는 없어도 들판에는 온갖 꽃들이 넉넉히 피기 때문에 벌집에 충분한 먹이를 저장할 수 있고, 언제나 구할 수 있는 먹이도 있다. 벌의 삶은 느리고 예측 가능하며 스트레스를 받을 일이 거의 없다.

하지만 안타깝게도 2008년 현재 대부분 벌들은 그런 삶을 살지 못한다. 몇 주 만에 트럭에 실려 새로운 곳으로 이동하며 고과당 옥수수 시럽만 공급받고 살충제와 항생제를 투여받는다. 그런데도 기생충의 공격에 시달릴 뿐 아니라 외래 병원균에 노출되어 있어 요즘은 점점 더 약해지고 있다. 우리처럼 꿀벌들도 한두 가지 스트레스 요인쯤은 털어버리고 정상적으로 살아갈 수 있다. 예를 들면, 어쩌다 한 번 응애에 시달리고 다음번에 안 좋은 먹이를 먹어도 능히 극복할 수 있다. 하지만 여러 스트레스 요인들이 한꺼번에 작용하고 날마다 생활 리듬이 똑같이 반복되면 심각한 위기를 맞는다. 위축된 면역 체계, 생식능력 손상, 수명 단축, 성장 장애 등이 발생한다.✿ 결국에는 한 번 밀기만 해도 벼랑 아래로 떨어지는 상황으로 내몰리고 만다.

과학기술도 단단히 한몫을 거들었다. 대량 이주, 살충제 아피스 탄과 체크마이트를 이용한 파우스트식 흥정, 널리 퍼진 질병과 기생

✿ 스트레스 관련 일화: 뉴욕의 한 양봉가가 벌통을 따뜻하게 하려고 건물 내 곳에 넣어 두고 겨울을 보냈다. 그중 한 건물에는 겨우내 작동되는 나무 절단 기계가 있었다. 쉬익 쉬익 소리가 계속 들려와 머리를 곤두서게 만드는 곳이었다. 봄이 되자 그 건물의 벌들은 모두 죽었지만, 다른 세 건물에 든 벌들은 양호했다.

꿀벌 없는 세상, 결실 없는 가을

충 만연 등이 과학기술의 발전 때문에 일어났다. 꿀벌 유전학자인 톰 린더러(Tom Rinderer)는 이렇게 적었다. "벌에게 왜 이런 문제가 일어났을까? 제트 비행기가 생겼기 때문이다."

화석연료를 쓰면서 부산하게 떠돌아다니는 생활 방식에 잘 맞도록 설계된 생물 종은 없다. 하지만 꿀벌은 그중에서도 가장 비참한 상황이다. 2006년 꿀벌 유전자가 해독되자 꿀벌은 해독과 면역 체계를 전담하는 유전자가 다른 곤충의 절반밖에 되지 않는다는 사실이 알려졌다. 새로운 침입자를 제대로 상대할 수 없는 생명체인 것이다. 꿀벌 응애, 기문 응애, 노제마 병원균, IAPV 바이러스 등은 꿀벌 몸속에 오랫동안 기생해 있었다. 한편 중국에서 들어온 감귤그린병 탓에 꿀벌이 가장 좋아하는 먹잇감이 알디카브 살충제로 뒤덮여 죽음의 들판이 되어버렸다. 작은벌집딱정벌레는 꿀벌의 경보 페로몬에 끌리는 곤충으로서 아프리카 과일을 실은 화물에 붙어 1997년 플로리다에 도착해서는 벌꿀, 알, 벌집까지 모조리 먹어치워 삽시간에 2만 개 벌통을 도륙내버렸다. 아프리카 벌들은 1950년대에 아프리카에서 브라질로 수입되었다. 이 벌들은 남아메리카와 중앙아메리카의 양봉업을 파탄낸 다음 북쪽으로 올라와 1990년에 텍사스에 상륙했다.

그 다음 불청객이 언제 유럽 꿀벌을 찾아올지는 아무도 모른다. 하지만 더 많은 무단 침입자들이 나타나 다시 한 번 꿀벌을 위기에 빠뜨릴 것이 분명하다. 그 불청객 후보 가운데 하나는 코노피드 파리(conopid fly)다. 이 기생충의 애벌레가 현재 보르네오 섬에서 꿀벌을 파먹고 있다. 아시아 호박벌은 중국 원산으로 중국 도자기 수입과 함께 2004년에 프랑스로 도착했는데, 이들은 꿀벌을 절단 내서 새끼에게 먹이로 준다. 이 두 가지 외에 우리가 예상할 수조차 없는 불청객이 있을 수도 있다.

이제까지 경험으로 봐서 잠깐 나타났다 사라졌던 질병이 종종 있었으니, 이번에도 양봉가나 과수원 경작자, 그리고 일반인들은 CCD도 반짝하고 사라지리라는 희망을 품고 있었다. 하지만 2008년에 그 희망은 사라지고 말았다. 방사선을 쬔 데이브 하켄버그의 벌통은 여름내 다코타에서 클로버 만찬을 즐기는 동안에 꽤 양호한 상태로 보였지만, 2007년 추수감사절 무렵에는 피폐해지고 있었다. 남은 벌 중 최상의 것이었지만 2008년 1월이 되자 80퍼센트가 죽었다.

플로리다도 상황이 그다지 좋지 않다. "제가 바라는 대로 벌이 잘 자랄 것 같습니까?" 빌 로즈는 내게 이렇게 묻더니 곧 스스로 답했다. "글쎄요, 그렇지 않을 것 같네요."

제리 브로멘센크는 2008년 초에 현 상황을 다음과 같이 요약했다. "지난 두 달 동안 애리조나, 아이다호, 이스턴 워싱턴, 미네소타, 노스다코타에서 시료를 모았습니다. 또한 다코타, 플로리다, 텍사스, 콜로라도, 캘리포니아에서 날아온 보고서도 받았습니다. 1년 전과 동일한 수치와 동일한 분포 형태를 보였습니다. 재앙이 사라졌다고 말하고 싶지만, 안타깝게도 그렇지 않은 것 같습니다."

지 역 개 발 이   불 러 온   질 병

2008년이 되자 과학자들은 CCD의 주범을 찾는 노력을 사실상 포기했다. 양봉가 대다수는 이미다클로프리드가 주범이라고 믿지만, 그렇게

꿀벌 없는 세상, 결실 없는 가을

믿는 과학자는 거의 없다. 증거가 너무 섞여 있다. 그럴듯한 용의자마다 추적하여 벌에게 위협을 가할 만한 이런저런 증거들을 쌓아놓았지만, 끝내 결정적인 단서는 확보하지 못했다.

실패를 거듭한 데는 해로운 상승효과를 일으킬 만한 잠정적 원인들 사이에 존재하는 상호작용도 한몫을 거들었다. 살충제가 곰팡이 제거제와 상호작용을 일으키면 독성이 치명적일 만큼 훨씬 커질 수 있다. 심지어 살충제로 바이러스가 더 기승을 부릴 수도 있다. 그리고 비록 아직까지는 그 매커니즘을 아무도 모르지만, 바이러스 역시 상호작용을 하는 것이 거의 확실하다. 또한 바이러스는 꿀벌 응애와도 상호작용한다. 응애는 보통 벌이 세균 침입자를 죽이는 데 쓰는 효소와 항균 펩티드 생성을 억제시키는 물질을 분비함으로써 벌의 면역력을 떨어뜨린다.♣ 숙주의 면역능력이 저하되면 바이러스가 폭발적으로 늘어날 수 있다.♣♣ 응애는 숙주의 몸에 작은 구멍을 뚫어 바이러스가 여러 숙주 사이로 이동하도록 돕는다. 이와 비슷한 현상을 일으키는 날개기형 바이러스(DWV)는 꿀벌 응애가 출현한 이후 훨씬 더 심각한 문제를 일으키고 있다. 어느 연구에 따르면, DWV는 벌의 몸속에 대장균에 노출된 응애가 많이 있으면 급속도로 번식하지만, 응애가 기생하지 않는 벌에서는 살지 않는다고 한다. DWV, 응애, 대장균. 이 세 가지가 협공을 가하면 꿀벌 봉군은 2주 만에 급속히 붕괴되고 만다.

작은벌집딱정벌레 또한 꿀벌 응애와 상호작용한다. 이 딱정벌레

♣ 응애의 친척인 진드기도 이런 짓을 한다. 아마도 숙주의 몸을 갉아먹을 때 일어나는 면역 반응을 방지하기 위해서일 것이다.
♣♣ 헤르페스(Herpers) 바이러스가 대표적인 예다.

가 벌집에 기생하면 응애 수가 평소의 절반이라 해도 봉군은 죽고 만다.

이런 과정은 계속 이어진다. 벌통에 아피스탄과 체크마이트를 투여하면 꿀벌 응애가 죽긴 하지만 면역력이 약해진 벌은 온갖 침입자들로 더욱 취약해진다. 이런 상황이니, 화학약품과 응애 가운데 누가 더 사악하다고 말할 수 있을 것인가?

그 다음 문제는 항생제다. 양봉가들은 미국 부저병 같은 세균성 질병과 싸우기 위해 벌에게 항생제를 먹인다. 물론 항생제가 부저병을 퇴치하기는 하지만, 한편으로는 벌에게 여러 가지 다른 해악을 끼칠지 모른다.

아직 널리 알려지지 않은 사실 중에 CCD 연구자들이 가장 흥미롭게 여기는 발견은 벌의 소화기관 속에 숨어 있는 이로운 유산균(LAB)이다. 세균 전문가인 낸시 모런(Nancy Moran)은 이 결과에 대해 다음과 같이 설명했다.

세계 모든 벌들은 체내에 모두 동일한 세균 연합군 한 무리를 지니고 있다. 주로 소화관과 창자 속에 들어 있다. 이 세균들은 다른 환경이나 다른 숙주에서는 발견된 적이 없다. 이들은 CCD에 걸린 벌이나 걸리지 않은 벌 모두에 들어 있기에 CCD에 직접적인 역할을 하지는 않는 듯 보인다. 대신 이 세균들은 벌 몸속에서 핵심적인 기능을 수행하는 것 같다. 다른 곤충의 경우 세균은 곤충에게 필요한 핵심 영양소를 공급하거나 병원균과 천적에 맞서 숙주를 방어하는 데 도움을 줄 수 있다. 현재 우리는 이 세균들이 벌의 몸속에서 무슨 일을 하는지 모르긴 하지만, 표본으로 뽑힌 모든 벌 속에 존재하며 또한 매우 특별한 집단

꿀벌 없는 세상, 결실 없는 가을

이라는 점은 알고 있다. 이런 세균은 대략 8종으로서 주요 세균 유형에 속하긴 하지만, 거의 알려진 바가 없어 이름도 안 붙은 종들이다.

2008년에 스웨덴 과학자 토비아스 올로프손(Tobias Olofsson)과 알레얀드라 베스쿠에스(Alejandra Vásquez)는 벌의 위 속에서 이전에 알려지지 않았던 유산균 10종을 발견했다. 인간의 창자 속에 살면서 건강을 유지시켜주는 유산균과 비피더스 미생물 같은 균들이었다.✿ 여름 기간에 처음 검사했을 때 벌들은 나무딸기 꽃과 무성한 미소 식물(microflora)을 먹고 있었다. 하지만 겨울에는 자당(蔗糖) 용액을 먹고 살았다. 좋은 세균들은 사라지고 부저병을 일으키는 세균들이 가득 번식해 있었다. 이듬해 봄이 찾아와 린덴(linden)이 꽃을 피우자 부저병 세균은 사라지고 다시 좋은 세균들이 나타났다. 이 천연 세균들이 병원균으로부터 벌을 지켜내는 첫 방어선이 될 수 있을까?

인체에서는 그런 일이 일어난다. 해럴드 맥기(Harold McGee)는 《음식과 요리에 관하여(On Food and Cooking)》라는 책에서 유산균의 이로움을 다음과 같이 요약했다. "이 세균 가운데 특별한 종들은 창자벽에 달라붙어 창자를 보호해준다. 또한 항균성 화합물을 분비하고 인체의 면역반응을 활성화시켜 특정 병원균을 차단한다. 아울러 콜레스테롤 및 콜레스테롤을 소비하는 쓸개즙산을 분해시킬 뿐 아니라 잠재적 발암물질 생성을 줄인다." 이 세균들은 프리랜스 면역기관인 셈이다.

✿ 맹장은 세균 정원으로서 인간의 건강 상태가 나쁘면 저장해둔 유산균을 배양하여 체내에 공급한다고 한다.

우리가 항생제를 먹으면 나쁜 균과 아울러 유산균도 제거된다. 그런 까닭에 유산균 보충을 위해 요구르트를 마시라고 하는 것이다. 천연 요구르트인지는 성분 표시 문구에 적혀 있으니 쉽게 알아볼 수 있다.

하지만 벌은 요구르트를 먹지 않는다. 벌은 유산균을 꽃가루에서 얻는데, 꽃가루는 우유와 마찬가지로 상하기 쉬운 단백질원이다. 보관을 위해서 벌은 꽃가루에 유산균 배양 유발제를 바른 다음 유산균이 가득 찰 때까지 발효되도록 놔둔다. 유산균은 산성이기 때문에 다른 물질이 꽃가루 속에서 자라거나 꽃가루에 피해를 주지 않도록 방지한다. 톡 쏘는 맛이 나는 발효된 꽃가루를 "벌밥"이라고 하는데, 사실은 "벌 요구르트"가 더 정확한 용어다.

벌이든 벌밥이든 유산균이 얼마나 있어야 타일로신(Tylosin) 같은 항생제를 투여해도 벌이 생존할 수 있을지는 아무도 짐작할 수 없다. 항생제는 사람보다 벌에게 더 치명적이다. 벌은 사람보다 면역 체계가 덜 발달되었고, 따라서 벌이 병원균을 죽일 때는 유산균에 훨씬 더 의존하는 경향이 크기 때문으로 보인다.

흥미롭게도 타일로신은 소에게도 투여된다. 나는 거대한 덩치 대부분이 단백질로 이루어진 소가 단백질이 적은 풀만 먹고도 어떻게 그런 몸집을 가질 수 있는지 궁금해하고는 했다. 이제는 그 해답의 열쇠가 그들의 위 가운데 첫 부분인 반추위(rumen)임을 알고 있다. 기본적으로 반추위는 세균으로 채워진 발효 탱크다.✿ 세균은 풀 속에 소화

✿ 지구 총인구보다 더 많은 세균이 반추위 하나 속에 들어 있다.

하기 힘든 셀룰로오스 성분을 특수 효소로 분해하여 먹으면서 토끼처럼 번식한다. 세균 가운데 일부는 그 다음 위(胃)로 이동하여 소화된다. 60퍼센트가 단백질로 이루어진 이 세균들은 일종의 미세한 스테이크인 셈이다. 어떤 의미에서 보면, 우리가 소를 기르듯이 소는 세균을 기른다.

하지만 축사에 갇혀 사는 소가 풀 대신 강제로 옥수수를 먹으면 반추위 속 환경이 변하면서 세균들을 파괴한다. 그 결과 소는 병원균의 숙주 신세로 전락한다. 이때 항생제 타일로신을 써서 병원균을 퇴치한다. 《잡식동물의 딜레마》에서 마이클 폴란은 항생제 투여를 멈추면 어떻게 되느냐고 수의사에게 묻는다. 답은 이렇다. "소의 사망률이 높아지고 품질도 나빠집니다. 행여나 소에게 풀과 공간을 넉넉하게 준다면 저는 실업자 신세가 됩니다." 병든 소를 한곳에 가둬두고 옥수수와 타일로신을 먹이고 수의사를 배치하면 방목을 시켜 풀을 먹일 때보다 비용 면에서 효율적이다. 쇠고기 생산은 대부분 이런 식으로 이루어진다.

이러한 사정은 벌도 마찬가지다. 방목은 비싸지만 옥수수 시럽은 싸다. 따라서 집단 양봉에서 생기는 병을 퇴치하려면 항생제가 필요하다. 그러나 항생제 사용은 뜻밖의 병을 불러올 우려가 있기에 결코 저렴한 방법이라고 할 수 없다.

이 문제를 어떻게 보든, 무엇보다 급선무는 병든 벌이다. 벌은 지금 이 순간에도 병들고 있고 지난 수십 년간 병들어 있었다. 질병과 과로와 스트레스로 기력이 쇠진하다 보면 특정 시기에 다다른다. 바로 이 시기에 "개체 수를 점차 줄이는 질병"이 나타난다.

어떤 현상이 일어나면, 인간은 그 원인을 간절히 알고 싶어한다. 우리는 직접적인 해답을 좋아한다. 하지만 건강 문제에 관한 한 오직 총체적인 해법만이 정답이라는 사실을 차츰 이해하게 되었다. 만약 CCD가 암과 당뇨처럼 산업 문명에 따른 질병이라면 최상의 해결책은 첨단 기술이 아니라 예방 약품을 이용해 퇴치하는 것이다. CCD를 일으킨 요괴를 찾는 데 실패하자 양봉업계의 시각은 실용적으로 바뀌었고, 곧 벌을 더 건강하게 할 수 있는 방법에 초점을 맞추기 시작했다. 어떤 면에서 CCD 연구자들이 줄곧 권유한 내용도 바로 그것이다. "봉군을 건강하게 유지하고 꿀벌 응애 수치를 낮추도록 한다. 노제마 병원균 수치도 낮게 유지시킨다. 필요하면 추가로 영양을 공급한다."

초식동물이 단백질을 보충하기 위해 옥수수와 콩을 섞어 먹듯이, 꿀벌도 복잡한 생체 활동에 필요한 단백질을 완벽하게 공급받으려면 여러 종류의 꽃가루가 필요하다. 그 덕분으로 아기를 만들어내고 뇌와 면역 체계를 구성할 수 있다. 정상적인 상황에서라면 자연은 계절별로 다른 꽃을 피워냄으로써 이런 일을 가능하게 한다. 벌은 선천적으로 다양한 꽃 맛을 좋아하기에 여러 꽃가루들을 섞어 먹는다.

하지만 평생 자연 속에서 먹이를 구하는 벌들은 행운아다. 대부분은 꽃이 오직 한 종류만 있는 곳으로 실려 가서 몇 주 동안 머물며 가루받이 작업만 해야 한다. 그 꽃이 고급 단백질을 줄 수도 있지만 전혀 아닐 수도 있다.

다른 먹이와 마찬가지로 꽃가루도 자라는 환경에 따라 품질이 달라진다. 꽃가루 은행(Pollen Bank)이라는 기관에 소속된 토머스 페라리(Thomas Ferrari)의 2007년 연구에 따르면 영양소가 결핍된 흙 때문에 아몬드, 자두, 키위, 체리의 꽃가루에 영양가가 거의 없다고 한다. 기후도 꽃가루에 큰 영향을 줄 수 있다. 캘리포니아대학 데이비스 캠퍼스의 벌 전문가 에릭 뮤센(Eric Mussen)은 〈살롱〉(Salon.com)에서 다음과 같이 설명했다.

> 예년과 다름없이 알맞게 비가 내리면, 미국 전역에서 벌들이 여러 가지 꽃가루를 찾지 못할 곳은 거의 없으며 일상생활에 필요한 먹이를 충분히 구할 수 있을 것이다. 하지만 문제는 그렇지 않은 때에는 어떤 일이 벌어질 것인가이다. 꽃봉오리가 막 맺히고 꽃가루가 생길 무렵 폭염이 닥치면 어떻게 될까? 가루받이를 못 이루는 꽃가루가 생긴다. 벌통 속을 들여다본 양봉가는 "갖가지 꽃가루만 남고 벌들은 사라져 버렸다"라고 말할지 모른다. 그렇다면 꽃가루는 남았으니 그 안에 영양분이 들어 있을까? ……내 생각에 (2006년) 연말에 여기를 제외한 세계 곳곳의 기후가 온난했고, 그 때문에 벌의 먹이 공급이 엉망이 되었다.

꿀벌 봉군에 단백질이 얼마나 부족하든 결과는 동일하다. 양육벌은 얼마 남지 않은 꽃가루를 먹고 그 안의 단백질을 로열젤리로 바꾸어 봉군 구성원에게 먹인다. 봉군에 있는 단백질은 대부분 양육벌의 체내에서 비텔로제닌 형태로 저장된다. 이처럼 양육벌은 저장된 단백질을 녹여 봉군을 먹여 살리지만 그 자신에게 축적된 단백질 양은 줄어든다. 비텔로제닌은 단순한 단백질 저장물질이 아니라 면역반응, 스트레스 감소, 항산화 작용에도 핵심적인 물질인 까닭에 자랄 때

영양이 부족했던 벌은 먹이구하기 벌이 되어도 스트레스를 곧바로 받아 나약해지며 수명도 짧다. 비텔로제닌 수치가 낮으면 때가 아닌데도 겨울 벌들이 먹이를 구하러 나선다. 벌들이 새로 태어나는 속도보다 먹이구하기 벌들이 더 빨리 죽어가기 때문에 봉군의 규모는 차츰 줄어들기 시작한다.

새로 태어난 벌들도 그리 활기가 넘치지는 않는다. 벌이 태어나서 나흘간 섭취하는 먹이의 품질은 그들의 행동에 큰 영향을 끼친다. 먹이를 통해 충분한 비텔로제닌을 섭취하지 못하면, 벌에게는 먹이를 구하는 활동에 일찍 나서는 경향이 생기며 꽃가루보다 꽃꿀을 더 좋아할 가능성이 크다. 아울러 수명도 짧아진다. 마치 어린 아이가 팝타츠(미국 식품업체 켈로그에서 판매하는 시리얼 이름―옮긴이)를 많이 먹고 너무 일찍 커버린 탓에 50세 나이에 당뇨병으로 사망하는 사례와 비슷하다. 이 아이가 자라 16세부터 집에서 나와 독립을 한 후로도 평생 단것을 좋아하는 습관을 버리지 못한 것이다.

단백질 결핍은 악순환으로 이어질 수 있다. 우선 먹이구하기 벌들이 일찍 죽으면 양육벌들은 본 임무를 내팽개치고 먹이를 구하러 다니다 역시 일찍 죽는다. 그러면 곧 새끼 벌을 돌볼 이가 없어진다. 이처럼 새끼 돌보기가 소홀해지면 영양부족에 빠진 새끼들이 부화하더라도 발육 부진과 질병에 시달린다.

이런 현상은 군집 붕괴 현상에서도 그대로 드러난다.

글로리아 데그란디 호프만(Gloria DeGrandi-Hoffman)은 투손에 있는 미국 농무부의 벌 연구소에서 근무하는 과학자다. 그는 개체군 동태론 모델링 전문가로서 영양 결핍이 CCD를 일으킬 수 있는지 알아보기 위해 몇 가지 봉군 모의 실험을 시행했다. 그녀는 지속적으로 겨울 벌 한 무리를 봉군에 공급하며 연간 순환 표준 모형을 얻었다. 이 모형에 따르면, 겨울 벌들이 죽기 시작하는 3월에는 봉군이 쇠퇴하다가 봉아들이 새로 자라나는 봄여름에는 번성했다. 그 후에 다른 요소는 그대로 둔 채 일벌의 수명을 나흘 단축시켰다. 꽃가루를 적게 준다든 가 겨울에 따뜻한 온도를 유지함으로써 벌이 먹이를 구할 수 없는데 도 날아다니며 축적된 에너지를 낭비하게 만드는 방법을 썼다. 일벌의 수명이 나흘 줄었는데도 봉군은 겨울 동안 건재해 벌 3만 마리가 있었지만, 늦겨울이 다가올수록 쇠약해지고 버텨내지 못했다. 봉군은 위태로워지더니 2월에는 결국 붕괴되었다.

벌이 정상적인 상황에 처했다면 꽃가루 결핍만으로 이처럼 극적인 붕괴까지 이르지는 않는다. 단백질 수치가 낮더라도 벌은 보관해 놓은 자원을 최대한 이용하여 겨우겨우 버틴다. 마침내 신선한 꽃가루가 다시 생길 때면 봉군은 서서히 꽃가루를 다시 저장하며 양육벌을 살찌운다. 빌 로즈도 새로운 꽃가루가 유입되자 병든 벌들이 다시 회복되는 모습을 보았다.

하지만 대다수 벌들이 처한 상황은 정상 상태와 한참 거리가 멀다. 요즘은 벌이 나약한 듯하면 곧바로 고과당 옥수수 시럽을 먹이는 방법이 표준으로 자리 잡았다. 만약 봉군이 굶주리면 그런 먹이가 실제로 기운을 불어넣을 수 있다. 굶주리는 처지에 아무것도 먹지 않느니 콩 모양 젤리과자 몇 개라도 먹는 편이 낫다.

수지맞는 아몬드 가루받이 계약을 따내려는 양봉가들은 흔히 겨울 내내 벌에게 옥수수 시럽을 많이 먹인다. 벌들은 시럽에서 영양가를 얻어 몸이 불고 알을 낳으며 봉아를 기른다. 2월 초가 되었을 때 8개 벌통 틀에 벌이 가득 차는 것이 목표다. 하지만 벌들의 몸이 불어나는 까닭은 봄이 왔다고 여기기 때문이다. 꿀벌 역사상 최근까지는 아무도 설탕 시럽 단지를 벌통에 넣어주지 않았다. 단맛의 액체가 들어오면 당연히 꽃이 피고 꽃가루가 생긴다는 뜻이었다. 시럽을 먹은 벌이 새 끼를 낳는 바람에 새로운 단백질이 벌통으로 공급되지 않는다면, 2만 개 벌통에 공급되던 단백질을 4만 개 벌통에 골고루 나누어야 한다. 면역력이 뛰어난 건강한 벌들 대신 벌통에는 전부 설탕에 찌든 나약 한 벌들뿐이다.

그 다음에는 어떻게 되는가? 벌들은 일생 중 가장 고된 노역인 아몬드 가루받이를 맡아야 한다. 일반인은 말할 것도 없고 전문가들 도 거의 단백질을 풍부하게 섭취한 벌과 영양 결핍 벌을 구별할 수 없 기 때문에, 현실적으로 벌들이 우글거리고만 있으면 벌통은 높은 값 을 받는다. 양봉가는 벌을 아몬드 숲에 풀어놓은 후 돈을 받고 나서 벌을 충분히 살찌운 자신의 선견지명을 감탄하며 근사한 저녁을 먹고 우쭐해한다.

일주일 후에 전화 한 통을 받는다. 벌통이 죄다 죽었다는 소식이 다. 아몬드 경작자가 노발대발하자 양봉가도 어쩔 줄을 모른다. 어떻 게 된 일일까? 벌이 무진장 많지 않았던가.

벌이 많긴 했지만 다들 기력이 없었다. 이들은 트럭에 실려 전국 을 돌아다니며 다른 벌통 수백만 개와 함께 계곡으로 내던져졌다. 그 곳에서 얼마 되지 않는 먹이를 차지하려 다투다 보니 금세 짧아진 수 명의 끝자락에 다다르고 말았다. 게다가 비텔로제닌이 바닥나버려서 여러 벌통에 붙어 따라온 병원균들을 만났을 때 그에 맞서 싸울 만한 면역 체계가 작동하지 않았다.

CCD가 일어나 벌의 영양 공급에 대한 관심이 늘면서, 양봉가들도 든든한 영양 공급의 중요성을 인식해가고 있다. 하지만 옥수수 시럽은 사라지지 않을 것이다. 벌에게 단백질 셰이크를 주는 시대가 온 것이다. 양봉가들은 달걀, 양조용 효모, 꽃가루, 설탕을 비롯한 온갖 비밀스런 재료들을 섞어 자체적으로 이것을 만들기도 한다. 제품으로 판매되는 것도 있다. 시판되는 주요 단백질 보충제로는 메가비(MegaBee)가 있는데, 이것은 단백질, 지방, 설탕, 미네랄로 만든 부야베스(프랑스 마르세유의 명물인 생선찜 요리―옮긴이)라 할 수 있다. 옥수수 핫케이크를 닮은 작은 파이나 옥수수 스무디 같은 액체 형태로 나오는 메가비는 투손 벌 다이어트라고 알려진 벌 건강식의 핵심 제품으로서 투손의 벌 연구소에 있는 글로리아 데그란디 호프만과 그 동료들이 함께 고안해냈다.

2006년 11월 15일부터 2007년 2월 7일까지 벌 연구소는 캘리포니아 베이커즈필드 야외에 있는 260개 봉군을 검사했다. 이곳은 주변에 먹이를 찾을 데가 없기 때문에 벌들은 전적으로 외부로부터 공급되는 먹이에 의존해야 했다. 봉군을 여럿으로 나눈 다음 대조군 한 곳만 고과당 옥수수 시럽을 먹이고 다른 집단은 각기 다른 단백질 보충제를 먹였다. 제공된 단백질을 활용하지 못해 20일 내에 죽은 봉군도 있었다. 옥수수 시럽을 먹인 벌들은 겨울을 버텨냈지만 새끼는 낳지 못했다. 양육벌들은 단백질이 봉군 내로 들어오지 않으니 단백질 축적량을 높이기 위해 여왕벌이 낳은 알들, 심지어는 낳고 있는 알들까지 거의 모조리 먹어치웠을 것이다. 이 벌들이 아몬드 숲으로 가면 금세 죽고 만다. 한편, 메가비를 먹인 집단은 2006년 11월보다 새끼들을 3배나 많이 낳았다. 건강한 새끼 벌들은 쑥쑥 자라 어엿한 성체가 되었다.

화학약품보다는 영양가 있는 먹이로 벌을 키우는 편이 바람직하다. 벌은 생명체이기에 양봉가도 그처럼 넓은 관점으로 바라보아야 좋은 일이 생긴다. 하지만 벌을 키우려면 먹이를 주어야 하니 도대체 세상이 어떻게 된 것인가? 우리가 가공식품을 먹기 이전에도 벌은 수백만 년을 잘 살아왔다. 자연이 제공하는 균형 잡힌 식단을 대체할 만한 것은 어디에도 없다. 여느 가축들처럼 벌이 건강하려면 좋은 방목지가 필요하다. 하지만 그런 곳은 점점 더 찾기 어렵다. 사람들은 벌도 우리처럼 "개발이 불러온 질병"을 앓고 있다고 말하기도 한다. 늘어나는 도로와 대형 쇼핑센터와 지역개발로 인해 야생화는 자꾸만 줄어든다. 대초원 지대에 깔린 클로버도 조지아 주에 자라난 골베리도 차츰 사라져 간다. 양봉가들은 꽃을 찾으러 더 멀리 이동할 수밖에 없다. 플로리다의 아팔라치콜라 강을 따라 펼쳐진 니사나무 숲은 가수 밴 모리슨이 가장 좋아하는 벌꿀 산지였다. 하지만 지금은 강바닥을 준설하고 상류 지역의 물길을 나누는 등 개발 압력으로 쇠퇴하고 있다. 만약 가뭄 지역인 애틀랜타 주에서 아팔라치콜라 강물을 끌어간다면 니사나무 벌꿀과는 영원히 작별이다.

사태의 원인이 지역개발이든 단일경작이든 결과는 똑같다. 인간은 물론이고 벌이 살아갈 자연이 점점 더 줄어든다는 것. 이 대목에서 양봉가들은 그들 자신을 위해서나 벌을 위해서 이런 생활 방식을 원

꿀벌 없는 세상, 결실 없는 가을

하지 않는다는 사실을 꼭 언급해야겠다. 그들은 단지 망하느냐, 아니면 이동식으로라도 양봉업을 계속하느냐의 문제에 직면했을 때 먹고 살 길을 선택했을 뿐이다. 그러다 보니 하나씩 계속 추가해온 것이다. 지게차, 대형 트럭, 항생제, 살충제, 곰팡이 제거제, 호주산 수입 벌, 메가비 따위는 양봉업을 계속 꾸려가기 위한 자구책이었다. 양봉가들은 놀랄 만큼 자원이 많다. 대부분은 근근이 살아가는데도 벌통 200만 개를 한꺼번에 잘 다룬다. 하지만 그들에게도 한계가 있다. CCD는 양봉업 몰락을 예고하는 것인지도 모른다.

다음 장에서 더 자세히 다루겠지만, 〈아메리칸 비 저널〉 2006년 9월호에 이 문제에 관해 기고문을 쓴 양봉가 커크 웹스터(Kirk Webster)는 다가올 CCD를 예견하고 있었던 듯하다.

미국 농업은 자연이 알아서 하던 일을 산업과 사업 모델로 바꾸려고 억지를 부리면서 심각한 곤경에 처했다. ……우리처럼 몇 안 남은 양봉가들은 인간의 개입 없이 먹거리 생산 체계를 지켜내려고 안간힘을 쓰고 있다. ……하지만 상업적 양봉가들은 매년 수지를 맞추려고 더 멀리 봉군을 이동시키고 있다. 언젠가 연료비가 순식간에 오르면 이동식 양봉은 수익이 나지 않게 될 것이다. 또한 우리는 최후의 일격이 응애 때문에 올지, 응애를 퇴치하기 위해 이전에 쓰곤 했던 화학약품 때문에 올지, 그도 아니면 자체 생산보다는 해외에서 식량을 수입하려는 얼빠진 정부 때문에 올지 알 수가 없다. 우리 산업을 어떤 각도에서 보든지 간에 현 상황에서 가장 절실한 것은 바로 건강이다.

의존해오던 것이 무너지기 시작하면 우리는 본능적으로 그것을 고치려 하고 계속 지탱해 나가려 한다. 농업과 가루받이도 마찬가지다. 비료를 더 많이 쓰고 기생충과 질병을 퇴치하기 위해 화학약품을 더 많이 뿌린다. 벌이 1월에도 날아다니고 새끼를 낳게 하려고 고영양식을 더 많이 먹인다. 먹고사는 문제가 걸려 있으면 다른 식으로 생각하기 어렵다. 하지만 이런 노력을 그쳐야 할 때가 다가왔다. 물론 똑똑하고도 악의 없는 과학자들이 벌이 계속 살아갈 수 있도록 특별식을 개발할 수도 있다. 하지만 정상이 아니기는 마찬가지다. 그것 역시 근본 해결책이 아니라 벌어지고 있는 틈에 임시변통을 하는 것 아니겠는가? 지금은 이런 시스템을 더 이상 지속할 필요가 있는지 진지하게 자문해야 할 때다.

꿀벌 없는 세상, 결실 없는 가을

09

회복, 그리고 러시아 벌

버몬트 주 그린 마운틴에 있는 울창한 숲 30미터 상공에 검정벌 한 무리가 줄지어 날고 있다. 큰 눈과 단단한 몸집으로 보아 수벌임이 분명한 이들은 원을 그리며 천천히 산 위의 허공을 가른다. 이렇게 그들이 모이는 장소를 전문가들은 '수벌 회합 지역'이라 부른다. 선술집이라고 부를 수도 있다. 수컷들이 모여 어울리며 서로 정보를 나누는 곳이기 때문이다. 어떻게 그런 지점에 몰려드는지는 아무도 모르지만 지형과 기류와 관련이 있는 듯하다. 어쨌든 다들 거기로 모이는 방법을 알고 있다.

갑자기 배가 길고 미끈한 처녀 여왕벌이 스쳐 지나가면서 후각을 자극해 "총각들, 나 잡아봐라"라며 유혹한다. 순식간에 수벌들은 맥주잔을 버리고 추격을 시작한다. 이들은 '수벌 혜성'이라는 구름 형태를 띠고 우뚝 솟은 산 너머로 날면서 경쟁자들을 앞질러 여왕벌을 잡으려고 쏜살같이 날아간다. 마침내 한 마리가 여왕벌을 잡았다. 첫 비행에서 사랑을 얻은 이 행운아는 날고 있는 상태에서 여왕벌의 가운데 부분을 앞다리로 움켜잡고 배를 밀착시킨 후 몸속으로 음경을 밀어넣는다. 순식간에 그 둘은 산 너머로 날아가 사랑의 포로가 된다. 하지만 곧 참혹한 시간이 찾아온다.

말 그대로 수벌 일생의 정점인 순간에, 수벌의 아랫배로 압력이 아주 높은 공기가 밀려들어오다가 마침내 폭발한다. 절단된 음경과 더불어 수백만 마리 정자가 마치 발사된 어뢰처럼 여왕벌의 몸속으로 흘러들어간다. 수벌은 땅으로 떨어져 마지막 숨을 헐떡인다. 정자 속의 유전자는 마치 시체 도굴꾼처럼 새로운 몸을 찾아 이동한다. 쓸모없는 껍데기가 된 육신은 헌신짝처럼 던져버린 채.✿

하지만 여왕벌은 이제 겨우 몸풀기를 했을 뿐이다. 다른 수벌들이 쫓아오면 한 번에 하나씩 가장 빠른 몇몇 수벌을 골라 교미를 마친 후 그들이 하나씩 떨어져 죽게 내버려둔다. 여왕벌은 수십 차례 짝짓기를 하는 동안 구애자를 10~36마리쯤 받기 전까지는 결코 비행을 멈추지 않는다.

정력이 넘친다며 여왕벌을 탓해서는 안 된다. 여왕벌이 외출하는 일이라고는 짝짓기 비행을 할 때뿐이다. 외국으로 짧은 유학을 떠나 있는 동안 여러 남학생과 로맨틱한 시간을 몇 번 가지는 것뿐이다. 그 후에는 다시 벌집으로 돌아와 아이를 낳으며 산다.

✿이런 묘사도 있다. "짝짓기가 끝나는 순간은 수벌 생식기 속의 압축 공기가 '펑' 하고 터지는 소리로 알 수 있다."

꿀벌 없는 세상, 결실 없는 가을

다른 벌들도 어왕벌을 탓하지 않는다. 벌 사회에서 난잡한 교미는 득이 된다. 여왕벌의 페로몬은 수벌 몇 마리와 교미하느냐에 따라 달라진다. 그 페로몬 냄새를 맡을 수 있는 일벌 종자의 수도 마찬가지다. 그들은 여왕벌을 존중하며("핥고 문지르는 행동"을 보면 알 수 있다) 교미를 몇 차례 했는지에 따라 군주의 위세가 더 커지도록 돕는다. 봉군이 다양해지려면 세상을 살아나가기 위해 더 많은 유전자가 필요하기 때문이다.

여왕벌은 여러 수벌에게 받은 정자를 난관 근처의 특별한 주머니에 넣어둔다. 난자 여럿이 마치 컨베이어 벨트를 따라 이동하듯 다가오면 그 위에 정자를 떨어뜨린다. 여왕벌은 시종들이 주는 먹이를 받아먹으면서 출산을 계속하다가 2~3년 후에 기력이 떨어지고 난소 기능이 멈추면 결국 무정한 자식들에게 죽는다.

꿀벌의 짝짓기 비행은 매년 봄여름이면 세계 어느 하늘에서나 벌어지는 장면이다. 하지만 그린 마운틴 상공에서 벌어지는 화끈한 정사는 여느 짝짓기와는 조금 다르다. 교미에 관한 한 세상 어느 벌도 검정벌을 따를 수 없다.

러 시 아 에 서 날 아 온 희 망

1994년에는 살충제라는 최후의 방어 수단을 뚫고 꿀벌 응애가 북아메리카 전체에서 기승을 부리고 있었다. 바로 그때 톰 린더러가 러시아 태평양 연안의 거칠고 고립된 지역인 옌하이저우(연해주)를 방문했다. 린더러는 배턴루지에 있는 미국 농무부의 '꿀벌 사육 유전 생리 연구소' 소장으로서 꿀벌 응애와 싸우는 방법을 체득한 벌을 찾고 있었다. 옌하이저우에는 그런 벌들이 서식한다고 믿을 만한 근거가 있었다. 그가 알기로 옌하이저우의 벌들은 적어도 40년 혹은 그보다 훨씬 긴 기간 동안 응애와 함께 살아왔다. 아시아의 외딴 지역은 꿀벌이 선박을 통해 서양으로 수출되기 전 응애가 동양 꿀벌(Apis cerana)에서 서양 꿀벌(Apis mellifera)로 처음 옮아간 곳이라고 여기는 곳이다. 린더러는 여기에 지리적 고립이 더해져 옌하이저우가 최상의 후보지라고 여겼다.

린더러는 옌하이저우 지역을 돌아다니며 벌집을 직접 일일이 관찰했다. 그 결과 러시아 벌들이 벌꿀 응애에 대한 저항력을 얼마간 길러냈다는 희망을 얻었다. 응애가 만연하는데도 봉군은 큰 피해를 입지 않았다. 이듬해 귀국한 린더러는 전국을 돌아다니며 옌하이저우 여왕벌 50마리를 모아서 5년에 걸쳐 꿀벌 응애에 대한 저항력 검사를 실시했다. 한편으로는 배턴루지에서 동시에 미국 벌을 대상으로 동일한 검사를 실시했다. 확실히 러시아 봉군은 미국 봉군보다 응애를 적게 갖고 있었다. 어떻게? '자율 청결'이 한 원인으로 지목되었다. 그들은 몸에서 응애를 떼어내 벌집 밖으로 내던졌다. 어쩐 일인지 이탈리아 꿀벌(앞에서도 나왔지만, 이 책에 등장하는 꿀벌은 기본적으로 이탈리아가 원산이다—옮긴이)은 전혀 이런 모습을 보이지 않았다. 러시아 벌은 심지어 응애들이 밀랍으로 봉한 방에 든 새끼들을 갉아먹는 것도 알아냈다. 그러면 방에서 새끼들을 빼내 깨끗이 목욕시켰다.

1997년에 린더러는 옌하이저우 양봉가 16명으로부터 알을 많이 낳는 러시아 여왕벌 100마리를 미국 루이지애나 주로 옮길 수 있다는 허가를 얻어냈다. 그 벌들은 마초 같은 미국 수벌들이 찾지 못하도록

꿀벌 없는 세상, 결실 없는 가을

루이지애나 주에서 안개가 많은 지역인 그랜드 테르 섬에 격리되었다. 그리고는 러시아 여왕벌에서 태어난 수컷과 암컷들을 서로 교배시키는, 근래 없던 매우 중요한 사육 프로그램을 실시했다. 해마다 런더러는 최고의 벌들을 골라 교배시킴으로써 저항력이 큰 벌들을 많이 키워냈고, 러시아에서 온 활력 넘치는 벌들로 유전자 풀을 채워나갔다. 이 벌들은 모두 짙은 색을 띤다는 특징이 있는데, 노랑과 검정이 섞인 색보다 훨씬 더 불에 탄 듯 검게 보였다.

런더러는 드디어 2000년에 응애에 저항력을 보이는 러시아 벌을 처음 내놓았다. 이 프로젝트에 참여한 미시시피 강 유역 양봉가들은 벌들이 러시아산답게 추운 겨울을 무척 잘 견디는 모습을 보고 깜짝 놀랐다. 이탈리아 벌들은 벌통 1500개 중에 1300개가 죽었지만, 러시아산 벌들은 2000개 중에 고작 2개만 죽었다. 런더러는 2008년까지 해마다 새로운 러시아 품종을 내놓았다. 2008년에 마지막 품종을 발표한 뒤 그 후로는 업계 스스로 개발해나가도록 맡겼다. 오늘날 몇몇 벌 사육자들은 러시아 벌을 전문적으로 기른다. 하지만 커크 웹스터는 러시아 벌을 기르는 와중에 철저한 다윈 신봉자가 되었다.

벌 을 키 우 며 사 는 은 둔 자

러시아 벌은 양봉가들에게 끔직한 존재였다. 꿀벌 응애에 저항력이 높다는 점은 분명 높이 평가되었지만, 장점은 단지 그것뿐이었다. 러시아 벌이 이탈리아 벌과 교미를 하면 두 종의 특징 중 가장 나쁜 것만 섞인 벌들이 나오는 경향이 있었다. 이탈리아 벌처럼 꿀을 잘 만들지도,

러시아 벌처럼 생존력이 뛰어나지도 않았던 것이다. 하지만 순종 러시아 벌들도 양봉가들에게 익숙한 이탈리아 벌들처럼 행동하지 않았다. 꽃가루를 충분히 구할 수 있을 때까지는 새끼를 낳지 않았던 것이다. 그리고 꽃가루가 드물어지면 언제라도 새끼 낳기를 그만두었다. 봄이 오면 가장 먼저 새끼 낳기에 전념하여 주변 상황에 관계없이 겨울이 올 때까지 끊임없이 새로운 벌들을 생산하는 이탈리아 벌과는 완전히 달랐다. 봉군을 재빨리 나누어 벌통 핵(nuc)을 많이 팔아 생계를 유지하는 양봉가에게는 이런 벌이 알맞다.✿ 러시아 벌로 그렇게 하려는 양봉가들은 고객의 주문을 만족시킬 만큼 충분한 벌통을 만들지 못했다. 남부의 양봉 방식은 급속히 번식하는 이탈리아 벌을 모델로 삼았고, 특히 2월에 아몬드 가루받이를 위해 비행 부대를 가득 길러내야 하는 양봉가들은 러시아 벌의 보수적인 습성이 마음에 들지 않았다.

더 큰 문제는 봄에 봉군을 나누어 이동하는 러시아 벌의 습성이었다. 봉군이 나뉘면 절반가량이 아무도 모르는 곳으로 떠나버리기 때문에 양봉가들은 이 일을 방지하기 위해 무슨 짓이든 해야 한다. 남은 봉군도 새 여왕벌이 번식을 재개할 때까지 몇 주 동안은 번식 활동을 멈춘다. 봉군 나누기는 자연법칙상 건강한 방법이지만 경제적으로는 피해가 막심하다.

이탈리아 벌의 경우는 대개 봉군 이탈 시기를 짐작할 수 있다. 그

✿ 뉴크(nuc)는 봉군의 핵이다. 즉, 여왕벌 한 마리, 몇몇 일벌과 봉아, 그리고 몇 개 틀로 이루어진 벌통을 말한다. 취미 양봉가들은 봄에 이 벌통을 사서 꿀 모음판 한두 개를 더한 다음 봉군이 커지도록 놓아두었다가 가을에 수확한다. 이론적으로만 보자면, 이 봉군은 겨울을 버텨내며 무한정 유지된다. 그렇지 못하면 봄마다 늘 새로 사야 한다.

때는 벌통의 개체 수가 폭발적으로 증가한다. 벌꿀도 흘러넘친다. 여왕벌이 기거할 새로운 방도 갑자기 나타난다. 이런 징후를 알아본 양봉가는 재빨리 여왕벌을 사로잡은 다음 봉군을 둘로 나눈다. 다행히 공간이 충분히 남으면 벌들은 이동할 마음을 접을 것이다.

하지만 러시아 벌들은 아무 주저 없이 봉군을 나누어 떠나버린다. 심지어 개체 수가 너무 작을 때나 이탈리아 벌 봉군이 전혀 이동을 생각하지 않은 때도 그렇다. 이들은 언제나 여왕벌 방을 만드는 작업을 하기에 이 상황을 이동의 첫 단계로 여기는 양봉가들을 제 정신이 아니도록 만든다. 적어도 양봉가들은 그 상황을 늙은 여왕벌을 죽이고 젊고 알을 빨리 낳는 새 여왕벌로 바꾸는 '여왕벌 교체'로 여긴다. 여왕벌 교체는 봉군 이동의 단점이라고는 할 수 없지만, 몇 주 동안 벌이 새로 태어나지는 않는다. 시간을 들여 러시아 벌과 친숙해지려 했던 양봉가들은 여왕벌 방이 있다고 해서 반드시 여왕벌 교체나 봉군 이동이 조만간 일어나는 것은 아니라는 사실을 알아냈다. 러시아 벌은 단지 준비를 해놓고 싶을 뿐이다.

그렇긴 하지만 여왕벌 방을 마련되면 러시아 벌이 언제든지 떠날 수 있다는 뜻이다. 실제로 그런 일이 생기며, 특히 만물이 깨어나는 봄에 잘 일어난다. 예고도 없이 벌이 떠나고 나면 양봉가는 그만 넋을 잃고 만다.

커크 웹스터도 그런 일을 처음 당했을 때는 무척 난감했다. 버몬트 주 챔플레인 밸리의 양봉가인 웹스터는 2000년에 배턴루지 연구소에서 처음 내놓은 벌을 구입했다. 하지만 여왕벌 방이 마련되는 모습을 보면서 당황하던 차에 뜻밖의 봉군 이동이 일어나 벌 일부를 잃고 말았다. 봄인데도 봉군이 제 모습을 갖추지 못하자 안달이 났다. 하지만 웹스터는 여느 사람들과는 달랐다. 두꺼운 안경에다 희끗희끗한 턱수염을 덥수룩하게 기르고 불교식 명상을 통해 늘 평안을 유지하는 이 50대 남자는 "벌을 키우며 사는 은둔자"로 불렸다. 나무로 만든 소박한 집에서 승려처럼 사는 그는 러시아 벌이 들어오자 양봉을 부활시키려고 이미 여러 해를 바쳤다. 그는 양봉장에 러시아 벌을 적극적으로 들여왔다.

웹스터는 몇 해 전에 음식을 잘못 먹어 수은 중독에 걸렸다. 하마터면 심하게 앓다 죽을 뻔했다. 그 와중에 명상에 눈이 떴다. 무상이라는 개념에 편안해진 것이 무엇보다도 의미가 컸다. 웹스터는 돈, 소유, 격한 감정, 낡은 생각에 집착하지 않는다. 러시아 벌을 다룰 때 그런 점이 중요했다.

"러시아 벌은 완전히 다른 마음가짐으로 대해야 합니다." 이렇게 운을 뗀 뒤 다시 말을 이었다. "저는 러시아 벌이 정말 좋습니다. 완전히 사로잡힌 셈이죠. 러시아 벌 덕분에 꿀벌 응애 문제도 해결했으니 고맙기 그지없습니다. 이전의 다른 벌처럼 만들려 하지 말고 저절로 올바른 길에 이르도록 사고방식을 바꾸는 것이 중요합니다. 자질이 뛰어난 아주 좋은 벌이라고 생각합니다. 겨울을 거뜬히 넘길 뿐 아니라 먹이를 스스로 구하는 데도 아주 능합니다."

웹스터는 다른 양봉가들을 화나게 만들었던 러시아 벌의 특성이 실제로 벌의 생존에 도움이 된다는 사실을 알아차렸다. 봄에 봉군 이동을 하는 것은 꿀벌 응애 퇴치에 도움이 되었다. 응애는 봄에 벌 새끼 방에서만 번식하기 때문이다. 봉군 이동은 봉군이 분리되기 전에 알을 낳는 주기를 방해함으로써 새로운 여왕벌이 다시 시작할 때까지 알 낳기가 중단된다. 여왕벌을 교체하는 러시아 벌의 습성 때문에 알 낳는 주기가 더 쉽게 방해받기 때문에 꿀벌 응애가 번식하기는 더욱 어려워진다.

소규모로 월동하고 봄이 와도 꽃가루가 많아져야 봉군을 키우는 습성 또한 러시아 벌이 지닌 뛰어난 생존 전략이다. 이탈리아 벌은 저장된 먹이를 이용하여 계절을 가리지 않고 더 많은 벌을 낳는다. 꽃이 풍부한 이탈리아에서 진화한 벌이어서 줄곧 번식용으로 사육되었다. 가능한 한 벌을 많이 얻기에는 최적의 방법이다. 하지만 북부 지역 양봉장에서 자라는 이탈리아 벌은 저장해둔 꿀이 모자랄 만큼 수가 많아서 겨울 동안 종종 굶주림에 시달린다. 따라서 외부에서 먹이를 공급받아야 한다. 하지만 기후가 거친 데다 양봉 기술도 뒤떨어진 지역에서 온 러시아 벌은 감당할 수 있을 만큼만 정확하게 개체 수를 유지하도록 진화되었다. 그러므로 이들은 벌통 속 온기를 유지하기에 필요한 최소한의 개체 수만으로 겨울을 지낸다.

이 어두침침한 러시아 벌을 우리 인간이 쓰는 용어대로 숙명론자라 부르고 싶은 유혹이 생긴다. 고난의 역사를 안은 채 가차없는 환경에서 살아가는 그들은 유비무환의 마음가짐을 지닌 듯하다. 혹독한 겨울이 닥치면 여왕벌이 죽고 병과 침입자가 찾아오며 먹이를 항상 구하기 어려울 수도 있다. 따라서 알을 한 바구니에 담지 않고 분수에 넘치는 생활은 하지 않으며 여왕벌은 필요한 만큼만 둔다.

한편 금빛 찬란한 이탈리아 벌들은 지중해의 평안 상태가 끝없이 이어지리라 믿는 듯하다. 지금 여기서 살기도 좋은데 군이 이동할 이유가 무엇이란 말인가? 알 낳기를 그만둘 이유가 있는가? 밖에 나가면 꽃이 널려 있는데 굳이 어려움에 대비해야 하는가? 이탈리아 벌의 생애는 낭만의 연속이다.✿

하지만 마냥 그럴 수만은 없다. 현실이 열악해지면 거친 러시아 벌은 살아남지만 이탈리아 벌은 죽는다.

나도 러시아 벌에 푹 빠졌다. 웹스터를 도와 22킬로그램이 나가는 벌꿀 틀에서 경주용 자동차처럼 빠른 속도로 꿀을 캐내느라 8월을 거의 다 보내고 있을 무렵이었다. 러시아 벌은 부지런해 보였다. 벌통 밖으로 수천 마리가 날아가더니 수확물을 들고 돌아와 다시 수 킬로미터 떨어진 곳에 있을 꽃을 찾아 곧바로 날아갔다. 검은 소나기구름이 애디론댁 산맥 쪽에서 짙게 몰려오더니 번개가 서쪽 하늘을 갈랐다. 덮개를 씌우자고 했지만 웹스터는 서둘지 않았다. 그리고 이렇게 말했다. "저길 봐요. 벌이 여전히 날아다닙니다. 벌은 언제 비가 내릴지 알고 있어요." 들판 위에 있던 벌들이 깔때기 모양으로 한데 모여 벌통을 향해 새까맣게 몰려오면 덮개를 씌울 때가 된 것이다.

자연의 방식을 올곧게 따르는 것은 웹스터가 살아가는 원칙이었다. 그는 1972년에 고등학교를 졸업하면서 버몬트 주에서 가장 큰 챔플레인 밸리 양봉장에서 일을 시작했다. 그리고 전설적인 양봉가인 찰스 므라즈(Charles Mraz) 밑에서 일했다. 이 사람은 벌침을 관절염 치료에 응용한 선구자였다. 웹스터는 벌이 사람뿐 아니라 생태계도 살

✿ 이런 여유는 작은벌집딱정벌레까지 확장된다. 이탈리아 양육 벌은 이들에게도 먹이를 준다고 알려져 있다. 하지만 러시아 벌은 작은벌집딱정벌레를 사정없이 쫓아낸다.

릴 수 있다는 사실을 배웠다. 대학을 졸업한 후에는 매사추세츠 주 콩코드에 정착해 벌을 치기 시작했다. 일은 잘되었다. 당시는 양봉 황금기로서 꿀 가격이 좋았고 기생충이나 질병도 거의 없었다. 그는 특히 여왕벌 기르기에 마음이 끌렸다. 여왕벌의 성품이나 기질뿐 아니라 여러 세대를 이어가는 방식에도 정통하게 되었다. 차츰 그는 벌의 사육자라기보다는 젊은 군주의 시종이 되었다. 꿀벌 응애가 나타났을 때 이런 가치관은 톡톡히 진가를 드러냈다.

1980년대에 콩코드는 굉장히 값비싼 동네가 되었고, 그가 그랬듯이 소박한 삶을 찾는 이들이 대거 몰려왔다. 그러자 웹스터는 챔플레인 밸리로 양봉장을 옮겼다. 그곳은 낙농장, 옥수수 밭, 허름한 헛간 들이 있는 평평한 땅으로서 관광 안내지에 소개된 버몬트 주보다는 위스콘신 주와 비슷하다. 봄여름에는 벌을 돌보고 겨울에는 돈벌이로 목수 일을 했다. 1991년 버몬트에 불경기가 닥치자 목수 일이 바닥났고, 그 후로는 벌 키우기에만 전념했다.

양봉장에서는 여왕벌 키우기가 가장 중요한 일이었기 때문에, 일찍부터 웹스터는 임시변통보다는 총체적인 해결책이 더 필요하다고 굳건히 믿고 있었다. 무엇보다 벌이 건강해야 했다. 그런 뜻에서 〈아메리칸 비 저널〉에 꿀벌 응애에 관한 경험담을 연속 투고했다. 아래는 그 가운데 하나다.

건강한 양봉의 미래를 모색해오던 나는 자연 그 자체, 양봉과 관련한 옛 서적과 잡지, 근대 유기농 양봉의 선구자들이 쓰던 방식이야말로 지난 8~10년 동안 양봉업계에서 논의하고 출간한 내용들보다 훨씬 더 유익하고 고무적임을 알게 되었다. 당시 사람들에게 주어진 자원은 극히 적었지만, 그래도 그들은 자신에게 닥친 문제를 독창적인 방법으로 해결하려고 열심히 노력했다. 자연을 깊이 들여다보고 균형과 안정의 사례들을 찾아다녔으며 작물과 가축에게 언제나 가장 귀한 것을 주었다.

웹스터가 지닌 세계관의 중심은 유기농 운동의 아버지인 앨버트 하워드(Albert Howard) 경의 연구에 바탕을 둔 것이다. 하워드 경은 영국의 실용 식물학자로서 1900년대 초 인도에서 살았다. 그는 인도의 농업 방식을 연구하여 《농업에 관한 고백(An Agricultural Testament)》과 《흙과 건강(The Soil and Health)》이라는 책 두 권을 내놓았다. 1935년에는 그 연구 업적으로 기사 작위를 얻었다.

하워드는 동식물과 사람 모두가 건강하려면 성공적인 경작과 식량 생산을 통한 균형이 필요하다고 보았다. 어떤 농업 분야든 지속적인 번성을 이루려면 자연과 같은 평형 상태를 이루어야만 한다. 만물은 건강한 흙을 바탕으로 유지된다. 흙에는 분해 작용으로 부식토를 일구는 온갖 미생물, 식물을 건강하게 성장시키는 여러 미세 영양소, 그리고 물을 머금은 갖가지 토양 환경 따위가 담겨 있기 때문이다. 성장과 쇠퇴가 균형을 이루고 식물과 동물이 죽어 묻힘으로써 토양은 비옥해진다. 건강한 농장에서 자라는 작물과 가축은 농부의 도움을 거의 받지 않고도 건강을 유지할 수 있고, 그런 농산품을 먹고 살면 건강해진다.

하워드는 '불균형'이 일어나면 자연이 알려준다고 믿었다. 그 사실을 알려주는 존재는 기생충과 질병인데, 이들은 생태계에 문제가 생겼을 때에야 가끔씩 활동에 나설 수 있다. 그런 면에서 기생충과 질병은 농부의 적이 아니다. 사실 이들은 돌이킬 수 없는 재해, 즉 작물과 동물이 유전적으로 약해지거나 토양 고갈이 나타나기 전에 생태계의 허약함을 알려주는 역할을 한다.

이처럼 커크 웹스터는 중요한 관찰을 통해서 응애를 대하는 전통적인 관점과 양봉 방법에 대해 긍정적으로 바라볼 수 있었다. 양봉가들에게 응애란 혐오스러운 이빨로 봉군과 생계를 모두 망쳐버리는 악마의 앞잡이다. 이런 분위기 속에서 느닷없이 웹스터는 〈아메리칸 비 저널〉에 "응애는 내 친구"라고 밝히는 기사를 실었다.

응애가 적나라하게 드러두워 일으킨 생태계 불균형의 문제점을 찾아내기는 어렵지 않았다. 과도한 이동, 1억 마리 이상이 '도시'에서 빽빽이 몰려 살기, 과도한 노동 등은 벌을 나약하고 하고 면역력이 떨어지게 만들었다. 웹스터는 단지 벌들이 이 같은 요소에 얽매이지 않도록 함으로써 문제에서 벗어날 수 있었다. 하지만 핵심적인 문제가 그리 쉽게 해결되지는 않았다. 유럽 꿀벌은 지난 200만 년간 꿀벌 응애에 노출된 적이 없었기에 자연 방어력이 갖춰지지 않았다.

기생충과 숙주는 견뎌낼 만큼 균형 상태를 이루며 공진화(共進化)한다. 숙주를 모조리 죽이는 공격적인 기생충 종은 스스로도 죽고 말지만, 덜 공격적인 종은 숙주의 개체 수를 유지하며 살아남는다. 꿀벌 응애와 아시아 꿀벌은 오랜 세월 동안 그런 식으로 평화로운 관계를 지속해왔다. 아시아 꿀벌에 붙어 사는 꿀벌 응애는 오직 수벌 방에서만 번식할 수 있기에 1년 중 짧은 기간 동안만 번식할 수 있고, 따라서 수도 자연스레 제한된다. 하지만 꿀벌 응애와 유럽 꿀벌의 부자연스러운 관계는 비행기와 기차와 자동차에 의해 심화되어 엄청난 불균형을 초래했다. 유럽 꿀벌은 봉아들의 방이 크고 번데기로 지내는 기간이 길기 때문에 응애가 1년 내내 번식할 수 있었다. 기하급수로 늘어난 응애는 재빨리 벌통을 장악하고 말았다. 수십 년이 흐르면 이 불균형은 해소될 테지만, 그 와중에 양봉업과 산업 영농은 절름발이가 될 수 있다. 살충제로 꿀벌 응애를 억제할 수는 있지만, 앨버트 하워드 경이 경고했듯이 이 과정에서 벌도 함께 나약해져 불균형이 초래된다. 그러면 결국 훨씬 더 끔찍한 '교정' 조치가 필요하다.

커크 웹스터는 다른 방법이 있다고 생각했다. 1998년에 그는 응애와 싸우기를 멈추는 대신 이 기생충을 통해서 배울 점을 찾자고 마음먹었다. 그는 더 쉬운 해결책이 있었다면 그렇게 하지 않았을 것이라며 아쉬워했다. 이전에는 어느 사람들처럼 효과가 더 이상 나타나지 않을 때까지 아피스탄을 썼다. 그 다음에는 강력한 호르몬 교란제인 체크마이트가 기다리고 있었다. "그때 나는 질주하던 마차에서 뛰어내린 셈입니다. 여왕벌은 내 일에서도 가장 근본이기 때문에 약을 치고 싶지 않았습니다. 모든 게 파멸을 향해 달리는 화물열차라는 생각이 들었고, 그렇다면 아예 일찌감치 파멸을 겪기로 했습니다. 그러면 회복도 일찍 오려니 했습니다."

알고 보니 그때는 과감한 시도를 하기에 좋지 않은 시기였다. 2000년은 끔찍할 만큼 기후 조건이 나빴던 것이다. 하지만 웹스터는 벌을 억지스럽게 대하지 않았으며 수천 봉군이 죽어가는 모습을 지켜만 봤다. 겨우 몇 개만이 살아남았다. 경제적으로나 심정적으로 큰 타격을 받았지만, 웹스터에게는 이미 새로운 관점이 자리하고 있었다. 웅애는 적이 아니라 문제 해결을 돕는 존재였다. 문제는 바로 나약해진 벌이었다.

현재 나를 비롯한 유럽인의 조상은 흑사병과 천연두를 이기고 살아남았을 것이다. 우리가 지금까지 살아 있으니 선조들은 운이 좋았다. 누구도 그 전염병이 단지 재앙이었을 뿐이라고 주장하지는 않을 것이다. 또한 흑사병 덕분에 우리의 유전적 복원력이 향상되었음을 부정하지는 못할 것이다. 면역 체계로 유지되던 몸을 오늘날 항생제와 살균제가 장악하는 바람에 우리 몸은 아마 어느 때보다도 전염병에 더 취약한 상태일 것이다.

수십 년간 이탈리아 꿀벌이 사육된 까닭은 질병 회복세가 빠른 것과는 무관하다. 벌꿀을 최대한 생산하는 일이 급선무였고, 그러려면 벌을 최대한 많이 번식시켜야 했다. 온순한 기질이 핵심이다. 기생충과 병에 대한 저항성, 월동 능력, 검약한 기질 같은 독립적 특성은 저평가되었다. 왜냐하면 그런 문제는 화학약품으로 해결하는 편이 더 효과적이었기 때문이다. 추운 계절이 다가오면 값싼 비용으로 따뜻한 플로리다로 옮기면 될 것을 군이 누가 월동 능력이 있는 벌을 찾겠는가? 이른 봄 새 여왕벌과 벌통 핵을 남부의 사육자나 호주로부터 비교적 저렴하게 구입할 수 있는 마당에 누가 군이 독립심 강한 벌을 구하려고 신경을 쓰겠는가?✿ 고과당 옥수수 시럽이 싸게 흘러넘치는데,

✿ 북부 지역에서는 일부 양봉가들이 기르던 벌들을 한해살이 농작물처럼 취급하며 가을에 모두 죽인다. 그렇게 하면 꿀은 몽땅 얻으면서도 겨울에 먹이를 줄 필요가 없어지는 것이다. 그리고 매년 봄마다 벌을 새로 산다.

스스로 먹이를 찾아나서는 벌을 기를 이유가 있는가? 화학약품 재벌 회사를 통해 온갖 살충제와 곰팡이 제거제와 항생제를 당장에 구입할 수 있는데, 몇 년씩이나 공을 들여 응애와 질병에 견디는 벌을 기를 이유가 있는가?

우리는 이미 위험한 비탈길에 들어섰다. 벌들에게 고된 떠돌이 생활을✿ 감당시키면서 아몬드 가루받이를 위해 억지로 번식하게 하는 행위는 분명 벌 고유의 특성을 잃게 만든다. 자연의 뜻을 거스르고 벌을 착취하는 짓이다. 언젠가 필요해지기까지 사람들은 그런 특성을 우리가 잃어버렸다는 사실조차 인식하지 못할 것이다. 우리가 원래와 다른 방식으로 자연을 조작할 수는 있어도 그와 함께 몰락할 가능성도 늘 지고 가야 한다.

웹스터는 이 문제와 관련하여 양봉업계를 사정없이 비판했다.

양봉업은 산업 영농 분야 가운데 최초로 와해 위기를 겪는 불명예를 안게 되었다. 무슨 뾰족한 수가 있는 양 가장하지 말자. 우리에게는 더 이상 작물을 가루받이해줄 벌이 충분하지 않다. 벌들의 상태가 나빠질 때마다 우리는 그들의 스트레스를 덜어주기는커녕 오히려 가중시킨다. 벌을 더 자주 이동시키고 더 많은 독성 물질에 노출시키거나 적응력이 검증되지도 않은 벌들을 데려와 벌통을 채우기에 급급하다. 날씨, 응애, 시장, 신종 질병, 소비자, 중국인, 독일인, (희생양으로 삼기

✿ 데이브 하켄버그는 이렇게 말한다. "실제로 우리는 트럭을 타고 다닐 수 있는 벌을 키웁니다."

꿀벌 없는 세상, 결실 없는 가을

제일 좋은 온갖 나라) 사람들, 다른 양봉가, 가공업자, 과학계, 가스값, 지구 온난화 등 온갖 요소들을 비난하지만 정작 일어나고 있는 사태의 본질은 외면한다. 우리는 생명체를 돌보는 능력을 잃어가고 있다. 도대체 왜?

이처럼 신랄한 비판으로 웹스터가 동료 양봉가들에게 큰 인기를 얻으리라고 생각할 수 없다. 게다가 그는 평판에 관심이 없는 듯하다. 어쨌든 커크 웹스터가 패러다임의 일대 혁신을 마음에 품었음은 틀림 없다. 치명적인 유기 인산 화합물로 벌을 살리자는 주장을 듣고 나자 그는 문제의 핵심을 간파했다. 가축화와 산업화, 그리고 화학약품 사용(물론 다른 농업 분야도 마찬가지)이 사태의 근본 원인이며 응애는 오히려 문제 해결을 돕는 존재임을 깨달은 것이다.

이 생각은 아주 진보적이다. 마치 가축을 방목하는 사람이 늑대와 코요테를 사업 동반자로 여기는 상황과 비슷하다. 경제 시스템이 아니라 자연 시스템에 따르자는 발상이다.

또한 가난을 기꺼이 받아들이자는 사고방식이다. 물론 웹스터는 오랫동안 그렇게 살았다. 실제로 그는 꿀벌 응애가 저지른 학살에서 살아남은 몇몇 벌들을 모아 길렀다. 모든 벌들이 꿀벌 응애에 저항력을 보이지는 않았다. 단지 운이 좋아 살아남은 벌들도 있었다. 하지만 이 생존자들의 후대로 내려갈수록 선조에 비해 저항력이 조금씩 더 커졌다. 각 세대마다 유전자 보따리에 숨어 있던 저항력이라는 보물을 하나씩 찾아냈다. 웹스터는 잘 해나가고 있었다. 그렇긴 하지만 꿀벌 응애의 힘이 너무 거세니 생존자가 많지 않았다. 따라서 근친교배의 위험성이 높아져 갔다.

다행히 2000년이 되자 러시아 벌이 구원의 손길을 보내왔다. 그는 러시아 벌 3품종을 구입해서 양봉장에 들여왔다. 이전 벌의 유전자는 몇 세대 만에 사라져버렸다. 러시아 벌이 훨씬 생존력이 강했던 것이다.

자연의 순리에 맡기자 웹스터의 벌들은 더욱 튼튼하게 자랐다. 하지만 독성이 약한 응애도 함께 자라고 있었다. 아피스탄, 체크마이트를 비롯한 여러 화학약품으로 상태가 약한 응애를 죽여 유전자 풀에서 제거하면 내성이 더 강한 응애가 나타난다. 웹스터는 물론 더 강한 응애를 좋아하지 않았지만, 벌이 더 튼튼해지자 응애가 전혀 없는 것도 좋지 않다는 사실을 깨달았다. "벌의 겨울 생존율이 70퍼센트에 이르자 응애를 죽이는 것보다는 살려두는 편이 더 나았다. 응애가 30퍼센트를 계속 솎아내 주기 때문에 과학자들이 쓰는 방법보다 훨씬 쉽고 저렴하게 최상의 봉군을 얻을 수가 있었다. 과학자들은 끈끈이 판에 응애를 올려놓고 수를 셀 뿐 아니라 관찰하려고 아주 많은 시간을 들이는데도 말이다. 지금 내가 전하고 싶은 말은 응애에게 맡겨두라는 것이다."

웹스터는 고도의 장치로 염기서열을 찾고 현미경으로 응애를 들여다보거나 신약 개발을 시도하는 대신에, 생명이 탄생한 이래 자연이 써왔던 방식 그대로 문제를 해결하기로 했다. 대단한 인내심이 필요한 방법이다.

개체 수가 급감하면 흔히 재앙으로 여기기 쉽지만 자연은 가끔씩 그런 방식으로 문제를 해결한다. 내가 사는 지역에서 예전에 치명적인 공수병으로 여우 80퍼센트가량이 죽었다. 그 재앙으로 나약하고 병에 걸리기 쉬운 동물들은 모두 죽었지만 저항력이 훨씬 커진 여우가 태어나 예전 수준의 개체 수를 다시 회복했다. 이런 팽창과 수축의 주기는 재빨리 번식하는 곤충 같은 생물체에게 정상적인 현상이다.

꿀벌 응애가 기생하는 경우 벌들은 파멸을 '원하는' 것처럼 보였다. 그런 현상은 병을 치유하기 위한 방법으로서 인체가 장을 청소함으로써 새롭게 활동을 시작하며 병을 치유하는 것과 마찬가지다. 야생벌에게 그런 청소가 시작되었고, 꿀벌 응애는 그들을 98퍼센트가량 제거했다. 그러자 현재 응애에 저항력이 있는 봉군이 미국 숲에 다시 나타나고 있다. 집벌들 역시 개체 수 감소를 원했다. 그들은 큰 사고를 겪고 나서 스스로 극복하길 바랐지만 사람들이 그렇게 내버려두지 않았다. 화학약품과 보조 영양제 등에 기대어 우리는 그 과정이 더 고통스럽게 오래 지속되도록 했다.

우리로서는 어쩔 수가 없었다. 벌은 심한 변동을 겪도록 설계된 자연계의 일부이기도 하지만, 팽창과 수축 주기를 감당해낼 수 없는 경제 현상의 일부이다. 몇 년이나 과일과 견과류 없이 지내려는 소비자가 과연 얼마나 되겠는가? 집벌들이 유전자를 새로 교체하는 동안 수입 없이 지낼 수 있는 양봉가가 몇이나 되겠는가?

많지 않을 것이다. 하지만 커크 웹스터는 그럴 수 있다. 7년 동안 러시아 벌을 키운 웹스터에게는 독립적으로 살아가는 양봉장이 생긴 반면, 다른 양봉가들은 꿀벌 응애 문제에서 거의 나아진 것이 없었다.✿ 내가 웹스터와 함께 일할 때 내 몸을 기어다니던 검정벌들은 가뭄인데도 건강이 넘쳤고 꿀도 최상이었다. 꿀과 밀랍을 실컷 보고 나서 집으로 돌아올 때 웹스터는 담담하게 말했다. "다들 방금 본 것이 있을 수 없는 일이라고 합니다. 사람들은 제가 분명히 사기를 치고 있다고 생각합니다. 살충제를 쓰지 않고도 벌이 5년 동안 살 수는 없다고 말합니다."

웹스터가 거둔 성공의 핵심은 자신의 양봉장에 가장 적합한 방식을 찾아냈다는 사실에 있다. 벌이 알아서 삶의 방식을 선택하도록 내버려두었기에 가능했던 것이다. 일찍 봉군을 이동하여 응애 번식을 줄였기에 웹스터도 일찍 봉군이 나뉘도록 도와주었다. 마침내 그의 양봉장은 세 봉군 체계가 확립되었다. 한 봉군(약 225개 벌통)은 전통적인 꿀 생산 봉군이다. 벌통이 챔플레인 밸리 농장에 흩어져 있었기에 클로버, 자주개자리를 비롯한 주요 꽃꿀 식물들이 근처에 풍부했다. 꿀을 많이 얻기 위해 이 벌통들은 봄여름 동안 벌의 수를 많이 불려야 한다. 더 이상 나뉘어서는 안 되고 새끼도 많기 때문에 꿀벌 응애에 가장 취약하다. 이들은 가을에 꿀을 아주 많이 만들긴 하지만, 대부분 겨울을 넘기지 못하고 죽는다.

나머지 700개 봉군은 벌통 핵과 여왕벌 기르기를 전담한다. 벌을 파는 양봉가들은 대부분 봄에 재빨리 봉군을 키운 다음(요기 베라라는 사람이 말했듯이 이런 점 때문에 겨울이 봄처럼 따뜻한 남쪽 지역에서 행해짐), 수많은 벌통 핵으로 나누어서 곧바로 팔려고 한다. 거친 벌을 키우고자 했던

✿ 벌을 더 나은 방식으로 기르려고 시도했던 이가 웹스터 혼자만은 아니다. 양봉가들이 순수 러시아 품종 벌을 기르려고 노력하고 있다. 미네소타대학의 매를라 스피벡(Marla Spivek)은 이탈리아 벌 중에서 응애에 저항력이 뛰어난 품종을 골라 길렀다. 하지만 그런 품종들도 저항력 없는 벌로 이루어진 양봉장에 섞여 살면 저항력이 약해질 수 있다.

　　　　　　　　　　　　　꿀벌 없는 세상, 결실 없는 가을

웹스터는 이런 방식을 혁신했다. 여름에 봉군을 나누고는 알아서 살아가도록 내버려두었다. 그는 여왕벌도 버몬트 주의 혹독한 겨울을 견뎌내기를 바랐다. 웹스터에게 5월 어버이날 선물용으로 구입하는 벌꿀은 그렇게 겨울을 이겨낸 벌에게서 나온 것이다.

여왕벌은 참으로 보석 같은 존재다.

대부분의 양봉가들은 벌통을 나눌 때 남쪽의 벌 사육자들에게서 번식력이 좋은 여왕벌들을 사온다. 이들을 여왕벌이 없는 벌통에 집어넣어 즉시 알을 낳을 수 있도록 하는 것이다. 새 여왕벌이 스스로 생기도록 내버려두면 시간이 너무 많이 걸린다. 더욱이 늙은 여왕벌이 천천히 쇠약해지다 죽고 새 여왕벌이 부화하여 경쟁자를 죽이고 알을 낳을 때까지 기다리면 경제적 손실을 겪는다. 새끼를 많이 기를 수 있는 몇 주를 허비할 뿐 아니라 가루받이와 꿀 생산에 쓸 벌이 더 적어지기 때문이다. 그래서 여왕벌을 새로 갈아치우는 편을 택한다.

양봉업계에서 요즘 대두되는 문제는 바로 이 여왕벌의 생존이다. 여왕벌은 오래 살지도 활발하게 알을 낳지도 않는다. 여왕벌 교체가 더욱 빈번해지고 있다. 일벌들은 비틀거리는 여왕벌이 보이면 쫓아내고는 번식력이 큰 여왕벌을 찾지만, 점점 더 찾기가 어려워진다.

여왕벌에게 무슨 문제가 생긴 것인가? 몇 가지 짚이는 데가 있다. 쿠마포스(체크마이트)를 투여한 벌통에서 자란 여왕벌은 거의 늘 나약한 상태다. 신체적 이상 증세도 보이며 벌통 속에 넣으려 시도한 횟수 가운데 5퍼센트만 받아들여졌다. 반면 쿠마포스를 투여하지 않은 여왕벌은 95퍼센트 받아들여졌다. 성체가 되어 쿠마포스에 노출되더라도 체중과 수명이 줄었다. 2007년 어느 연구에 따르면, 쿠마포스를 투여한 벌통의 경우 투여 후 6개월까지 제 기능을 하는 여왕벌 수가 75퍼센트나 줄었다.

한편 번식력에는 또 다른 측면이 있다. 쿠마포스는 수벌의 정자 생산을 절반으로 감소시킬 뿐 아니라 생산된 정자 자체도 6주 후면 죽고 만다.(꿀벌 정자는 여왕벌 몸속에서 여러 해 동안 살아남아야 한다.) 심지어 플루밸리네이트(아피스탄)도 정자 생산과 수벌 생존력을 감소시킨다.✿ 여왕벌에게 살아 있는 정자가 바닥나서 더 이상 일벌을 낳지 못하기라도 하면 곧 여왕벌 교체가 눈앞에 닥친다.

심지어는 플루밸리네이트와 쿠마포스 사용을 멈춘 양봉가들도 안전권에 들었다고 장담할 수 없다. 밀랍은 화학약품을 스펀지처럼 빨아들인다. 살충제는 밀랍에 축적된다. 일벌이 쿠마포스로 오염된 벌집에 노출되면 수명이 크게 줄어든다는 연구 결과가 나왔다. 쿠마포스와 플루밸리네이트가 함께 쓰이면 어떤 상승효과가 일어나는지는 알 수 없지만, 머라이언 프레이저의 살충제 연구 자료를 보면 맥이 풀릴 정도다. 중서부 지역에서 한 양봉가를 만나던 장면이 계속 마음속에 떠오른다. 분명 벼랑 끝에 처한 상황에서 그는 눈을 부릅뜬 채 동료 양봉가에게 고함치듯 이렇게 말했다. "우리는 지금 전혀 납득이 안 되는 일을 하고 있다고! 불법일지는 모르지만 적어도 내 벌은 아직

✿ 응애를 "부드럽게" 퇴치하는 새로운 방법은 포름산을 이용하는 것이다. 포름산은 유럽에서 다년간 이용되었다. 벌은 포름산에 대해 응애보다 10배 이상 잘 견딜 수 있기 때문에(이 문제에 관한 한, 사람보다도 잘 견딤) 적절히 사용하면 매우 효과적이다. 사용 매뉴얼을 읽지 않은 양봉가는 포름산을 사용하다가 벌을 죽이는 것은 물론이고 줄곧 손가락에 화상을 입고 폐에 손상을 입었다. 포름산이 수벌의 번식력과 수명을 줄인다는 증거도 있다.

　　　　　　　　　　　　꿀벌 없는 세상, 결실 없는 가을

살아 있네!" 만약 이 말을 듣고서도 꿀을 사러 근처 유기농 양봉가에게 달려가지 않는다면, 도대체 무슨 말을 더 해야 하는가?

인공수정된 여왕벌도 의심스럽다. 벌을 기르는 사람들 사이에 이 일이 새롭게 유행된 까닭은 인공수정은 유용한 특성을 지닌 수벌의 정자를 선택할 수 있기 때문이다. 하지만 여왕벌은 수벌 여러 마리와 교미하지 않으면 오래 살아남을 수 없고, 살아남아서도 안 된다. 15마리 수벌과 교미한 여왕벌이 이룬 봉군과 단 한 마리와 교미한 여왕벌이 이룬 봉군을 비교한 연구 자료가 있다. 이에 따르면, 유전적 다양성이 확보된 봉군이 벌집을 30퍼센트 더 만들고 먹이도 39퍼센트 더 많이 저장했으며 8자 춤도 더 많이 추고 질병에도 더 잘 견뎠다.

웹스터를 비롯하여 자연 방식을 따르는 양봉가들은 여왕벌을 사들이지 않는다. 지역 환경에 잘 적응된 벌을 얻는 것이 목적이라면 작은 텍사스산 토박이로 벌통을 계속 채워나간다고 해서 도움이 되진 않는다. 환경이 어떻든 살아남아 번성하는 벌들 중에서 여왕벌과 수벌을 골라내야 한다. 이런 점이 흥미로운 까닭은 각 세대마다 부모에게는 없었던 재능과 특성을 갖추어나가기 때문이다. 계속 더 나은 벌을 얻을 수 있다는 말이다.

하지만 이 일도 벌을 제대로 알고 있을 때라야 가능하다. 수벌들은 여왕벌과 사랑의 탱고를 출 기회를 잡으려고 멀리서 날아온다. 이렇게 모인 벌들이 어디서 왔는지 또는 어떤 능력을 감추고 있는지는 알 수 없다.

그래서 자기만의 벌 품종을 개발하려면 다른 봉군과 멀리 떨어질 필요가 있다. 예를 들면, 외딴 곳을 찾기 위해 톰 린더러는 그랜드 테르 섬으로, 커크 웹스터는 그린 마운틴으로 갔던 것이다. 버몬트 주에서 챔플레인 밸리는 최적지다. 농장이 드넓은 데다 자연을 소중히 여기는 이들이 많으며 살충제가 적기 때문에 벌들에게 천국의 장소다. 하지만 그린 마운틴은 그렇지 않다. 해발 900미터 높이여서 침엽수가 가득하며 5월에도 눈발이 날리는 곳이기 때문이다. 따라서 벌의 먹이가 많지 않다. 다른 양봉가들은 아무도 이곳으로 벌을 데려오지 않는다. 웹스터는 가끔씩 이곳에 살고 있는 야생 봉군을 우연히 발견하면, 거친 유전자를 지닌 이들을 양봉장으로 받아들인다. 그는 여왕벌을 모두 높은 지대에서 키우다가 계곡으로 데리고 내려와 새끼들을 낳게 한다. 아프리카 벌을 제외하면 이 벌들은 북아메리카에서 유일하게 스스로 문제를 해결해냈다. 과학자와 화학약품, 그리고 비상시 개입하는 인간의 도움 없이 자신들만의 문화를 굳건히 이룬 것이다.

웹스터도 과학기술 그 자체에 반대하지는 않는다. 과학적 방법이 많은 발전을 가져왔다는 사실은 그도 잘 알고 있다. 하지만 그것이 늘 최선책은 아니라는 점도 알고 있다. 통제된 연구로는 한 번에 한두 가지 변수만 다룰 수 있다. 따라서 과학은 한 가지 문제를 일단 가능한 한 작은 단위로 분해해놓는다. 그런 다음에 한 번에 한 가지씩 살피며 어떤 요인이 변수를 조작하는지 알아보려 한다. 이를 통해 미세한 부분에 대한 지식을 쌓아간다.

하지만 수많은 변수와 피드백 고리가 깃든 복잡한 시스템을 다루면서 과학은 그만 손을 들고 만다. 인간의 영양 섭취 분야에 엄청난 관심을 쏟았으면서도 초보적인 발전만 이룬 것을 보라. 또한 여전히 부정확하기만 한 기상 예측도 마찬가지 예다. 과학의 목표는 시스템

꿀벌 없는 세상, 결실 없는 가을

을 조작하고 통제할 수 있도록 어떤 현상의 원인을 밝혀내는 것이다. 우리는 지식과 통제라는 개념에 사로잡혀 세상을 직관의 눈으로 대하는 태도를 무시한다. 때로는 조화를 이루며 살기 위해 꼭 그 시스템을 완벽히 알지 않아도 된다.

비서구적인 지혜의 전통에 뿌리를 내리고 있는 웹스터는 스스로 목표를 알고 있었다. 인간의 영웅적인 간섭과 기술에 의존하지 않는 양봉 방식을 확립하는 것이었다. 그는 자신을 포함한 양봉가들이 처한 문제는 모두 인간의 과학기술에서 비롯된 것이라고 보았고, 그래서 벌들의 족쇄를 흔쾌히 풀어주어 그들 스스로 양봉장을 키워나가도록 내버려두었다. 그는 벌들의 상태를 지켜보며 돌보는 역할만 하면 그만이었다.

그는 글을 통해 이렇게 설명했다. "나는 건강을 이루는 모든 요소(안정성, 복원력, 다양성, 생산성)가 함께 작동하고 자라나는 체계를 설계하려고 했다. 그 구성 체제가 알려져 있든 아니든 상관없이 말이다. 자연은 우리보다 훨씬 더 크며 자연이 제 방식대로 작동하도록 맡겨두는 편이 벌에게나 우리에게나 미래를 여는 핵심이 될 수 있다." 조금 있다가 이렇게 덧붙였다. "자연에 대해 모든 것을 알 수는 없겠지만, 그 자애로운 보살핌과 보호 속에서 일하며 살아가는 법을 배울 수는 있다. 과거에도 사람들은 그렇게 살았고, 우리라고 해서 나중에까지 지금처럼 살지 못할 이유는 없다. 지금 우리는 약육강식을 바탕으로 한 파괴적인 경제와 사회 체제 속에서 살고 있다. 이를 대체할 진정한 대안은 바로 자연의 보살핌 속에서 살아가는 방식이다. 우리가 그렇게 생계 활동을 이루어나가면 자연은 한없이 악화되는 현재에서 벗어나 치유의 길을 걷는다.

물론 오랫동안 가난을 받아들여야 한다는 문제가 있다. 하지만 가난이란 무엇인가? 메리엄 웹스터 사전에서는 가난을 "돈이나 물질이 일상적 내지 사회적으로 필요한 정도보다 부족한 상태"라고 정의하고 있다. 하지만 오로지 경제적 관점의 뜻일 뿐이다. 어떤 이가 이웃과 똑같은 신발이나 미니밴 또는 스테이크를 살 수 없어서 열등감 혹은 적어도 슬픔을 느껴야만 진정으로 가난이 정신적이고 물질적인 압박을 일으킬 수 있다. 하지만 삶의 목적이 "농장 주변에 자리를 잡아서 화초를 가꾸며 사는 것, 특히 시골에서 벌을 치면서 아름답게 사는 것"(이 정의는 메리엄 웹스터가 아니라 커크 웹스터가 내린 것이다)이라면, 가난도 전통적인 건강한 존재 방식과 흡사해 보인다.

웹스터가 보기에 농업의 문제는, 현대식 경제체제에 편입되어 농부들이 어쩔 수 없이 사업가처럼 생각하고 일할 수밖에 없다는 것이었다. 농부가 사업 소질이 있다는 것 자체는 잘못이 아니다. 하지만 적어도 환경 의식이 있는 사람이라면 농업을 다른 산업처럼 운영해서는 안 된다. 사업은 무한히 성장한다는 가정에 입각해 있다. 사업을 시작하는 사람은 5개년 계획을 세운 후 많은 돈을 빌려와서는 이자를 갚고도 충분한 수익이 남기를 바란다. 새로운 소비자들이 물밀듯이 몰려와 돈을 벌게 해주는 피라미드식 영업과 비슷하다. 또한 언제나 더 많은 제품을 생산할 수 있다는 가정이 바탕에 깔려 있다. 회사가 아무리 커져도 늘 더 많은 제품을 만들 것으로 여긴다. 만약 코카콜라와 엑손의 경영 상태가 안 좋으면 주주들은 사정없이 이 회사들을 비판한다.

하지만 그 세계에 생물학적 체계가 깃들어 있다면 암을 제외하고는 모두가 끊임없이 성장만 계속하지는 않는다. 건강한 농장은 자연이 점차적으로 성장하고 쇠퇴하며 균형이 잘 유지되는 순환 주기를 따른다. 경제성 측면에서 성장이 이루어지려면 땅을 더 많이 확보하거나 일정 영역 내에서 더 많이 생산해야 한다. 지난 반세기 이상 이런 경향이 농업의 기본 방식으로 자리 잡았다. 하지만 그 어떤 것도 무한히 계속될 수는 없다. 땅은 유한하며, 농부들이 땅에서 더 많은 수확을 얻도록 해주었던 기술혁신도 대부분은 장기간 지속될 토양의 건강을 희생함으로써 얻은 결과다. 화석연료와 마찬가지로 수백만 년간 형성된 자원(비옥한 토양)을 한바탕 흥청망청 써버리는 방식이다.

농업을 다른 산업의 잣대로 바라보아서는 안 되지만, 경제가 기본 척도가 된 세상에서 어떻게 해야 다른 가치를 추구할 수 있는가? 영화관의 주간 집계가 영화 자체에 대한 평가보다 더 자주 신문에 실리는 세상이다. 9.11 테러부터 허리케인 카트리나에 이르기까지 온갖 재앙이 나라에 닥쳐도, 우리는 다우존스 지수를 보며 피해 규모를 가늠한다.

여러 해 동안 양봉가들은 성장 기반의 경제 체제 안에서 일해야 한다는 압박을 느껴왔다. 하지만 그런 압박 속에서도 그들이 돌보는 벌들은 번성하지 않았다. 젊은 양봉가들이 왜 이렇게 적은가? 어린이들은 인플레가 만연한 세상에서 먹고살기 위해 발버둥치는 부모를 보면서 그렇게 살지 않기로 마음먹었다. 사업가가 되길 원했던 양봉가들은 '규모의 경제'라는 원칙을 따랐다. 큰돈을 빌리고 다른 양봉장을 사들이고 더욱더 몸집을 부풀리면서 감당할 수 없을 만큼 꽃가루가루받이 지역을 확대해왔다.

웹스터의 생각은 달랐다. 실로 국가의 산업 경향이 그 자신과 벌들을 더 큰 불행으로 이끈다고 이해한 그는 질주하는 기차에서 내려 다른 길을 걷기로 결심했다. 그는 사업식 모델을 따르고자 하는 동료들에게 아래와 같이 자급자족의 길을 가도록 권유했다.

> 양봉가는 벌꿀, 꽃가루, 여왕벌, 기타 벌 제품에 정통해야 한다. 아울러 전원 속에서 비용이 적게 드는 단순한 생활 방식을 즐기면 좋다. 시간과 돈을 자급자족 생활에 쏟아 여왕벌을 직접 기르고 양봉 장비와 시설을 짓고 용접을 하고 정원을 가꾸면 어느 정도 전반적인 경제 시스템의 불안전성에서 벗어나게 된다. 이 모든 일을 제대로 하려면 꽤 노력을 기울여야 하고 호황기라면 수입도 일부 줄어든다. 하지만 길게 보면, 양봉장이 더욱 안정되고 복원력이 좋으며 일하기 즐거운 곳으로 바뀐다.

생존의 기술

웹스터는 그의 양봉장을 이야기하면서 '복원력'이라는 단어를 자주 쓴다. 근래에는 어디서나 이 용어가 등장한다. 복원력은 한 체계가 불안정한 상태를 극복하는 능력에 초점을 맞춘 새로운 생태학적 개념이다. 웹스터는 복원 과학이 뭔지 들어본 적도 없다고 말했지만, 그가 쓴 글은 마치 복원 과학 입문서 같다. 복원력이 있는 양봉장은 바이러스, 기생충, 가뭄 같은 타격을 입더라도 다시 일어설 수 있다. 복원력이 부족한 양봉장은 똑같은 타격에도 무너지고 만다.

나는 복원력을 돛단배에 비유하곤 한다. 바람이 거세게 불수록 배는 더 잘 나간다. 돛단배의 바닥인 용골은 배가 더 많이 기울수록 더 높이 들리지만, 그와 동시에 아래로 당겨지는 중력의 힘도 함께 커진다. 아무리 배가 위아래로 출렁거려도 언제나 안정된 중심점으로 돌아온다.

하지만 늘 그렇지는 않다. 만약 돌풍이 심하게 쳐서 난간이 물에 잠기고 선체에 물이 들어오면 완전히 다른 상태에 빠진다. 즉 배가 뒤집히고 마는 것이다. 그리고 나면 설령 돌풍이 가라앉더라도 배는 이전 상태로 복구될 수 없다.

복원력은 시스템이 바람직하지 않은 상태로 전복되지 않도록 관리하는 기술이다. 복원력을 얻는 첫 단계는, 그 상태에 다다를 수 있을 뿐 아니라 그런 일이 예상보다 훨씬 빨리 일어날 수 있음을 솔직히 인정하는 데서 출발한다. 그런 조짐은 주변 어디서나 읽을 수 있다. 사람들은 규모를 줄이면 회복 가능성이 커질 거라 믿는다. 기울어진 돛단배에서처럼 말이다. 하지만 물고기 떼는 개체 수가 충분히 적어도 몰락할 수 있음이 밝혀졌다. 그 후로는 원인이 종료되어도 회복은 불가능하다.

2008년에 앤서니 이브스(Anthony Ives)는 〈네이처〉에 논문 한 편을 실었다. 이 논문은 간단한 방정식 하나로 불안정한 개체 수 변동의 회복과 붕괴를 설명하고 있다. 아이슬란드 미바튼(Myvatn) 호수에 서식하는 날벌레는 개체 수가 안정되어 있었다. 이들의 애벌레는 규조류를 먹으며 호수 침전물 속에 살았다. 일반적으로 날벌레는 개체 수가 늘면 규조류를 거의 남아나지 않을 때까지 먹어치운다. 그 시점에서 날벌레 집단은 굶어 죽어 몰락한다. 날벌레가 몰락하면 그 애벌레들이 접근할 수 없었던 바위틈에서 자라난 덕에 살아남은 규조류들이 다시 호수를 뒤덮는다. 이후에는 생존해 있던 몇몇 날벌레들이 다시 이 규조류들을 먹으며 살아가 또다시 개체 수가 폭발적으로 증가한다. 그러는 사이 물고기들은 그 애벌레를 주식으로 삼는다. 이런 식으로 호수에서는 규조류, 날벌레, 물고기들이 마치 돛단배처럼 오르내림을 되풀이하며 개체 수를 유지한다. 수백만 년간 나름대로 안정을 유지해온 호수에서 주민들은 물고기를 잡아 생활에 보탬을 얻었다. 그러다 1967년에 광물 채취 작업이 시작되면서 호수 바닥이 파헤쳐졌다. 역사상 처음으로 물고기 개체 수가 급감했다. 이브스는 그처럼 파헤쳐진 바닥을 먼저 뒤덮기 시작한 규조류가 더 이상 침전물 속에서 자라지 못하게 된 경위를 밝혀냈다. 날벌레가 굶어 죽자 물고기도 따라 죽었다. 이 준설 작업은 2004년에 중단되었지만 물고기들은 되살아나지 못했다. 물고기가 사라진 채로 새로운 안정 상태가 도래했다.

일단 복원력을 기준으로 바라보기 시작하면, 세상은 온통 바람직하지 않은 상태로 뒤집힌 시스템들이 모인 쓰레기장과 같다. 황폐해진 숲과 토양 부식이 대표적이다. 북극에서는 바다얼음〔해빙〕이 태양광선(그리고 태양열)을 거의 대부분 반사시키고 물은 흡수한다. 하지만 물이 더 많아지면 그 반대 현상이 일어난다. 심지어 민주주의도 스스로 보강되는 시스템 같지만, 일단 뒤집히면 회복되기가 극히 어렵다.

시스템이란 대부분 복잡한 관계와 피드백 고리로 얽혀 있기 때문에 충격을 어느 정도 가했을 때 갑작스런 변화가 일어날지 예측하

꿀벌 없는 세상, 결실 없는 가을

기가 무척 어렵다. 하지만 우리는 시스템을 너무 단순하게 생각한다. 우리는 홍수가 나더라도 비가 그치면 언젠가는 강이 이전과 같은 물높이를 회복할 거라고 믿는다. 하지만 홍수가 심하게 나면 강은 둑 위로 완전히 흘러넘쳐 새로운 물길을 내고 다시 회복되지 않는다. 우리는 돛단배나 추를 떠올리며 어느 한 방향으로 줄곧 흔들려도 곧 다른 방향으로 그만큼 되돌아간다고 여긴다. 하지만 시스템은 롤러코스터와 같다. 너무 멀리까지 밀어버리면 엉뚱한 비탈길로 넘어가 사라져버리는 것이다. 그리고는 되돌아오지 않는다.

효율성 대신 복원력을 중심으로 시스템을 운영하면 기본 토대가 단단해지므로 뜻밖의 전복 사태가 일어날 확률이 크게 떨어진다. 이렇게 하려면 예비 시스템, 방화벽, '뜻밖의 상황 예측' 따위가 필요하며 종종 단기적 손실을 무릅써야 할 때도 있다. 예를 들면, 선장은 배의 복원력을 높이기 위해 돛을 작게 하고 용골을 무겁게 할 수 있다. 두 방법 모두 배가 똑바로 서도록 해주지만, 그대신 속도는 줄어든다. 바람을 이용하는 효율이 낮아지기 때문이다. 가벼워서 빠른 속도로 항해하는 배와 경기를 하면 속도 면에서 뒤지겠지만, 그건 경기 중에 폭풍우를 만나지 않았을 때 해당되는 이야기다. 폭풍우에 뒤집힌 가벼운 배는 구조를 기다리는 신세가 되고 만다.

'호황일 때 결코 수입을 줄이려' 하지 않는 사업가들에게 복원력을 이야기하는 것은 악담이나 마찬가지다. 주주들이 결코 허용하지 않기 때문이다. 효율이라는 복음은 우리 문화를 이끈다. 기업들은 잉여 인력과 자원을 제거하기 위해 합병이나 규모 축소를 단행한다. 효율을 명목으로 가능한 한 모든 것을 외주로 처리한다. 하지만 외주를 맡기다 보면 미처 인식하지 못했던 보이지 않는 지원 시스템마저 잃게 된다.

이렇게 수십 년간 우리는 농업 시스템에서 마지막 한 방울 남은 효율까지 다 짜내 썼다. 그 와중에 복원력을 상실해가고 있다는 사실도 모른 채. 구획이 나뉜 축사에 가축(벌도 포함해서)을 수천 마리씩 가둬놓고 기계로 먹이를 준다. 더할 나위 없이 효율적이고 저렴한 방식이다. 하지만 그 효율이라는 것도 항생제에 내성을 가진 포도상구균 감염이 동물들을 싹쓸이하기 전까지만 해당되는 이야기다. 그러면 유기농 농장에서 외따로 지내는 소들이 갑자기 훨씬 더 소중해 보인다.

우리는 상호 연결성이 빛을 잃는 시대로 접어들고 있다. 월드와이드웹이 기세등등하게 등장한 이래 성공적인 삶은 어떻게든 세상 다른 지역과 연관된다고 믿어왔다. 하지만 시스템이 더욱 복잡해지고 서로 연결될수록 한 가지 사소한 문제가 전체를 무너뜨릴 가능성이 더 커진다. 실제로 2003년 미국 북동부에 발생한 대규모 정전 사태, 전 세계로 전파되는 병원균, 금융 시스템 등에서 직접 목격된 문제다. 경영 저술가인 제임스 수로비에츠키(James Surowiecki)는 이렇게 설명하고 있다. "여러 시스템에 작동 부분이 많으면 …… 일부는 반드시 붕괴된다. 만약 여러 시스템이 현재의 금융 시스템처럼 서로 긴밀히 연결되어 있으면, 고작 몇 부분만 붕괴되어도 그 피해가 시스템 전체에 파급된다. 본질적으로 시스템이 복잡하고 서로 관련되어 있을수록 안전성은 더 떨어진다."

캘리포니아에 질서 정연히 늘어선 75만 에이커의 아몬드 숲에서 이전보다 4배로 수확을 올린 것은 효율성이 가져온 기적이라 할 수 있

꿀벌 없는 세상, 결실 없는 가을

다. 이 기적을 위해 우리는 지역 양봉가들을 몰아낸다. 이들에게 의존할 경우 소중한 공간이 낭비되기 때문이다. 대신 전국 각지의 프리랜스 양봉가들에게서 약해빠진 150만 개 벌통을 빌려오는 효율적인 방법을 택한다. 예비용 벌이나 다른 대안, 다른 공급원은 없다. 만약 질병과 가뭄, 갤런당 10달러에 이르는 경유 가격 등 어떤 것에라도 문제가 생기면 사업 전체가 무너지고 만다.

아몬드만의 문제가 아니다. 사실상 우리 먹거리 대부분에 해당하는 단일작물들은 모두 산업 영농 시스템의 일부다. 따라서 엄청난 수확량이 지속적인 자원 공급에 기반을 두고 있다. 지하수, 꿀벌, 살충제, 이주노동자, 값싼 기름 등은 많은 자원 중 일부에 지나지 않는다. 커크 웹스터가 〈아메리칸 비 저널〉에 썼듯이, 양봉업은 붕괴 중인 산업 영농 시스템의 첫 번째 분야일 뿐이다. 현재 다른 분야도 피폐한 상태이기는 매한가지다.

이런 맥락에서 볼 때 CCD를 유발한 단 한 가지 요인을 열심히 찾는다는 건 핵심을 놓치는 일이다. CCD는 꿀벌 응애와 마찬가지로 더 큰 질병, 즉 화석연료, 화학약품, 나쁜 생활 방식, 현대문명의 속도 등이 함께 만든 질병의 한 증상일 뿐이다. 시스템 불균형이 핵심이다. IAPV, 이미다클로프리드, 플루밸리네이트 남용은 이 질병이 최근에 발현된 결과일 뿐이다. 따라서 거대 산업 영농이 지역 영농으로 대체되지 않는다면 늘 또 다른 기생충과 바이러스와 정체불명의 몰락 현상이 일어날 것이다. 웹스터는 이렇게 말한다. "우리는 계속 밑바닥을 파헤치고 있다. 늘 그 밑바닥만 발견하게 될 것이다. 단지 벌의 문제가 아니라 전체 환경이 죽어가고 있다."

다른 대안이 있을까? 농업 복원력을 되살려 아이들의 아침식사에 변함없이 크랜베리와 아몬드와 체리가 들어가게 하려면 어떻게 해야 하는가? 아마도 지금이야말로 벌 사회든 도시든 시골이든 가릴것 없이 복원력이 충분한 공동체를 이룰 요소들에 관해 생각해야 할 때다. 무엇보다 다양성이 필요하다. 다양한 서식지, 다양한 생활 방식, 다양한 생물, 그리고 다양한 유전자가 있어야 한다.

커크 웹스터는 다행히도 복원력과 다양성으로 가득 찬 지역에 살고 있다. 그는 복원력이 강한 벌을 기를 수 있고 복원력이 풍부한 양봉장을 설계할 수 있다. 하지만 그 벌을 위해서도 다양한 자연환경을 갖춰야 한다. 그는 버몬트 주의 이런저런 작은 농장들이 모인 지역과 묵정밭에서 그런 환경을 찾아낸다.

현재 버몬트는 놀랄 만큼 유기농 농장이 많은 본거지여서 이 지역 꿀벌은 복원력을 충분히 갖추고 있다. 또한 다양한 집벌과 야생벌들이 식물의 가루받이를 담당한다. 프린스턴대학의 클레어 크레멘이 최근에 연구한 바에 따르면, 자연 서식지 근처에 있는 유기농 수박 농장의 가루받이는 토박이 벌 품종이 담당하며 다른 종들은 관여하지 않는다고 한다. 수박 꽃에서 충분한 크기로 수박이 자라나려면 하루에 꽃가루 알갱이가 약 1000개쯤 생겨야 하는데, 근처 야생 지역 유기농 농장에서는 평균 1800개가 생긴다. 자연 서식지로부터 멀리 떨어진 유기농 농장은 하루에 600개가 나오는 반면, 자연 서식지와 가까운 일반 재래식 농장에서는 고작 300개만 나온다. 아마 살충제를 사용하기 때문일 것이다. 미개척지에서 멀리 떨어진 재래식 농장에서 자라나는 수박은 토종벌에게 가루받이를 받지 못한다.

정착지와 유기농 농장, 그리고 미개척지가 함께 섞인 곳이 확실히 가루받이가 잘된다.(사실 지난 1만 년 동안 존재했던 농업 방식도 이와 매우 유사하다.) 어떤 사람들은 CCD 사태가 실제로 이런 시스템으로 되돌아가기 위한 첫 단계라고 주장한다. 대단한 선각자인 배리 로페즈(Barry Lopez)는 꿀벌이 사라지는 현상에 대해 다음과 같이 말했다. "그리 큰 문제는 아니다. 생태학적 관점에서 보면 이 현상은 메이슨 벌(mason bee: 진흙으로 집을 짓는 습성이 있는 벌—옮긴이)과 같은 지역 곤충들이 다시 돌아올 수 있음을 알리는 징조다."

귀를 솔깃하게 하는 생각이다. 꿀벌은 어쨌든 외래 종이기에 이들을 없애고 메이슨 벌과 뒤영벌에게 가루받이를 모두 맡기자는 생각도 일리가 있다. 실제로 정부는 뒤영벌과 푸른 과수원 벌(blue orchard bee)을 포함하여 가루받이를 담당하는 여러 곤충을 기르는 비상 프로그램에 들어갔다. 이 프로그램은 예비 자원과 복원력을 양봉 시스템에 도입하려는 막바지 시도라고 할 수 있다.

하지만 가루받이를 담당하는 야생 곤충이 충분히 남아 있을까? 놀랍게도, 이에 대해서는 아무도 모른다. 과학자들이 망원경의 초점을 사과 과수원에서 숲으로 돌림으로써 토종 가루받이 담당자 역할을 누가 할 수 있을지 알아보기 시작한 것도 고작 몇 해 전부터다. 하지만 제대로 찾아내지 못하고 있는 실정이다.

이 모두가 조용히 다가올 대재앙의 첫 신호라는 사실은 당신도 분명 이해했을 것이다. 파급력이 막대한 이 재앙이 닥치면, 아마도 그라놀라가 줄어든 것쯤은 까맣게 잊을 것이다.

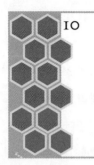

아름다운 생명체의
탄생

에덴동산을 찾고 싶다면 1억 년을 존재해온 벌과 꽃이 어우러진 정원
만 한 것은 없다. 우리는 그 속에서 풍부한 과즙과 다채로운 색상, 그
리고 눈부시게 다양한 식물과 향기를 접하며 살아왔기에, 꽃밭이 늘
지금처럼 존재해왔다고 여긴다. 하지만 전혀 그렇지 않다. 지질학 관
점에서 보면 지금 같은 정원은 근래에 생겼다. 꽃이 처음 그 모습을
드러내기 전까지 3억 년 동안은 육상식물이 존재했다. 양치식물, 침엽
수, 소철 등 육상식물은 바람의 도움을 받아 가루받이를 하며 번식했
기에 때로는 산들바람을 맞기 위해 높이 자라나기도 했다. 이들은 순
종 식물로 자라는 경향이 있었다. 이것은 바람으로 가루받이가 이루
어질 때 나타나는 성향이다. 소나무 꽃가루 하나가 날아가 솔방울 친
구를 찾아낼 확률은 100만분의 일이다. 거리가 멀수록 그 확률도 줄어
들지만 소나무가 밀집한 지역이라면 확률이 커진다.

석탄기에는 경쟁이 적었기 때문에 바람으로 가루받이가 이루어진 숲은 온 지구로 뻗어나갔다.✿ 급격한 변화가 좀처럼 필요하지 않았기에 줄곧 단순하게 살아갔다. 3억 년 전 지구에는 고작 500종이라는 육상식물이 있었을 뿐이다.

이런 식물들과 더불어 동물들도 있었다. 처음부터 곤충과 양서류는 수상식물을 먹이로 삼아 함께 살았고 이어서 3억 2000만 년 전에 파충류가 등장했다. 공룡과 포유류는 2억 4800만 년 전 트라이아스기에 출현했으며,✿✿ 조류는 2억 800만 년 전 쥐라기에 등장했다. 하지만 아직 꽃은 없었다. 공룡과 포유류는 1억 년 동안 지구를 어슬렁거리고 나서야 처음으로 과일을 볼 수 있었다. 비행 곤충들은 2억 년간 하늘을 누비고 다닌 후에야 과일을 만났다. 당시에 숲은 단조로웠다.

1억 4400만 년 전, 세 번째와 마지막 공룡기가 시작되던 백악기에도 지구상에는 고작 식물이 3000종만 존재했다. 침엽수만 무성하던 이 시기에 어떻게 새로운 종이 발을 디딜 수 있었을까?

그 후에 거대한 변화로 진입한다. 꽃을 피우는 속씨식물을 시작으로 색깔, 형태, 향기, 영리함과 기지를 두루 갖춘 식물이 출현함으로써 혁명적인 사건이 일어났다. 이들은 구조가 이전 식물들과 완전히 달랐기 때문에 찰스 다윈은 이들의 진화를 일컬어 "거대한 불가사의"라 했다. 딱정벌레와 파리를 비롯한 곤충은 식물 부위 중에서도 단백

✿ 이들이 퇴적되어 우리가 사용하는 화석연료가 생겼다. '석탄기'라는 용어는 그와 같은 배경을 안고 있다.
✿✿ 포유류는 공룡만큼이나 오래된 생물이다. 초등학교 5학년생을 가르치는 교사에게 이 사실을 알려줘 보라.

질이 많아 영양가가 높은 꽃가루와 밑씨를 좋아하게 되었다. 침엽수에게는 이런 점이 성가신 일에 지나지 않았지만, 일부 식물들은 어딘가에서 어떤 계기로✿ 이런 단점을 장점으로 바꾸기로 결심했다. 만약 곤충이 꽃가루를 싣고 간다면 다음 정거장으로 배달하지 못할 까닭이 없다. 번식에 필요한 자원은 수가 더 적고 더욱 복잡한 꽃가루 알갱이 속에 집적되었다. 왜냐하면 딱정벌레가 꽃가루 알갱이를 같은 종류의 다른 식물에게 곧바로 전달하는 편이 바람을 이용하는 것보다 훨씬 더 나았기 때문이다. 목표물을 찾아 폭발하는 스마트 폭탄(레이저 폭탄)을 이용하는 셈이었다.

스마트 폭탄 딱정벌레는 목표물로 곧장 날아갈 필요가 없다. 먹이를 취하는 동안 몸에 꽃가루가 붙으면 언덕과 골짜기 너머로 날아다니다 같은 종이면서도 더 맛있는 꽃가루를 찾는다. 나무들이 각각 수 킬로미터씩 떨어져 있을 수도 있지만 숲 전체에 침엽수가 퍼져 있기 때문에 작은 날개가 달린 스마트 폭탄은 곧장 다른 꽃을 찾아간다.

어느 정도 변형은 필요했다. 식물은 수억 년 전부터 곤충의 먹잇감이 되지 않으려 애를 썼다. 하지만 급작스레 등장한 이 새로운 식물들은 미래를 전부 걸고 자신들을 알렸다. 유혹의 수단으로 이들은 시나본 사(미국의 프랜차이즈 제과 업체—옮긴이)의 전략을 도입했다. 향기를 잔뜩 풍겨 세상이 그들에게 다가오도록 유도한 것이다. 또한 녹음이 우거진 곳 한가운데서도 시선을 사로잡을 수 있으려면 적절한 신호가

✿아마도 섬에서였을 것이다. 섬에서는 식물과 곤충이 몇백만 년간 그렇게 바뀐 시스템으로 진화할 수 있었다. 그 후로는 '실제 세계'에서 생물 간 경쟁이 치열해졌다.

꿀벌 없는 세상, 결실 없는 가을

필요했다. 남다른 색깔이나 대칭형 모양이 그런 요소일 것이다.

그 다음에 꽃이 탄생했다.

그러자 구경꾼들이 달려들었다.

꽃가루 나르기에 동원된 첫 곤충은 아마도 냄새나는 공룡 시체를 먹고 사는 데 익숙한 부류였을 것이다. 꽃이 똥이나 썩은 고기 냄새를 흉내 내면 파리와 딱정벌레가 금세 찾아든다. 썩은 고기 모양을 하고 있으면 속임수로 꾀기가 더 수월하다. 찾아든 딱정벌레가 코를 박고 나서 속았음을 알아차려도 이미 늦었다. 꽃가루가 몸에 붙었으니 말이다. 붉은 연령초와 앉은부채를 포함해 많은 식물들이 아직도 이 고약한 냄새 전략을 쓰고 있다.

물론 냄새 모방 식물은 대부분 곤충에게 줄 것이 없다. 이들은 꽃꿀을 만들어내지도 않고, 그렇다고 우연히 꽃가루를 나르는 전령 역할을 하는 곤충들도 늘 꽃가루를 먹는 것은 아니다. 곤충에게는 손해 보는 거래다. 소중한 시간과 에너지를 뜬구름 잡는 데 낭비하기 때문이다.

곤충이 필요로 하는 것을 준 식물이 진정한 성공을 거둘 수 있었다. 꽃가루를 조금 먹이고 일부를 나르게 한 다음 다시 돌아오게 만들었다. 기꺼이 물건을 사려는 구매자와 팔고 싶어하는 판매자가 많아졌다. 이제껏 본 적이 없는 큰 시장이 나타난 것이다. 속씨식물이 나타나기 이전에, 새와 도마뱀을 비롯한 여러 동물들은 건강함과 번식 능력, 그리고 같은 종에 대한 분노를 나타내는 신호로 깃털, 목주머니, 짝짓기용 뽐내기 등을 이용했다. 하지만 다른 종끼리는 의사소통이 거의 없었다. 이전까지는 식물들이 결코 동물을 끌어들이려 하지 않왔다.

하지만 그런 방법은 효과가 있었다. 이후로는 가장 속임수에 능한 종이 되려는 시합이 벌어졌다. 식물학자들이 소위 "속씨식물 폭발"이라고 부르는 현상으로 인해 백악기 초기에 3000종이던 식물 종은 말기에 이르자 2만 2000종으로 늘어났다. 오늘날 25만~40만 종에 이르는 식물들은 거의 전부 속씨식물이다.✿ 독창적인 방식이 번영을 불러왔다. 바람은 식물이 원하는 대로 행동을 바꾸지 않기에 속씨식물은 마치 사업가처럼 모험을 걸어 보답을 얻어냈다. 꽃들은 떨칠 수 없는 유혹을 일으키려 했고 모두 큰 성과를 거두었다. 시행착오를 통해 꽃의 모양, 색깔, 향기를 조합해냄으로써 인간은 물론이고 곤충들을 잔뜩 흥분시켰다.

처음 등장한 꽃은 구조가 아주 단순해서 암술머리 하나와 수술 여러 개가 한데 뭉쳐 있을 뿐이었다. 그래서 곤충이 어느 하나를 얻으려면 다른 것에 부딪힐 수밖에 없었다. 색이 화려한 꽃잎도 있었는데, 이것은 마치 백악기의 고속도로에서 식사 손님을 유혹하는 도로 표지판 역할을 했다. 식사 손님 중 일부는 꽃가루만 탐냈다. 말벌은 육식성이지만 뒤영벌을 포함한 많은 종들은 기회만 된다면 식물성 단백질도 조금씩 빨아먹는다. 약 8000만~1억 년 전인 백악기 중기에 말벌 중 일부가 초식성으로 바뀌었다. 이들이 첫 꿀벌이다. 이들은 털이 많아서 마치 날아다니는 대걸레처럼 온몸에 꽃가루를 묻히는 데 탁월한

✿박달나무, 미루나무, 잔디를 비롯한 일부 속씨식물은 바람에 의한 가루받이 방식으로 되돌아갔다.

솜씨를 보였다. 심지어 뒷다리에 꽃가루를 담기 위해 털 바구니까지 개발했다. 또한 꽃을 찾기 위해 성능이 뛰어난 겹눈과 더듬이까지 진화시켰다. 무엇보다 중요한 사실은, 이들이 바로 모든 사업가들이 고대하던 충성스러운 고객이 되었다는 점이다. 이들은 날마다 상점에 들러 여러 제품을 구입해갔다.

하지만 곧 상황이 복잡해졌다. 꽃을 피우는 식물이 세상을 정복하고 침엽수가 퇴보하면서 시장은 활기가 넘쳤다. 경쟁도 치열해졌다. 벌을 비롯한 다른 곤충들은 감당할 수 없을 정도로 근사한 단백질을 제공받았다.

모든 방송 채널에서 요란한 광고가 흘러넘치면 고객에게 경품처럼 특별한 선물을 제공해야 눈에 띌 수 있다. 몇백만 년 전에 플로리다 식당들도 똑같은 개념을 들고 나왔다. 일찍 찾아오는 손님에게 꽃들이 무료로 후식을 주기 시작했던 것이다. 암술머리와 수술 뒷부분에 꽃꿀을 두었다. 슈퍼마켓에서 통로 앞부분에 갖가지 제품들을 배치해 둠으로써 원하는 제품을 찾으러 가던 고객이 뜻하지 않게 그 물건을 집어들도록 유도하는 수법과 다를 바 없다. 사실, 꽃꿀은 후식 정도의 음식이 아니다. 비타민과 아미노산이 풍부하므로 스포츠 음료에 버금간다.

한번 퍼주기 시작하면 멈추기가 어렵다. 오늘날에는 대부분 꽃들이 꽃꿀을 제공한다. 이 꽃꿀 때문에 가루받이를 담당하는 곤충들이 몰려온다. 탄수화물은 생산 비용이 저렴하지만 단백질은 비싸기 때문에 이 거래는 꽃에게 이득이다. 손님에게 빵을 무제한으로 주는 대신 스테이크는 아끼는 전략이다.

하지만 가루받이 매개 곤충들은 대부분 동일한 먹이를 찾고, 꽃들은 그에 맞는 대접을 해야 하니 문제가 발생한다. 문제의 핵심은 각 꽃가루 소포를 다른 꽃, 그중에서도 동일한 종에게 직접 전달해야 한다는 점이다. 모든 이들이 같은 우편 서비스를 이용하면서 소포를 각 지점에 무작위로 내려놓는다면 정확한 주소로 배달되는 경우가 드물 것이다.

그런 상황이면 어떻게 해야 하는가? 개인 배달을 이용하는 방법이 있다. 오늘날 숲과 초원에서 볼 수 있는 다양한 꽃들은 그 덕분에 태어났다. 전문화가 관건이었다. 배달 서비스를 더 적게 이용하면서도 같은 서비스를 이용하는 경쟁자가 적을수록 잘못 배달될 확률도 줄어들 것이다.✿ 이러한 식물과 동물 사이의 동반 관계 덕분에 때때로 자연에서 극단적으로 황홀한 아름다운 생명체들이 태어날 수 있었다.

꽃 의   마 음 을   읽 는   법

꽃의 언어에 익숙해지면 시의 세계가 펼쳐진다. 꽃밭이나 초원을 거니노라면, 이전에는 화려할 뿐 영문도 모르던 것들이 갑자기 의미를 띤다. 이탈리아에서 오페라 아리아를 듣는 것과 같다. 언어를 몰라도 배우들의 감정과 선율을 감상할 수 있다. 하지만 배우들이 왜 그토록 열정을 쏟았는지 그 이유를 알고 나면 훨씬 더 깊이 몰입할 수 있다.

✿ 물론 배달 서비스를 한 군데만 이용하면 그 서비스는 업계에서 사라질 것이므로 곤란해진다. 이에 대해서는 나중에 자세히 설명하겠다.

꿀벌 없는 세상, 결실 없는 가을

타임스 스퀘어(미국 뉴욕 시의 중심부―옮긴이)는 일반 정원과 별반 다를 것이 없다. 빽빽한 인파, 현란한 간판, 네온사인, 생업에 분주한 모습 등이 꽃밭과 비슷하다. 눈이 휘둥그레질 정도로 다양한 상품과 서비스가 교환된다. 하지만 어떤 고객은 피자 한 조각을, 어떤 고객은 초밥을, 또 어떤 이는 한 시간 동안 친구와 지낼 호텔 방을 찾는다. 이렇듯 꽃밭에도 온갖 것들이 제공된다.

모든 꽃이 전문화를 좋아하지는 않는다. 때로는 맥도날드처럼 되는 편이 수지가 맞다. 짧은 시간에 음식이 나오고 값도 저렴할뿐더러 모두에게 열려 있고 기다리지 않아도 된다. 음식이 최고로 맛있지는 않지만, 좋아하는 음식은 거의 갖춰져 있다. 그 일반적인 꽃이 바로 민들레다. 민들레는 가루받이 매개 곤충들이 하루를 시작하는 아침 9시에 문을 열고 저녁에 닫는다. 여느 꽃들과 마찬가지로 손님이 뜸하거나 제품이 물에 젖을 우려가 있는 비오는 날에는 가게 문을 닫는다. 둥그런 노란 원반처럼 생긴 꽃은 맥도날드의 노란색 로고에 비견된다. 노란색은 가시광선 스펙트럼 중간에 위치해 있어 폭넓게 인기를 끌고, 작은 꽃잎 덕분에 작은 파리부터 뒤영벌에 이르기까지 모든 손님들이 쉽게 꽃꿀을 얻을 수 있다. 한편 민들레는 꽃꿀이 그리 많지 않기에 이들을 모을 특별한 수단을 갖춘 손님일수록 유리하다.

당연히 민들레에는 수백 종의 곤충이 찾아든다. 온갖 벌과 파리와 나비가 빈번하게 민들레를 찾는다. 또한 딱정벌레도 찾아온다. 이 가운데 민들레에게 극히 충성스러운 곤충은 없는지라 민들레 꽃가루 중 상당수는 엉뚱한 꽃 위로 떨어지고 만다. 만약 민들레가 희귀하거나 한꺼번에 모여서 자라지 않는다면 문제가 될 만하다. 하지만 잔디밭을 보면 민들레의 집중 전략을 간파할 수 있다. 땅 위를 어슬렁거리는 곤충은 조만간 다른 민들레를 찾지 않을 도리가 없다. 가루받이를 마친 민들레의 하얀 꽃에 씨가 잔뜩 달린 걸 보면 이 전략이 실로 효과 만점임을 알 수 있다.

이제, 조금 더 모으고 싶은 식물이 있다고 하자. 어떻게 모을 것인가? 가장 손쉬운 방법은 향기, 꽃 모양, 맛을 특정 종에 끌리도록 만드는 것이다. 한 가지 예를 들면, 나 같은 사람을 목표로 삼는 것이다. 나는 늘 원추리(daylily)에 코를 들이댄다. 내 코를 받아들이기에 충분히 큰 꽃잎은 말할 것도 없고 그 주황색 꽃과 알 길 없는 산속의 향기 때문에 그 매력에 취해 몸을 기울이지 않고는 견딜 수가 없다. 심지어 그렇게 빠져 있는 내 모습을 스스로 인식하지도 못한다. 아내가 힐끗 쳐다보고 "또 원추리에 코를 박고 있었어요?"라고 물어야 정신을 차린다. 그때서야 나는 코끝에 묻은 치자색 꽃가루에 정신을 빼았겼다는 사실을 깨닫는다.

한편, 나는 고약한 단내가 나는 협죽도(phlox)를 싫어한다. 가루받이에 관해서라면 나는 원추리 전문가라 할 수 있다. 만약 내가 정원에서 가루받이 매개를 맡은 유일한 존재라면 협죽도는 몇 년 만에 사라지고 원추리는 더 많이 피었을 것이다. 게다가 원추리는 각 세대마다 내가 무심결에 딴꽃가루받이를 해주었던 개인적인 기호를 더 잘 반영한다. 원추리는 가루받이를 도와줄 동물을 기쁘게 해주는 방향으로 진화한다. 무척 우아한 이 꽃은 끊임없이 스스로를 더 세련되게 다듬는다.

꽃이 쓰는 또 한 가지 수법은 접근을 제한하는 일이다. 이들은 주

꽃 판독법

가루받이 담당 동물	색깔	모양	꽃꿀	꽃가루	향기	특징	예
파리	흰색, 노란색	작다	소량	소량	다양	종종 함정에 빠뜨린다. 때로는 저층식물 속에 있다.	카카오, 끈끈이주걱
각다귀	갈색	뭔가를 에워싼 듯하다	소량	소량	버섯 향	주로 땅바닥에 낮게 깔린다.	야생생강, 쥐방울
청소 곤충	고기 색, 얼룩덜룩한 색	다양하다	없음	소량	악취	때로는 열을 발생시킴	붉은연령초, 앉은부채
딱정벌레	흰색	크다 / 찻종 모양	소량이거나 없다	많음	매움, 과일 향, 악취	꽃꿀을 따기에 넓은 공간, 종종 함정에 빠뜨림	목련, 칼라 (arum lily)
벌	푸른자주색, 흰색, 노란색	작은 관 모양 / 양쪽 대칭	풍부 / 종종 숨어 있다	소량	산뜻한 냄새, 방향	꽃꿀 길잡이 부분, 입술모양의 착륙 받침대	클로버, 투구꽃, 층층이부채꽃, 숫잔대, 사과, 아몬드, 메역취
나비	빨간색, 엷은 자주색	길고 가는 관 모양	풍부	소량	신선하면서 향긋함	꽃꿀 돌출부 및 길잡이 부분, 넓은 착륙 받침대	꿩의비름, 유액 분비 식물
나방	흰색	관 모양 / 착륙 받침대가 없다	풍부	소량	짙고 달콤한 향기	밤에 꽃이 핌	달맞이꽃, 밤에 피는선인장, 실난초
벌새	빨간색, 주황색	깊은 관 모양	다량	소량	없음	꽃잎이 튼튼함	향수박하, 수령초, 진홍로벨리아, 참매발톱
박쥐	흰색 (자외선대)	화분 모양 / 종종 꽃잎이 없음	다량 / 단백질 풍부	다량	짙은 향기, 쥐 냄새, 사향 냄새	밤에 꽃이 핌, 꽃잎이 크고 튼튼함	사구아로 (Saguaro) 선인장, 용설란
바람	없다	매우 작다	없다	미세한 가루 모양으로 매우 풍부하다	없음	암꽃과 수꽃이 떨어져 있음	옥수수, 박달나무, 소나무

둥이가 그리 길지 않은 파리나 딱정벌레가 닿지 못하도록 좁은 관 끝에 꽃꿀을 둔다. 반면에 간절히 바라는 손님인 벌을 끌어들이는 데는 좋은 방법이다. 왜냐하면 벌은 첫째, 열심히 일하기 때문에 웬만한 다른 곤충보다도 하루에 가루받이해주는 양이 훨씬 많고, 둘째, 몸에 털이 많아 꽃가루를 나르기에 완벽한 조건을 갖추었으며, 셋째, 특정한 종에 충성을 보이기 때문에 먹이를 찾기 위한 비행을 단 한 번만 할지라도 엉뚱한 꽃에 꽃가루를 떨어뜨리지 않기 때문이다.

벌의 시각은 빛의 스펙트럼상에서 인간보다 살짝 오른편에 놓여 있다. 자외선은 볼 수 있지만 붉은색은 볼 수 없다. 파란색과 보라색을 좋아한다.✿ 일반적으로 벌은 파리나 딱정벌레보다 꽃의 가루받이를 더 잘 이룬다. 파리와 딱정벌레는 색을 볼 수 없으며 하양이나 노랑처럼 밝은 빛깔을 띤 꽃을 향해 가는 경향이 있다. 그래서 푸른색과 보라색 꽃들은 벌을 단골손님 목표로 삼아 이들이 원하는 우수한 꽃꿀을 제공한다.

박하과 식물(박하, 샐비어, 야생 베르가모트, 꿀풀, 향수박하 등)은 색깔, 향기, 모양 따위로 온갖 비위를 맞추며 벌을 끌어들인다. 화관(花管)은 벌의 주둥이에 맞게끔 길다랗고 모양은 마치 매혹적인 입술 같다. 박하는 꽃 아래쪽 잎이 위로 올라와 받침대 모양을 이루고 있어 벌이 내려앉기에 안성맞춤이다. 벌은 먹으면서도 작은 헬리콥터처럼 공중에 떠 있을 수 있지만, 그러려면 연료를 소모해야 한다. 그러니 받침대는 아

✿ 하지만 이들은 더 나은 것이 나타나면 이전에 좋아하던 것을 빨리 버릴 줄 안다. 그래서 꽃꿀이 풍부한 과실나무의 연분홍 꽃은 비록 색깔이 최고가 아니라 해도 벌떼가 몰려든다.

주 고마운 부분이다.

　향수박하는 때로 붉은색을 띠는데, 벌은 이 색을 볼 수 없다. 그리고 실제로 이 꽃의 화관은 박하과 식물 중 가장 길어서 꿀벌에게도 길 정도다. 하지만 조제약이 섞인 모이를 제외하고는 이 꽃을 가장 좋아하는 벌새에게는 가장 완벽한 화관이다. 새들은 붉은색을 좋아하기 때문에 벌새 모이통도 붉은색으로 칠한다.✿ 벌새가 가장 좋아하는 꽃은 극도로 관이 긴 데다 향기가 없고(새는 냄새를 잘 맡지 못한다) 꽃꿀은 풍부하며 기분 나쁠 정도로 색이 빨간 유형이다. 그런 특이한 꽃이 실제로 존재한다. 북동부 지역 습지에 사는 진홍 로벨리아는 목이 루비처럼 빨간 벌새에게 가루받이를 거의 모두 맡긴다. 벌새를 키우려면 백화점에 가서 모이통을 사는 대신 진홍로벨리아를 사는 편이 낫다.✿✿

　가루받이를 돕는 동물은 꽃의 화관 길이가 늘어나도록 진화를 이끈다. 주둥이가 늘어나면 얕은 곳에 있든 깊은 곳에 있든 어떤 꽃꿀에도 닿을 수 있다. 화석 기록을 살펴보면, 가루받이를 돕는 동물들의 주둥이가 길수록 그 주둥이가 속으로 들어올 수 있도록 꽃의 화관도 길어졌음을 알 수 있다. 최근 북아메리카에서 급속도로 진화한 참매발톱꽃(Columbine)이 전형적인 예다. 주둥이가 긴 뒤영벌과 벌새로 가득한 이 지역으로 참매발톱꽃이 처음 들어올 때는 화관이 짧았지만 금세 지금처럼 화관이 극도로 길어졌다. 이 식물의 화관은 너무 길 뿐만 아니라 추처럼 아래로 드리워져 있어서 접근하기 어렵기 때문에

✿ 이런 까닭에 딸기류 열매도 대부분 붉은색이다.
✿✿ 하지만 매우 총명한 뒤영벌은 이 꽃의 볼록한 부분을 물어뜯어 꽃꿀을 맛볼 줄 안다. 당신도 숲에 가서 이런 식으로 만찬을 즐길 수 있다.

주둥이가 아주 긴 벌새만이 화관의 위쪽 끝부분에 있는 꽃꿀에 쉽게 닿을 수 있다.

하지만 윗부분이 비교적 평평하면서도 극히 작고 긴 화관 여러 개에 꽃꿀을 조금만 갖고 있는 붉은색 꽃이 있다면 어떻게 될까? 암페타민(중추신경을 자극하는 각성제―옮긴이)을 많이 필요로 하는 벌새의 생활 방식으로 볼 때 그런 꽃이 먹이로 적합할 리가 없다. 벌새는 먹이를 매우 빨리 소화시키기 때문에 깨어 있는 내내 먹지 않으면 굶어 죽는다. 벌새에게 깊은 잠은 치명적이다. 하지만 대부분은 대사활동을 거의 의식불명 상태로 줄여 마치 월동하듯이 지내는 매일 밤 시간은 예외다. 낮 동안에는 부적합한 식물을 찾아 시간을 허비할 여유가 없다. 하지만 나비는 빨간색을 좋아하고 바라는 것이 훨씬 소박하다. 이들은 헬리콥터라기보다는 글라이더처럼 생겼다. 위로도 제법 높이 날수 있지만 조밀한 지역에서는 제대로 날아다닐 수 없다. 또한 꽃 받침대가 꽤 넓어야 나비가 내려앉기 좋다. 나비는 그리 빠르지도 않고 가루받이를 많이 시키지도 않지만, 유유히 미끄러지듯 날아다니기에 멀리까지 딴꽃가루받이를 돕는 데 특히 능하다. 따라서 나비는 식물 개체군의 복원력을 높여준다.✿

그렇다면 소노란 사막의 전설적인 선인장인 달선인장(night-blooming cereus)은 어떨까? 밤에 꽃이 피기 때문에 보통 동물로는 안 된다. 파리, 벌, 나비, 새 들은 밤이면 곤히 잔다. 하지만 나방은 밤새 날개를

✿ 나비는 또한 아미노산이 풍부한 '스포츠 음료형' 꽃꿀을 좋아한다. 검사 결과, 아미노산이 풍부한 꽃꿀을 먹이로 받은 나비는 알을 더 많이 낳고 새끼도 많이 부화시켰다.

꿀벌 없는 세상, 결실 없는 가을

펄럭인다. 정원용 호스가 풀린 것처럼 생긴 주둥이를 가진 박각시나방이 달선인장의 파트너다. 밤에 다채로운 색으로 치장하는 것은 에너지 낭비일 뿐이다. 어떻게든 눈에 띄기만 하면 된다. 밤에 피는 꽃은 대부분이 흰색이다. 향기가 더욱 중요한 요소다. 짙고 자극적인 향기가 있어야 어둠 속에서도 구애자들을 끌어들일 수 있다.

특별한 대접을 요구하는 밤 손님도 있다. 사와로 선인장은 소노란 사막에서 밤에 꽃을 피우는 또 다른 식물로서 화분 모양을 한 꽃이 매우 커서 꽃꿀이 흘러넘칠 것처럼 생겼다. 사와로 선인장 꽃에는 꽃꿀이 평균 5밀리리터 들어 있다. 보통 꽃보다 무려 5만 배나 되는 양이다. 꿀벌 한 마리가 배불리 먹을 수 있는 양의 100배 정도다. 이 꽃이 막 피어날 즈음 가끔씩 꿀벌이 찾아오기도 하지만, 가루받이에는 아무 도움이 안 된다. 꿀벌은 자기 배만 채우고 벌통으로 돌아가 동료들에게 나가서 확인해보라고 알릴 뿐이다. 딴꽃가루받이가 일어나지 않는 것이다. 무의식적으로 가루받이를 돕는 동물은 코가 그리 길지 않은 박쥐다. 박쥐는 이곳에 핀 사와로 꽃으로부터 나오는 엄청난 양의 꽃꿀을 다 마시고도 배가 덜 부른 유일한 생명체다.

꿀벌은 또한 자주개자리의 계획을 간파해낸다고 한다. 다른 콩과 식물과 마찬가지로 자주개자리 꽃 속에는 교묘한 장치가 내장되어 있다. 그런데 꽃을 살펴보아도 암술이나 수술이 보이지 않는다. 용골판이라는 기울어진 착륙 받침대 아래 숨어 있기 때문이다. 벌이 용골판에 내려앉으면 그 무게 때문에 스프링에 감겨 있던 암술과 수술이 위로 들려 벌의 턱을 건드린다. 이 시스템의 묘미는 벌이 옮겨다니며 다른 종류의 꽃을 많이 만나더라도 또 다른 자주개자리 꽃의 수술을 만나기 전까지는 꽃가루가 벌의 턱 아래서 떨어지지 않고 붙어 있다는 데 있다.

크고 거친 뒤영벌과 알칼리 벌(alkali bee)의 경우 이 작전은 잘 통한다. 알칼리 벌은 유타 주 토박이 벌로서 땅에 보금자리를 마련하며 자주개자리 씨앗 가루받이에 상업적으로 이용된다. 한편 꿀벌들의 노동 계약에는 턱을 맞는 일이 포함되어 있지 않다. 그런 일을 당하기를 좋아하지 않는 꿀벌은 금세 자리를 피해 자주개자리 꽃의 측면에 내려앉는다. 꿀벌은 그 장치를 작동시키지 않으려고 발끝으로 서서 꽃꿀을 훔쳐 먹는다. 하지만 뒤영벌이 찾는 꽃들은 대개 이런저런 방법으로 꽃꿀을 숨기고는 뒤영벌이 재주껏 찾아내도록 맡겨둔다.

꽃꿀이 없는 토마토는 꽃가루 알갱이를 꽃밥 속 작은 기공 안쪽에 숨겨둔다. 꿀벌은 신대륙에서 온 토마토 종과 더불어 진화하지 않았기 때문에 이들을 어떻게 다루어야할지 모른다. 꽃에 내려앉아도 이리저리 살펴보다 날아가버린다. 하지만 뒤영벌 같은 일부 토박이 벌들은 비밀을 알고 있다. 이들은 꽃에 내려앉은 후 다리와 입으로 수술을 붙잡고 날개 근육을 진동시킨다. 진동수가 정확히 초당 300회가 되면 꽃가루 알갱이가 구멍 속에서 한들한들 새어나온다.

온실 토마토 생산은 뒤영벌의 통신 판매 사업을 온통 위태롭게 만들었다. 사람들은 마치 해피밀(맥도날드에서 판매하는 어린이용 패스트푸드—옮긴이)처럼 종이상자에 담겨온 뒤영벌을 온실에 풀어놓아 토마토 주변에 윙윙대게 만든다. 이제 수경 재배한 사과를 먹을 때는 뒤영벌에게 고마움을 표하자.

이른바 '윙윙 가루받이'는 식물이 통신원을 고를 때 쓰는 흔하디

흔한 전략이다. 토마토, 고추, 감자, 가지 같은 가지과(科) 식물뿐 아니라 블루베리와 크랜베리도 이 방법을 쓴다. 지구상에서 꽃을 피우는 식물 중 약 8퍼센트가 이 윙윙 가루받이를 필요로 하며, 대부분은 호주 원산 식물들이다.

꽃과 곤충은 이러한 협동 덕분에 함께 진화해왔다. 이들의 협력 관계가 단지 교미에만 해당되는 것은 아니다. 꽃은 가루받이가 다 이루어졌는데도 계속해서 그 동물이 안에서 얼쩡거리는 일을 결코 바라지 않는다. 결코 바라지 않는다는 것은 곧 어딘가 해코지할 우려도 있다는 뜻이므로 어떻게든 떠나는 편이 낫다. 식물이 홀로 있고 싶다는 뜻을 알리는 신호 방법은 여러 가지가 있다. 가루받이가 끝나면 색을 바꾸는 식물도 있다. 앞서 자주 등장한 아몬드는 꽃꿀이 자외선을 받았을 때 빛을 발한다. 이 네온사인 덕분에 꿀벌은 어느 꽃에 아직 먹이가 남았는지 알 수 있다. 난초과에 속하는 바닐라 꽃은 가루받이 후 30분 내로 꽃잎을 접으며 시들어버림으로써 의사 표현을 분명히 한다.

생태주의자 베른트 하인리히(Bernd Heinrich)는 뒤영벌이 수없이 토끼풀 꽃을 고른 후에야 어느 한 꽃에 내려앉는다는 사실을 발견했다. 그는 향기 때문일 것으로 여겼다. "나는 진지하게 꽃향내를 맡아보기로 마음먹었다. 클로버 꽃밭에 드러누워 눈을 감고 있으니 한 학생이 꽃을 내 코 가까이 댔다. 전혀 연습한 적도 없는데, 나는 88퍼센트 정확도로 각각의 꽃에 뒤영벌이 찾아왔는지 알아맞힐 수 있었다. 뒤영벌이 찾아오지 않은 꽃은 향기가 짙고 달콤한 반면, 이미 찾아든 꽃은 향기가 아주 엷었다."

고상한 꽃들

작은 소도시나 시골 지역에는 특정 상품만 파는 가게가 있을 리 없다. 고객이 한정되어 있기 때문에 많은 이들이 원하는 제품을 팔아야 한다. 하지만 도시는 인구가 많은 다문화 지역이므로 연을 파는 가게, 고급 치즈 가게, 컬트 비디오 가게 등 온갖 특이한 가게도 있게 마련이다. 사실 도시에서 소매업으로 성공하려면 특별한 수법이 필요하다. 꽃도 마찬가지다. 진짜로 특이한 꽃은 대체로 가장 크고 다채로운 시장인 열대 지역 한가운데서 그 모습을 드러낸다. 땅에 발을 딛고 사는 우리 눈에는 열대우림이 수많은 나무가 모인 덩어리로 보일 뿐이다. 하지만 진정한 꽃 잔치는 이른바 고층 초원인 30미터 상공에서 벌어진다.

나는 난초를 대할 때마다 늘 불가사의함과 알 수 없는 무력감을 느낀다. 내게 난초는 위험스러운 매력을 풍기는 요부처럼 느껴진다. 알고 보니 그 느낌은 옳았다. 곤충과 난은 미묘하게 뒤틀린 관계임이 밝혀진 것이다.

난초는 속임수를 쓰는 꽃이다. 마치 뛰어난 모사 화가 같은 어떤 독창적인 사기꾼 유전자가 그 속에 깃들어 있다. 그렇다고 해서 난초를 숭배하지 않을 수는 없다. 영민함은 이 꽃의 생존 전략이다. 온갖 약속을 해대며 곤충들을 끌어들이지만 그 약속을 지키는 법은 거의 없다. 다른 방법으로도 방문자를 맞이할 수 있는데 무엇 때문에 꽃꿀이나 꽃가루를 내준단 말인가?

어떤 난초는 꽃꿀이나 꽃가루를 제공하는 다른 꽃을 흉내 낸다. 가여운 곤충이 냄새를 통해 꽃 속에 아무것도 없음을 알아차릴 때쯤

난초는 그 곤충의 몸에 특수한 꽃가루 꾸러미를 붙인다. 그것도 미간 한가운데처럼 떼어내기 어려운 곳에. 이런 사실을 곤충이 모를 때도 종종 있다. 몸에 붙은 꽃가루를 슬쩍 훔쳐내는 일은 이 곤충이 그 다음에 찾아간 난초가 맡는다.

수많은 속임수를 구사하는 능력 덕분에 난초는 정말로 매력적인 꽃이 될 수 있었다. 먹잇감 외에 어떤 수단을 써서 곤충을 유혹할 수 있을까? 어떤 난초는 피난처를 제공한다. 또한 난초는 향기의 달인이다. 하지만 먹을 것과 마실 것보다 더 궁극적인 미끼가 있다.

바로 성(性)의 즐거움이다. 오프리스속(Ophrys 屬) 난초들은 암컷 말벌을 완벽하게 체현한다. 이들의 아랫입술은 모양과 향기, 그리고 감촉에 이르기까지 부드러운 털을 가진 매혹적인 암컷을 쏙 빼닮았다. 수컷은 급강하를 하여 이 가짜 '암컷'의 윗부분에 내려앉은 다음 일을 치르려 한다. 곤충학자들은 이것을 '유사 교미'라고 부른다. 이들은 자신의 짝이 흥분하지 않음을 알고는 좌절하여 다음 암컷으로 이리저리 옮겨다닌다. 수컷이 지칠 때쯤이면 이미 많은 꽃들에 딴꽃 가루받이가 이루어져 있다.

좀 더 정직한 성 거래는 중앙아메리카의 두레박난초와 황금벌 사이에서 이루어진다. 황금벌은 황금색, 푸른색, 초록색이 알록달록 빛나며 열대 지방의 작은 보석처럼 생긴 곤충이다. 황금벌 수컷은 두레박난초가 흘리는 향수 냄새에 약하다. 실제로 이 향기의 도움 없이는 짝을 찾을 수 없다. 노란 점이 박힌 이 난초는 실제로 두레박처럼 생겼고, 용 날개처럼 보이는 독특한 부분 속으로 변형된 꽃잎이 말려 들어가 있다. 이 꽃은 두레박에 매달려 있는 향기 샘 두 곳에서 향수

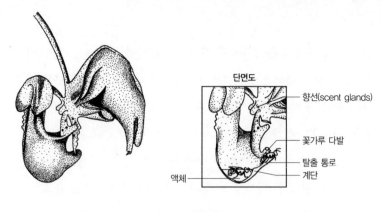

단면도

향선(scent glands)

꽃가루 다발

탈출 통로

계단

액체

:: 두레박난초

를 만든다. 황금벌 수컷은 금세 흥분해서 몰려들어 앞다투어 향기 나는 꽃을 차지하려 든다. 두레박의 얇은 가장자리에 앉은 다음 문질러서 뒷다리에 있는 저장샘에 향수를 담는다. 뜨거운 만남의 시간을 가진 후 돌아가서는 이 향수를 이용해 성 페로몬을 만든다.

하지만 가끔씩은 향수를 얻으려 출격한 황금벌이 미끄러져 두레박 속으로 떨어질 때가 있다. 두레박 속 액체의 높이가 머리 아래까지여서 빠져 죽지는 않지만, 끈적끈적한 액체에 젖으니 날 수도 없다. 이리저리 몸부림을 치다가 난초 속에 탈출구로 이어진 천연 계단을 발견한다. 몸에 꽉 끼지만 탈출구를 간신히 빠져나오면서 무심코 돌기에 몸을 비비게 되어 꽃가루 알갱이가 등에 붙는다. 마침내 탈출구를 빠져나와 자유를 찾을 즈음에는 몸에 붙은 액체가 마찰로 떨어져 나가 날아다닐 수 있게 된다. 그 후 다시금 여러 꽃과 데이트를 즐긴다. 며칠 후에 다른 두레박난초를 찾아 다시 꽃 속에 빠지면 탈출구를 지나갈 때 가루받이 목적으로 고안된 고리에 걸려 몸에 붙어 있던 꽃가루 알갱이가 떨어지게 된다.

꿀벌 없는 세상, 결실 없는 가을

더 이야기할 수도 있지만, 이 정도면 이해가 될 것이다. 자연계에 존재하는 그 많은 특징들은 식물과 가루받이 담당 동물이 동반자 관계를 이룬 덕분에 생긴 것이다. 어떤 것도 당연하게 여겨서는 안 된다. 우리 식단에서 80퍼센트 가량은 가루받이를 맡은 동물의 덕이고, 탁자 재료가 되는 단풍나무, 미국 남부 해안 지역을 안정화시키는 맹그로브 숲, 그리고 공기 중 탄소를 빨아들여 신선함을 공급해주는 열대우림도 마찬가지다. 우리는 꽃과 벌이 등장하기 전에 3억 년간 지속되었던, 바람으로 가루받이가 이루어지던 단조롭고 결실 없는 세상으로 되돌아갈 수도 있다. 나는 그런 세상을 바라지 않는다.

II

결실 없는 가을

후기 번식 시대, 몇 가지 전망

중국 쓰촨성에서는 수천 명 노동자들이 갓 피어난 배꽃에 모여들어 가지마다 조심스레 다가간다. 이들은 닭 털과 담배 필터를 붙여놓은 대나무 막대인 '가루받이 막대'를 나무에 매달린 플라스틱 꽃가루 병에 담근다. 그런 다음 꽃마다 이 막대를 갖다 대어 수십억 송이를 직접 손으로 가루받이한다. 꽃가루 알갱이를 얻기 위해, 막 피어나려는 꽃밥에서 꽃가루를 따내 종이 상자에 넣은 후 갓을 씌우지 않은 전구 아래 두어 말린다. 아니면 전기장판 위에 꽃가루를 펼쳐놓고 말리기도 한다. 봄 언덕에는 흰 꽃들이 수를 놓았지만, 벌은 과수원 어디에도 날아다니지 않는다. 농부들 말로는 수년 동안 곤충을 본 적도 없다고 한다. 모든 언덕배기에 배 과수원이 들어서고 살충제를 엄청나게 뿌린 후로는. 이동 양봉가들은 결코 이곳 근처로 벌을 데려오지 않는다. 따라서 '인간 벌'이 나설 수밖에 없다. 이 일은 위에 달린 가지까지 오를 수 있을 만큼 가벼운 여성(그리고 취학 전 아동)들이 맡는다.

하와이 카우아이 섬에서는 한 식물학자가 해발 450미터 상공 절벽에 매달려 수컷 알룰라(alula) 꽃에서 꽃가루를 모아 암컷 꽃에게로 옮겨준다. "꼭대기에 양상추를 얹어놓은 볼링핀"처럼 생겼고 키가 180센티미터에 달하며 즙이 많이 분비되는 이 꽃은 하와이의 깎아지른 절벽 위에서만 자란다. 유일한 가루받이 담당 곤충이었던 박각시나방이 사라지자 이 식물은 수십 년간 야생 번식을 하지 못했다. 라나이 섬과 마우이 섬에서는 멸종되었으며 카우아이 섬에만 남아 있는데, 겨우 100포기도 안 된다.✿

히말라야에서는 파산한 농부들이 과수원 사과나무를 베어내고 있다. 수년간 집중적으로 물을 대고 가루받이를 해주며 약을 뿌렸지만, 사과나무는 까닭 없이 과일을 맺지 못했다. 이유를 몰랐기에 그들은 그저 자신들이 뭔가 잘못한 점이 있을 거라고만 여겼다. 산에 우거진 숲이 사과 과수원으로 바뀌면서 곤충이 사라졌다는 사실을 몇몇 주민들이 마침내 알아냈다.

✿ 암벽 등반 식물학자인 스티브 펄만(Steve Perlman)은 30년 동안 알룰라 꽃을 손으로 가루받이해오고 있다. 그가 모은 씨앗은 종묘장에서 번식시키는 데 쓰였다. 이 종이 비록 야생에서 멸종될지라도 보존하기 위해서다.

멕시코에서는 바닐라 경작자들이 바닐라의 부드럽고 옅은 초록빛 꽃잎을 벗기고 이쑤시개로 꽃가루를 긁어낸 다음 암술에 옮긴다. 수분된 줄기는 자라서 바닐라 꼬투리가 된다. 오직 하루 동안만 피는 바닐라 꽃에는 꽃가루를 보호하는 갓이 씌워져 있는데, 숲을 없애자 그 갓을 펼치는 방법을 아는 벌침 없는 멜리포나(melipona) 벌이 사라졌다. 다른 곤충들은 그 비법을 터득하지 못했기 때문에 오늘날 세계의 바닐라 과수원은 사람이 손으로 가루받이를 해준다.

이 암울한 전망은 미래의 일이 아니다. 바로 지금 일어나고 있다. 사실은 이미 수년 동안 진행되고 있는 현상이다. 번식의 위기가 찾아왔다. 지구온난화와 마찬가지로 우리 곁에 다가와 있다. 이미 늦었는지도 모른다.

군집 붕괴 현상이 가져온 긍정적인 측면이 있다면, 농업이 꿀벌에 의존한다는 사실을 사람들이 새삼 이해하게 되었다는 점이다. 이 일천한 인식은 몇 년 전에 비하면 크게 향상되었다. 하지만 이 깨달음이 저녁 식탁에 국한되어서는 안 된다. 동물이 가루받이를 도와야 하는 식물은 농작물만이 아니다. 각종 과일과 씨앗도 마찬가지다. 다만 이들 대부분은 먹을 수 없어서 사실상 우리가 인식하지 못할 뿐이다. 하지만 넓게 보면, 바로 이들이야말로 우리의 건강과 번영에 기반을 이루는 존재다. 이들에게는 가루받이 매개 동물이 필요하며 그에 못지않게 동물에게도 식물이 필요하다. 이 둘은 함께 흥하고 함께 망한다.

이런 공생 관계를 보여주는 예로는 교살무화과(strangler fig)가 있다. 이름은 무시무시하지만, 교살 무화과는 열대우림의 핵심종이다.

핵심종은 건물로 치면 아치의 쐐기돌과 마찬가지다. 쐐기돌을 빼면 건물 전체가 무너지고 만다. 얼마나 많은 존재들이 무화과와 그 특이한 가루받이 방식에 의존하고 있는지 이해하고 나면, 그보다 훨씬 더 크고 정교한 생명의 그물망에 깃든 불확실성을 파악할 수 있다.

열대우림 어디서나 볼 수 있는 무화과는 1000종이 있다. 무화과의 습성을 고려해보면 이들이 숲 전체를 지탱할 만한 나무라고 보기는 어렵다. 무화과 씨는 땅에 떨어져 발아하지 않고 새와 원숭이 같은 동물 배설물 속에 섞여 나무 꼭대기 부분에 걸려 있다. 그곳에서 머리카락 같은 뿌리가 생겨나 땅을 향해 자란다. 그 뿌리들은 숙주(宿主)가 되는 나무를 휘감아 스스로를 지탱한다. 잎은 숙주목 가운데로 퍼져나가고, 뿌리들은 마치 가지처럼 두꺼워진다. 마침내 숙주목 줄기를 완전히 휘감아 질식시켜 죽이면 무화과는 그들에게서 영양 성분을 빼내 먹는다. 무화과나무는 숙주가 죽고 나서도 거대한 기둥처럼 뿌리를 뻗어 땅에서 물을 빨아들이며 100년 동안 살 수 있다.

무서운 재앙처럼 들리겠지만, 이 무화과나무가 우연히 걸려든 거목을 공격한 덕분에 지표식물이 많이 자라고 여러 종들이 서로 섞인다. 무화과나무 줄기에 난 틈새들은 작은 동물들에게 훌륭한 생활공간이 된다. 무엇보다도 무화과는 숲에서 가장 중요한 과일 공급원이라는 점이 중요하다. 무화과나무에는 1년에 몇 차례나 과일이 열린다. 뒷마당에 떨어진 무화과를 깔끔히 치워도 다시 풍성한 열매가 맺히는 것을 보면 알 수 있다. 무화과는 종에 따라 열매가 맺히는 시기도 다르기에 거의 1년 내내 영양가가 풍부한 과일을 제공한다. 많은 동물들이 무화과의 생산력에 의존해 살아간다. 박쥐, 원숭이, 긴팔원

숭이, 코뿔새(hornbill), 큰부리새(toucan)는 모두 무화과를 먹는다. 작은 포유류나 헤아릴 수 없이 많은 무척추동물도 떨어진 무화과를 먹는다. 이 동물들뿐만 아니라 그 포식자도 무화과가 없으면 살아남을 수 없다. 무화과를 없애면 열대우림 전체가 붕괴된다.

하지만 무화과는 각다귀처럼 작은 곤충에만 의존해 가루받이를 한다. 그 곤충이 바로 무화과말벌(fig wasp)이다. 무화과말벌의 모든 생활 주기는 무화과 안에서 일어난다. 실제로 무화과 꽃은 꽃잎 여러 장이 속으로 말려 포개져 있다. 해바라기를 공처럼 만든 다음 그 속의 빈 공간 한가운데에 많은 꽃잎들을 밀어 넣는 상상을 해보면 이해가 될 것이다. 대체 무화과는 어떻게 그 감추어진 꽃들을 가루받이할 엄두를 내는 걸까?

무화과의 독특한 특징으로는 도톰한 끝 부분에 바늘구멍처럼 패인 눈을 들 수 있다. 이 눈은 오직 무화과말벌을 끌어들이기 위해 존재한다. 그 속에는 물침대의 물막이 장치처럼 서로 맞물린 벽이 여러 겹으로 겹쳐 있다. 몸집이 아주 작은 무화과말벌만이 이 좁은 미로를 통과할 수 있다. 비록 가끔씩은 날개가 끼어서 떨어지기도 하지만.

무화과의 내부는 무화과말벌 암컷이 지구상에서 알을 낳는 유일한 장소다. 꽃에서 알을 낳는 까닭은 곧 분명해진다. 아무튼 암컷 무화과말벌은 무화과 꽃가루를 묻힌 채로 암꽃 속에 알을 낳아 완벽한 컵 모양을 만들고는 그 위에 보호막을 덮기까지 한다. 암꽃 중 절반은 길이가 짧지만, 나머지 절반은 길다. 따라서 산란관(알을 낳는 관)이 꽃 밑바닥에 닿지 않으므로 무화과말벌 암컷은 긴 꽃 속에는 알을 낳을 수 없다. 그런데 무화과 꽃 내부는 어둡기 때문에 배를 집어넣어 이리

꿀벌 없는 세상, 결실 없는 가을

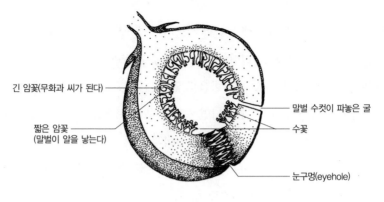

긴 암꽃(무화과 씨가 된다) ——
말벌 수컷이 파놓은 굴
짧은 암꽃
(말벌이 알을 낳는다)
수꽃
눈구멍(eyehole)

:: 무화과

저리 찔러봐야만 긴 꽃인지 짧은 꽃인지 알 수 있다. 따라서 주로 짧은 꽃 속에만 알을 낳긴 하지만 긴 꽃에도 딴꽃가루받이가 이루어진다. 긴 꽃이 가루받이를 하면 무화과 씨를 맺는다. 짧은 꽃은 무화과말벌에게 주는 사은품인 셈이다. 수꽃을 희롱하는 꽃가루는 눈 끝 주변에 따로 한 움큼 모여 있다.

무화과말벌은 알을 낳은 후에 죽는다. 몇 주 지나 무화과가 익을 즈음에는 그 알들이 부화하는데, 수컷이 암컷보다 하루 일찍 태어난다. 수컷은 땅강아지처럼 징그럽게 생겼다. 작고 날개도 없는 데다 거의 장님이나 다름없는 수컷은 음경이 몸 길이의 절반이나 되며 턱이 지나치게 크고 강하다. 한번 척 보기만 해도 이들의 삶에 유일한 임무가 무엇인지 짐작할 만하다. 수컷은 부화하자마자 짝짓기할 상대를 찾는다. 그리고 부화하지 않은 암컷을 싸고 있는 알 껍질 속에 구멍을 낸 다음 사정한다. 그 후에도 한 가지 임무가 더 있다. 무화과가 익으면 눈구멍이 닫혀서 더 이상은 아무것도 그 안으로 진입하지 못한다. 이렇게 출입구가 막혀버리면 무화과말벌 수컷은 무화과 눈 끝 부분으로 모이는데, 마침 여기에 무화과 수꽃이 있다. 무화과말벌 수컷은 벽을 갉아먹음으로써 6밀리미터 정도로 탈출구를 만든다. 하지만 수컷은 무화과를 떠날 수도 떠날 마음도 없다. 단지 암컷을 위해 굴을 파놓을 뿐이다. 일단 굴이 완성되면 수컷은 무화과 안으로 들어와 죽는다. 그러면 암컷은 탈출구로 기어가 무화과 수꽃 위로 배를 끌며 지나가는 중에 꽃가루를 묻힌다. 자유를 찾아 꿈틀거리던 암컷은 알을 낳을 처녀 무화과를 찾아 날아간다.✿

믿기지 않을 만큼 특이한 이 가루받이 방식을 보면 왜 무화과나무가 열매를 찔끔찔끔 맺는지 이해할 수 있다. 암컷 무화과말벌이 알을 낳고부터 새로운 암컷이 익은 무화과에서 나오기까지는 약 한 달이 걸린다. 만약 모든 무화과 열매가 동시에 익으면 다음 세대의 알을

✿ 바로 이쯤에서 당신은 "내가 먹는 피그 뉴턴(Fig Newton: 무화과 잼이 든 막대 과자로, 미국 나비스코 사의 대표적인 식품—옮긴이) 안에 오도독 씹히던 부분이 무화과말벌의 미라였을까?"라고 생각할지도 모른다. 하지만 안심해도 된다. 사람이 기르는 무화과는 대부분 제꽃가루받이를 하기에 무화과말벌이 필요 없다. 하지만 풍성하고도 속이 꽉 찬 맛이 나는 캘리미르나(Calimyrnas: 야생 무화과가 여러 나라로 도입되면서 다양한 이름으로 불리는데, 캘리미르나는 캘리포니아에서 부르는 이름이다—옮긴이)에게는 필요하다. 그런데 이 무화과나무는 긴 꽃만 있어서 무화과말벌 산란관이 꽃 속에 닿지 않는다. 캘리미르나로 날아온 암컷은 이 꽃 저 꽃을 옮겨 다니며 헛되이 짧은 꽃을 찾는다. 그러는 와중에 무화과에 딴꽃가루받이가 이루어지며 무화과말벌 암컷은 알도 낳지 못한 채 죽는다. 암컷의 사체는 무화과 속 효소에 의해 금방 분해되고 무화과 열매에는 씨가 가득 차서 말벌의 맛은 전혀 나지 않는다. 캘리미르나 '수꽃'에 해당하는 무화과는 카프리피그(caprifig)라고 불린다. 이들에게서는 수꽃과 짧은 암꽃 두 가지가 모두 피어나며 무화과말벌 여러 세대에 둥지를 제공한다. 캘리포니아의 캘리미르나 경작자들은 가루받이를 위해 카프리피그 숲을 가꾸어두어야 한다. 매년 6월에 경작자들은 개방된 종이 가방에 무화과말벌이 가득 찬 카프리피그 열매를 넣어서 캘리미르나 나뭇가지에 매달아둔다. 샌와킨 계곡에서 자라는 이 작물은 아몬드보다 더 심할 정도로 가루받이 매개 동물 단 한 종류에만 무리하게 의존하고 있다.

꿀벌 없는 세상, 결실 없는 가을

말아줄 처녀 암꽃이 없어진다. 찔끔찔끔 열매를 맺는 방식은 무화과 말벌에게도 적합할 뿐 아니라 열대우림에서 과일을 먹고 사는 동물들 에게 한 달 기간의 풍년 대신 지속적인 식량 공급을 제공해준다.

초생물종(metaspecies)을 이루는 무화과와 무화과말벌은 생태계 내 의 공생관계를 극명하게 나타낸다. 하지만 이 사례는 극단적이다. 식 물과 가루받이 매개 동물이 이처럼 상호 의존적인 경우는 드물며 다 른 종들은 성공적인 상호 관계에 거의 의존하지 않는다. 대개는 관계 가 밀접하지 않기에 동반자를 잃어도 큰 영향을 받지 않는다. 가루받 이를 담당하는 단일 동물 종이 사라진다 해도 그 식물이 멸종하지는 않는다. 그보다는 오히려 차츰 쇠락하면서 지속적으로 복원력을 잃어 갈 가능성이 더 크다. 가루받이 매개 동물이 줄어들면, 가루받이 활동 에 의존하는 식물 개체군의 수도 함께 줄어든다. 가루받이를 담당하 는 다른 종들이 허리끈을 바짝 졸라맬 수도 있지만, 그렇지 않을 수도 있다. 식물이나 가루받이 매개 동물 중에서 중추가 되는 종은 거의 없 다. 대부분은 아치를 이루는 벽돌일 뿐이다. 하지만 벽돌을 많이 빼내 면 분명 아치도 무너질 것이다.

생태계 아치의 굳건함은 어느 정도인가? 우리 야생 지대의 복원 력은 얼마나 되는가? 안타깝게도 우리는 그 해답을 모르고 있다. 과 학은 돈을 쫓는다. 명칭도 없는 애매모호한 야생 곤충 연구에 누가 자 금을 대겠는가? 북아메리카 가루받이 매개 동물의 현 상태를 연구하 는 미 국가과학위원회 회장 메이 베런바움은 2007년 의회에서 현 위 기에 관해 다음과 같이 증언했다. "신뢰할 만한 자료도 전혀 없고, 그 런 자료를 얻으려는 노력도 거의 전무한 실정입니다." 이어서 그는

"꽃을 찾는 곤충의 개체군 감소 현황을 문서로 기록하기에는 미국 내에 자료가 부족하고, 그 곤충들이 어떤 종인지 밝힐 수 있는 곤충학자들도 뚜렷하게 줄고 있습니다. 하물며 추적 관찰할 만한 학자는 더더욱 적습니다"라고 말했다. 게다가 특정한 가루받이 매개 동물의 개체군 수를 알아낸다 해도 그것을 비교할 만한 이전의 기본 수치가 없다. 그러니까 우리는 생태계 아치에 쓰인 벽돌이 몇 장인지 전혀 모르는 셈이다. 아는 것이라고는 벽돌이 매일 부서져내린다는 사실뿐이다.

증거 A: 뒤영벌. 얼마 전까지만 해도 북아메리카 동부에서 가장 흔한 뒤영벌 종은 이른바 녹슨 쇳조각 뒤영벌이라고 하는 봄부스 아피니스 (Bombus affinis)였다. 만약 당신이 1990년대에 퀘벡이나 버지니아 초원에 앉아 있었다면 검정과 노랑 띠를 두른 큰 벌이 윙윙대며 지나갔을 것이다. 그 벌이 바로 봄부스 아피니스였을 확률이 높지만, 지금은 사라지고 없다. 1990년대 어느 시기에 어떤 일이 일어난 것이다. 레이프 리처드슨(Leif Richardson)은 버몬트 주를 중심으로 뒤영벌을 연구하는 학자다. 그는 많은 시간을 들여 들판에서 시료를 모아왔는데, 1999년 이후로는 하나도 찾지 못했다. 지난 10년간 버몬트 주에서 적어도 뒤영벌 4종이 사라졌다. 동부 지역도 사정은 마찬가지다.

서부 지역 뒤영벌인 봄부스 옥시덴탈리스(B. occidentalis)는 알래스카에서 캘리포니아에 이르기까지 서부 해안에서 가장 흔한 뒤영벌이었다. 하지만 봄부스 아피니스와 동시에 서식지에서 사라지기 시작하더니 지금은 서부 여러 지역에서 완전히 사라졌다.

프랭클린 뒤영벌인 봄부스 프랭클리니(B. franklini)는 캘리포니아

북부와 오리건 남부에서만 사는 뒤영벌로서 역시 같은 시기에 멸종한 것으로 보고 있다.

야생 곤충이 왜 감소되었는지에 대해 직접적인 원인 한 가지를 정확히 집어낼 수는 없다. 하지만 뒤영벌에 대해서는 그럴듯한 추측을 해볼 수 있다. 온실에서 토마토 가루받이를 위해 상업적으로 뒤영벌을 기르는 관행을 다시 상기해보자. 이런 관행은 유럽인들이 처음 시작했는데, 1992년과 1994년에 미국의 토마토 경작자들은 뒤영벌의 여왕벌을 유럽으로 보내 사육했다. 얼마 후 유럽 사육자들은 뒤영벌 봉군을 미국으로 다시 보내 온실에 풀었다. 당연히 일부 뒤영벌은 온실을 벗어나 야생으로 갔다. 이 과정에서 원래 유럽에서 실려 온 노제마 병원균 변종이 뒤영벌과 함께 야생으로 옮겨졌다. 야생벌의 쇠퇴는 온실 벌을 도입한 시기와 맞물린다. 그러나 한편으로는 뒤영벌이 자체적으로 봉군 붕괴를 겪어왔는데 이제 겨우 우리가 알아차린 것뿐이라고 볼 수도 있다.

노제마 병원균은 극적인 사례이긴 하지만, 뒤영벌을 비롯해서 가루받이를 돕는 야생 곤충들이 당면한 위험은 이것뿐만이 아니다. 서식지 감소, 살충제 사용, 외래 종 도입 등 온갖 원인들을 용의선상에 올려놓을 수 있다. 하지만 아직 결정적인 원인은 밝혀지지 않고 있다. 예를 들어 버지니아대학 연구자들은 오염된 공기가 꽃향기와 결합하여 곤충들을 죽인다는 사실을 알아냈다. 산업화 이전에는 꽃향기가 몇 리 밖까지 갈 수 있었지만, 요즘에는 도시에서 바람이 불어오는 지역에는 그 거리가 약 300미터로 줄어들었다. 따라서 가루받이 매개 동물들이 먹이가 있다는 사실을 알아차리기가 훨씬 어려워졌다.

일반적으로, 자연환경에 가해지는 위협은 꿀벌보다 야생 곤충에게 더 치명적이다. 꿀벌은 먹이를 구하러 다니면서 일시적으로 살충제에 노출되지만 야생 곤충은 땅 속에 보금자리가 있기 때문에 흠뻑 젖는 수준이다. 게다가 몸이 허약해지면 꽃가루를 구하러 다닐 수도 없다. 또한 유입된 외래 종들이 야생 환경을 피폐하게 만들고 있을지 누가 알겠는가? 나방이 저녁 시간에 전등 주변을 떠돌기만 할 뿐 먹이 섭취나 번식 활동을 전혀 못하고 있을지 누가 알겠는가?

우리는 어떤 사태가 인간들의 관심사에 직접 영향을 미칠 때만 뭔가 잘못되었음을 눈치 챈다. 예를 들어 1970년대 캐나다에서는 재앙에 가까운 가문비나무좀벌레 사태가 발생했다. 이를 해결하려고 캐나다 정부는 수만 에이커에 달하는 아한대 숲에 유기 인산염인 페니트로티온(fenitrothion)을 살포했다. 그 결과 뉴브런즈윅의 블루베리 생산 지역에 서식하는 뒤영벌까지 대부분 죽고 말았다. 블루베리 생산은 급감했으며 회복되기까지 몇 년이 걸렸다. 페니트로티온이 살포되지 않은 노바 스코티아에서는 생산 감소를 겪지 않았다.

역설적으로 좀벌레 사태는 사실 그 몇 해 전에 살포한 DDT 때문에 일어났다. 가문비 숲은 40년~120년마다 좀벌레 사태가 주기적으로 일어나도록 진화되었다. 상당량의 나무들이 죽으면 그 덕분에 지표식물이 생겨나 새를 비롯한 여러 종들이 좀벌레를 잡아먹고 살 수 있게 된다. 좀벌레는 다시 감소하고, 주기는 다시 시작된다. 대단히 복원력이 뛰어난 시스템이었다.

그런데 우리는 나무를 전부 살리고 싶은 마음에 좀벌레를 퇴치하려고 매년 약을 뿌렸다. 그 결과 가문비나무가 오랫동안 비정상적으로 빽빽하게 자라나 보호막을 치는 바람에 포식자들이 좀벌레를 잡아먹으러 올 수 없게 되었다. 좀벌레 개체 수가 자연의 한계를 넘어 폭발적으로 증가하자 결국 약을 집중적으로 살포했고, 덩달아 뒤영벌들이 죽은 것이다. 이런 사실은 뉴브런즈윅의 블루베리 경작자들이 격분하지 않았다면 결코 알려지지 않았을 것이다.

가루받이를 담당하는 동물이 우리의 주목을 끌려면 예쁘거나 털이 많아야 한다. 우리가 아는 것이라곤 고작 그런 요소들뿐이다. 지난 30년간 캘리포니아에 서식하는 나비들은 40퍼센트가량 종 다양성이 감소했다. 미국에서 꽃가루를 먹이로 삼는 박쥐들은 3분의 2가 위험에 처해 있다. 이들보다 지명도가 약한 가루받이 매개 동물들은 어떤 상태일까? 전혀 알 길이 없다.

미 국가과학위원회의 2007년 보고서 〈북아메리카 가루받이 매개 동물의 현 상태〉는 자료 부족으로 고심한 흔적이 보인다. "전체적으로 볼 때 '가루받이 매개 동물의 위기'가 존재하는지는 보편적으로 인정되는 '위기' 개념이 있느냐 하는 문제만큼이나 확인이 어렵다. 하지만 만약 세월이 흐르면서 개체군의 크기가 점차 줄어드는 것으로 '쇠퇴'를 정의하면, 생물군의 다양성을 대표하는 북아메리카 가루받이 매개 동물의 일부가 쇠퇴하고 있음을 보여주는 증거는 실제한다." 이 보고서는 몰락 중인 가루받이 매개 동물로 꿀벌과 뒤영벌부터 꽃가루 말벌(pollen wasp), 베이 체커스팟 나비(bay checkerspot butterfly), 갈색벌새, 각종 박쥐에 이르기까지 다양한 동물을 그 목록에 올려놓고 있다.

멕시코와 중앙아메리카의 벌침 없는 벌들은 이전에 바닐라 과수원에서 가루받이를 도왔던 곤충으로서 지금은 거의 사라졌다. 한 연구 결과에 따르면, 멕시코 유카탄 반도에서 기르는 벌통은 1981년 이전에 1000개 이상이었다가 1990년에는 389개, 2003년에는 96개로 줄었으며 2008년에는 하나도 남지 않을 것으로 예상한다. 이 벌들은 수천 년간 마야인들이 기르던 종이어서 이들이 사라지면 유구한 전통도 함께 사라지고 만다.

유럽에서는 수십 년 동안 자원 활동 조직이 가루받이 매개 동물의 개체 수를 감시하고 있기 때문에 적어도 문제 규모를 가늠하여 다른 산업화 지역의 상태를 추정할 수는 있다. 영국의 나비 보호(Butterfly Conservation)라는 단체가 내놓은 조사 결과에 따르면, 영국의 나방 수는 지난 40년 동안 3분의 1로 줄었다. 종의 3분의 2가 쇠퇴하고 있다. 개체 수를 늘린 약삭빠른 종은 아주 드물다.

벨기에와 프랑스의 야생벌 조사 및 유럽연합의 경고 프로젝트는 가루받이를 담당하는 토종 곤충 대부분이 휘청거리고 있는 상황을 상세히 기록했다. 2006년 리즈대학의 J. C. 비에스메이저(J. C. Biesmeijer)는 영국과 네덜란드 지역 수백 곳을 살펴본 결과 지난 25년 동안 벌 다양성이 80퍼센트나 감소했음을 알아냈다. 게다가 곤충에 의해 가루받이가 이루어지는 야생화 종도 70퍼센트가 감소했다. 비스마이어는 이렇게 말했다. "벌과 더불어 식물도 그처럼 줄었다는 데 충격을 받았습니다. 만약 이런 상황이 다른 곳에서도 똑같이 일어났다면 우리가 당연시하던 '가루받이 서비스'가 위험에 빠져 있다고 볼 수 있습니다. 전원 풍경을 이루는 식물들의 미래도 마찬가지입니다. 어떤 이유든 일부 종이 쇠퇴하면 그와 연관되는 종에까지 연속적으로 영향을 미쳐 여러 지역의 생명체들이 멸종할 수도 있습니다."

가루받이 매개 동물이 모두 쇠퇴하고 있는 것은 아니다. 파리를 비롯한 잡식동물은 건재하다. 짐작하다시피 사라진 종은 특정 먹이만 섭취하는 동물과 이를 상대하는 꽃이다. 이런 독특한 꽃들이 사라지면 잡초가 들어선다. 민들레는 살아남을 것이다. 바람으로 가루받이가 이루어지거나 제꽃가루받이를 하는 식물은 지난 25년 동안 묵묵히 살아왔다. 이런 사실로 볼 때 가루받이 매개 동물은 생태계의 '약한 고리'였을 뿐 아니라 화려한 속씨식물의 폭발적인 증가도 마침내 멈추었음을 알 수 있다.

가루받이 매개 동물이 늘 생태계의 약한 고리였다는 증거는 꽤 있다. 야생 곤충이 가루받이를 돕는 식물 258종을 연구한 결과 62퍼센트가 '한정된 과일 개수'를 보였다. 즉, 이 식물들은 씨앗을 충분히 만들지 못하고, 필요한 만큼 동물이 찾아주지도 않는다. 야생 상태란 식물들이 얼마 되지 않는 가루받이 매개 동물을 끌어들이려고 좀 더 독창적인 방법을 들고 나오며 늘 경쟁하는 곳이라는 뜻일까, 아니면 우리 생태계 속에 이미 굳어진 일반적인 병폐를 나타내주는 것뿐일까? 어느 쪽이든 가루받이 매개 동물을 소중한 물품처럼 대하는 편이 낫다.

여기서 내가 이기적인 주장을 할 수는 있다. 가루받이 매개 동물이 매년 미국 농업에 30억 달러어치의 생산을 유발한다고 말할 수도 있다. 캘리포니아 데이비스대학에서 뉴저지 농장의 가루받이에 관해 연구하는 과학자 레이첼 윈프리(Rachel Winfree)는 이렇게 말했다. "숫자를 세어보니까 후추와 토마토에는 꿀벌보다 토종벌이 더 많았고 캔털루프(cantaloupe) 멜론에는 그 둘이 비슷한 수치로 나왔다. 내가 연구한 전체 농장 중 91퍼센트에서 토종벌이 수박의 가루받이를 충분히 돕고 있었다." 어떤 종이든 가루받이 일에 관한 한 꿀벌 만한 것이 없지만, 토종벌 역시 중요하다. 이들은 토마토, 스쿼시, 블루베리, 딸기, 자주 개자리, 수박 등 여러 작물을 직접 가루받이할 뿐 아니라 꿀벌이 가루받이를 더 잘하도록 이끈다. 토종벌과 꿀벌이 만나면 토종벌이 꿀벌을 쫓아낸다. 그 덕분에 꿀벌은 더 활기차게 날아다니고 식물들의 환대도 더 커지면서 딴꽃가루받이하는 횟수도 늘어난다. 아몬드, 사과, 해바라기 같은 작물에게 꿀벌의 가열찬 활동은 필수적이다. 이런 식으로 야생벌은 양 쫓는 개 역할을 하며 꿀벌의 가루받이 매개 능력을 5배까지 향상시킬 수 있다. 그러니 나 역시 사심에 찬 주장에 공감하는 면도 있다. 나도 블루베리가 송이버섯만큼 비싸지기를 원하지 않는다. 1년에 한 번만 블루베리를 먹고 싶지는 않다.

또한 나는 "생태학적 서비스"를 주장할 수도 있다. 한 걸음 물러서서 보면, 이 말은 사심에 가득 찬 주장이 아닐 수 없다. 곤충은 딸기류를 만든다. 곤충은 버드나무를 만들어 강둑을 안전하게 유지시킨다. 곤충은 송어를 만든다. 곤충은 공기와 물도 깨끗하게 한다. 남아메리카와 아프리카의 열대우림은 물을 증발시켜 미국 중서부, 텍사스, 멕시코의 작물 위로 비를 내리게 한다. 따라서 미국 옥수수 경작자가 바람으로 가루받이가 이루어지는 작물을 기르더라도 비를 내려준 것에 대해 아마존의 무화과말벌에게 감사할 수 있다.

들새를 기르는 사람에게도 곤충이 필요하다. 나방과 나비는 우리가 일상적으로 보는 식물들이 가루받이를 이루도록 하는 핵심 요원은 아니지만 자연의 핫도그라 할 만한 송충이를 만든다. 송충이는 뼈

꿀벌 없는 세상, 결실 없는 가을

가 없고 지방이 많은 고단백질로서 완벽한 간편식이다. 물새뿐 아니라 북아메리카 새의 96퍼센트가 새끼에게 곤충을 먹이로 준다. 개구리, 두꺼비를 비롯한 여러 동물들도 곤충에 의존한다. 하지만 나방과 나비도 분명 감소하고 있다. 동부 해안 지대의 밤 숲이 밤나무줄기마름병으로 피폐해지자 그에 따라 나비 5종도 사라졌다. 송충이가 사라지면 새도 사라진다. 예를 들면 델라웨어 주에서는 토종 식물 종 40퍼센트가 위험에 처하자 숲에 서식하는 새들도 41퍼센트가 위기에 몰려 있다. 사람들은 송충이는 피하고 나비만 좋아하지만, 자연은 그런 식으로 존재하지 않는다.

복원력이 갖추어져 있다고 주장할 수도 있다. 가뭄과 전염병을 겪어도 회복할 수 있는 향상된 장치들을 지니고 있다는 점을 지적할 수도 있다. 현재의 위기를 해소할 만큼 서식지가 다양하고 가루받이 매개 동물도 충분하니 꿀벌이나 다른 주요 종들이 필요 없다고 말할 수도 있다.

하지만 여전히 나는 이 같은 실리주의적 주장이라면 어떤 쪽이든 기대고 싶지 않다. 거의 모욕에 가까운 주장들이다. 마치 아이들에게 식빵과 잼을 만들어줄 사람이 있으니 어머니를 데려가겠다고 하는 것이나 다름없다. 그런 주장도 일리는 있지만 핵심을 놓치고 있다. 어머니는 소중하기에 어찌 되었든 아이들에게는 어머니가 있어야 한다.

따라서 선택을 해야 한다. 우리는 아직도 어떤 세상에 살고 싶은지 선택할 수 있다. 우리는 실제로 가루받이 매개자들을 쓸어내고 약으로 오염시키며 그들의 보금자리를 파괴할 수 있지만, 그래도 세상은 어떻게든 유지될 것이다. 가난에 찌든 사람들이 절실한 마음에 인간 벌 역할을 자처하거나, 아이들 손에 담배 필터를 들린 채(앞서 소개되었던 중국 과수원의 인공 가루받이 방식—옮긴이) 과일 나무의 가지들 사이를 돌아다니게 하겠지만 말이다. 아마 그런 과일을 사먹을 형편이 되는 사람도 일부 있을 것이다.

아니면 우리는 식물 자원 전부를 유전자 변형시킴으로써 가루받이 없이도 생산하게 될지도 모른다. 그렇다면 과일을 얻기 위한 수단이었던 가루받이는 역사의 뒤안길로 사라질 것이다. 그러면 우리에게는 초원과 습지와 열대우림이 아니라 잘 조직된 유전자 변형 식물 생산지가 남을 것이다.

하지만 왜 그래야 하는가? 향기와 모양이 더 근사한 세상을 여전히 유지할 수 있는데, 왜 초라하기 그지없는 세상을 선택해야 하는가? 우리의 꿈과 희망이 담긴 생태계에 대한 찬가는 지금도 울려 퍼지고 있다.

꿀벌 없는 세상, 결실 없는 가을

첫서리

다시 가을이 왔다. 하늘은 분주한 기운으로 가득하다. 지난여름 숱한 벌들을 먹여 살렸던 메역취가 시들자 남은 곤충들은 끝물인 벌개미취와 쑥부쟁이에 달려들어 마지막 양식을 긁어모은다. 그리고 맑지만 차가운 밤공기에 그마저 지고 나면 한 해가 곧 끝난다는 사실을 그들 역시 알고 있다. 이 지역 꿀벌 중에 몇 마리나 영하 6도씨 아래로 떨어지는 겨울밤과 폭설을 버텨낼지 궁금하다. 몸이 얼어 뻣뻣이 굳기 전에 여왕벌 가운데 몇 마리나 편안하게 지정된 보금자리를 찾을까?

오늘 저녁은 맑지만 아직 차갑지는 않다. 시월의 햇빛은 믿을 것이 못 된다. 얼굴에 바로 쬘 때는 따뜻해도 온기는 그리 오래가지 않는다. 오늘 밤에는 서리가 내릴 것이다. 햇빛이 여위자 하늘에 차가운 푸른빛이 짙어가고 있으니.

이 책을 쓰면서 오랫동안 벌의 눈으로 세상을 바라보니 내게 하찮은 존재가 아니다. 이전에도 꽃을 꺾은 적이 별로 없다. 꽃은 노골적인 음화(陰畵)이자 적나라한 에로티시즘이다. 특히 야생화를 대할 때면 나는 숨이 멎는다. 야생화는 아름다움과 정교함의 화신이다. 가을 들판에 핀 마지막 장미가 눈에 들어오면 마치 한밤중에 차려놓은 성찬을 대하는 듯 강렬한 유혹에 사로잡힌다. 들장미는 굶주린 흙을 희롱하는 어둠 속의 불빛이다.

지는 해가 서쪽 언덕에 닿자 그림자가 초원 위로 한없이 길게 눕는다. 올해에는 그 땅을 야생 그대로 두었다. 예전에는 여름만 되면 몽땅 갈아엎었지만, 이젠 얼마나 많은 뒤영벌이 무성한 풀숲 속에 집을 짓는지 알기에 차마 그럴 수가 없다. 잠시나마 벌에 관심을 기울이며 깨우친 교훈이 있다면, 생산적인 땅과 비생산적인 땅이라는 그릇된 이분법을 버려야 한다는 것이다. 비생산적인 땅은 어디에도 없다. 단지 인간이 땅의 이치를 통찰하지 못했을 뿐이다. 또한 우리에게 필요한 것이 무엇인지도 미리 헤아려보지 못했을 따름이다.

나는 커크 웹스터에게서 벌통 핵 2개를 주문해놓았다. 생존자 러시아 꿀벌 말이다. 내년 봄에 벌통이 도착하면 내 초원의 북쪽 끝자락으로 이들을 데려갈 것이다. 그곳에는 길게 자라난 가문비나무가 북풍을 막아준다. 따라서 일이 순조롭게 돌아가고 곰이 해코지를 하지 않는다면, 그리고 CCD가 내 땅을 찾아오지 않는다면 벌들은 조금이나마 꿀을 만들어낼 것이다. 아마도 이웃 유기농 농장에 주키니(오이처럼 생긴 서양 호박—옮긴이)와 호박이 얼마간 열리게도 할 것이다. 첫해에는 벌이 하는 일을 지켜보기만 할 참이다.

세상 모든 꿀벌에 대해서도 똑같이 말할 수 있다. 나는 단지 지켜만 보고 싶다. 잘해내리라 생각한다. 물론 상당한 시련을 겪긴 하겠지만. CCD는 새롭게 얼굴을 바꾸어가며 계속 나타날 테고 벌도 계속 죽을 것이다. 당연히 우리의 아침식사도 훨씬 더 비싸지거나 아니면 단일작물 비중이 커지는 만큼 단조로워질 것이다. 분명 지금보다는 더욱 상황이 나빠질 것이다. 하지만 그런 폐허 속에서 더욱 민첩하고 복원력이 뛰어난 벌이 출현할 것이다.

이런 생각이 양봉가에게도 적용될지는 의문이다. 양봉가들이 잘 해낼 것 같지가 않다. 물론 취미로 하는 거라면 괜찮다. 하지만 경제성을 고려하면 타산이 안 맞는다. 15년 후면 미국에 있는 양봉가들이 대부분 은퇴하겠지만 후임자들은 없을 것이다. 만약 CCD가 더욱 기승을 부린다면 더 일찍 양봉에서 손을 떼고 말 것이다. 미국꿀생산자협회 회장인 마크 브래디는 내게 이렇게 말했다. "응애나 바이러스 내지 기생충이 또다시 달려들면 견뎌낼 수 없습니다. 지금 양봉 산업은 유리처럼 여차하면 무너지기 쉽습니다. 한 번만 미끄러지면 산산조각이 날 겁니다."

이를 막으려면 조직적인 노력이 필요하다. 단지 양봉가와 곤충학자 혹은 생태보호론자만으로는 기적을 일으킬 수 없다. 더 이상 땅을 거칠게 대하지 말아야 한다. 우리 문화 속에서 양봉업과 농업이 차지하는 위상을 새롭게 보아야 한다. 곤충들이 번식하도록 내버려두어야 한다. 그렇지 못하면 단지 과수원만이 아니라 우리들이 애써온 노력들이 모두 결실을 맺지 못할 것이다.

드디어 해는 언덕 아래로 가라앉고 미량의 열기나마 하늘로 증발했다. 순식간에 추위가 찾아든다. 분주하게 윙윙대던 정원은 어느덧 고요 속에 잠긴다.

아프리카 벌의 역설

꿀벌 중에는 꿀벌 응애를 해치우고, 작은벌집딱정벌레를 쓸어내고, 먹이를 스스로 찾고, 꿀을 몇 톤씩 생산하고, 번식력도 좋고, 인간이 개입하거나 관리하지 않아도 잘 번성하는 종이 있다. 이 같은 특성은 다른 종과 교배하더라도 약해지지 않는다. 왜냐하면 이런 종은 이탈리아 벌들보다 여왕벌이 일찍 부화하기 때문에 경쟁자를 침으로 쏘아 죽여 그들의 유전자만으로 재빨리 벌집을 장악하기 때문이다. 이 거친 작은 벌은 순식간에 양봉장을 바꾸어버릴 수 있다.

그런데 문제가 하나 있다. 이들은 닥치는 대로 벌침을 쏘아댄다. 바로 이 꿀벌이 아프리카 '킬러' 벌이다.

킬러 벌은 어느 미친 과학자의 실험실에서 발명된 것은 아니고, 1950년대 브라질의 한 과학자에게서 달아나면서 생긴 것이다. 워릭 커(Warwick Kerr) 박사는 남아프리카에서 이 벌을 수입했다. 이 벌은 유럽 꿀벌인 아피스 멜리페라(서양종 꿀벌)와 다른 종으로서 유럽으로 건너가 온순해지기 이전의 우리 꿀벌과 여러모로 닮았다.

유럽 꿀벌은 온대성 생활 방식에 익숙해 있다. 겨울에는 오랫동안 잠을 자다가 봄에 반짝 몇 달 동안 집중적으로 꽃꿀을 모으는 생존 전략을 구사한다. 따라서 봄에는 짧은 시일 내에 먹이구하기 벌이 많이 생겨나야 한다. 아열대 지역인 플로리다에서는 적응했지만, 1년 내내 여러 번에 걸쳐 꽃꿀이 생기는 완전 열대 지역인 브라질에서 적응하기는 힘겨웠다. 워릭 커 박사는 아프리카 꿀벌 종이 이미 열대 지역에 적응되었으니 브라질에서는 더 잘 적응하리라고 짐작했다. 기질이 까다롭다는 정보는 익히 들어서 알고 있었지만, 일단 적자생존의 법칙이 기승하는 고향에서 벗어나면 잘 번식할 수 있으리라 여겼다.✿

커 박사의 짐작은 절반만 옳았다. 아프리카 벌은 신대륙에서도 잘 지냈다. 하지만 기질을 누그러뜨릴 기미는 전혀 보이지 않았다.

1957년 마침내 아프리카 여왕벌 26마리가 부드러운 브라질 하늘로 탈출하더니 여왕벌의 실력을 유감없이 발휘했다. 금세 '아프리카' 벌통이 시골 지역을 가득 메웠다. 야생 봉군이 정착했으며 아울러 수벌들은 짝짓기 비행에서 유럽 여왕벌을 만나 시한폭탄을 심어두었다. 아프리카 꿀벌은 유럽 꿀벌보다 크기가 조금 작다. 따라서 자라서 부화하기까지 걸리는 시간도 조금 더 짧다. 또한 여왕벌이 자기 알을 부화시킨 후 처음으로 하는 행동은 봉군을 휘젓고 다니면서 성장 중인 다른 여왕벌을 쏘아 죽이는 짓이다. 그 결과 열대 지역의 벌통은 충격적일 만큼 잽싸게 아프리카 벌로 가득 차고 말았다.

아프리카 벌은 야위고 비열한 살육 기계다. 위협을 받은 유럽 꿀

✿ 아프리카에서 진화했으니 까다로울 수밖에 없다. 아프리카 대륙에는 '새'를 이용해 벌집을 찾아 뒤지는 사냥꾼까지 있으니 결과적으로 그렇게 될 수밖에 없었다.

벌들이 한두 번 침을 쏘고는 본래 임무로 돌아가면, 아프리카 벌들은 떼로 몰려온다. 일단 작은 경고 페로몬이 허공을 채우면 수백 번씩 침을 쏜다. 결코 쉽게 물러서지도 않는다. 희생자를 찾아 끝까지 추적한다. 물속으로 뛰어들어도 소용없다. 그들은 끝까지 기다린다. 어느 양봉가 말에 따르면 아프리카 벌들은 지나가는 울새를 쫓아가 집단 공격을 가해 죽인다고도 한다.

브라질에서는 아프리카 벌 때문에 많은 가축들이 죽고 사람도 몇 명 사망했다. 이들은 1년에 160킬로미터 이상 퍼져 나가 1980년대에 중앙아메리카와 멕시코, 1990년에 텍사스, 2000년에는 마침내 캘리포니아까지 올라왔다. 2005년에는 플로리다에도 모습을 드러냈는데, 아마도 탬파에서 배에 실려 들어온 듯하다. 평균적으로 아프리카 벌은 미국에서 1년에 한 명꼴로 사람을 죽인다. 길게 보면 서커스 코끼리가 죽인 사람 수와 동률을 이룬다. 게다가 이들은 양봉가들이 일을 제대로 할 수 없을 만큼 위험을 가한다.

하지만 아프리카 벌은 재미있는 구석도 있다. 비열하고 작은 악당이지만, 그 외에 장점도 꽤 많다. 이들은 꿀벌을 많이 만드는 데다 당연히 질병 저항력도 크다. 꿀벌 응애를 사정없이 죽이고 꽃의 가루받이를 돕는 능력도 뛰어나다. 커피나무는 제꽃가루받이를 하기 때문에 사람들은 이들을 따로 가루받이해줄 존재가 필요 없다고 여긴다. 하지만 스미스소니언 협회 과학자인 데이비드 루빅(David Roubik)이 관찰한 바에 의하면, 집중적으로 단일경작한 커피나무는 수확량이 20~25퍼센트 줄어든 데 반해 전통 방식으로 그늘에서 키운 커피나무는 수확량이 늘어나고 있다. 이런 커피나무 경작지는 숲에 맞닿아 있으며 대부분 중앙아메리카와 남아메리카 지역에 있다. 가루받이 매개 곤충 때문에 이런 차이가 생길 수 있을까? 이를 알아보기 위해 루빅은 커피나무 50그루에 달린 꽃들을 촘촘한 그물에 감싸서 가루받이가 일어나지 않도록 했다. 그물을 씌우지 않은 식물은 커피콩을 49퍼센트 더 맺었으며 모두 무게가 많이 나갔다. 루빅은 수확량의 36퍼센트가 아프리카 벌 덕분이라고 추산하면서 이렇게 말한다. "신열대구(新熱帶區)의 상황을 고려할 때 우리가 마시는 커피 한 잔에는 아프리카 꿀벌 이삼십 마리의 노력이 깃들어 있습니다."

아프리카 벌이 미국 연안에 도착할 무렵 꿀벌 응애는 유럽 꿀벌들을 난도질하고 있었다. 아프리카 벌의 깐깐한 기질을 알고 있던 영악한 양봉가들 몇몇은 이들이 최악의 사태를 막아줄 구원자가 될 수 있지 않을까 기대해보았다. 그러나 사정없는 벌침 공격을 받고 나자 뜻을 접었다. 하지만 그들은 여전히 아프리카 벌의 꿀벌 응애 퇴치 능력을 어떻게 활용할지 고심 중이다.

애리조나의 양봉가인 에드(Ed)와 디 러스비(Dee Lusby)는 벌집 크기에 비결이 숨어 있지 않을까 추측했다. 아프리카 벌은 몸집이 작아서 벌집도 작게 짓는다. 한편 아시아 꿀벌도 몸집이 작으며 꿀벌 응애의 숙주이면서도 그들을 물리칠 능력을 갖고 있다. 러스비 내외는 이동식 틀이 장착된 현대식 꿀벌 대량생산 벌통을 개발한 로렌조 랭스트로스와 데이던트(M. G. Dadant) 같은 선구자들이 19세기에 남겨놓은 기록을 샅샅이 살펴보았다. 그러던 중에 유럽 곤충학자들이 남긴 글을 발견했는데, 거기에는 벌통의 각 방을 크게 만들수록 꿀 생산이 증가한다는 사실이 이론적으로 규명되어 있었다.

그 무렵은 랭스트로스 벌통의 틀에 쓰는 받침판이 표준화되던 시기였다. 받침판은 창문에 끼우는 판유리처럼 나무틀에 고정되어 있는 얇은 밀랍 판이다. 그 덕분에 꿀벌은 사각형 틀 전체에 작은 방을 가득 채울 수 있다. 이전에는 그런 받침판이 없었기 때문에 복잡하고 불규칙적인 방이 생겼다. 받침판 위에 정육각형 모양을 새겨놓은 덕분에 양봉가들은 방 크기와 모양을 정확하게 유지할 수 있었다. 벌은 미리 정해놓은 모양을 충실히 따랐다.

균일한 상자 속에 똑같은 사각형 판으로 구획을 나누어놓으니 양봉가들은 바쁜 와중에도 하루에 수백 개 벌통을 관리할 수 있었다. 나중에는 철사로 만든 격자를 덧대어 받침대를 세워놓자 기계 장치로 꿀벌을 여러 번 채취할 수 있게 되었다. 방 크기를 다양하게 실험한 결과, 기본 방의 지름은 5.4밀리미터로 정착되었다. 이후로는 줄곧 그 규격으로 벌통이 지어졌다.

그것이 문제라면 어떻게 되는가? 러스비 내외는 이렇게 자문했다. 우리 벌들이 거구로 자라는 과정에서 비정상이 되면 어떻게 되는가? 이들 부부는 해답을 찾기 위해 킬러 벌 크기만큼 더 작은 방을 갖춘 맞춤형 틀을 만들었다.

그러자 놀랍게도 일부 벌은 새로운 벌통에 자리를 잡자마자 마치 킬러 벌처럼 꿀벌 응애를 찾아내 죽이기 시작했다. 기쁜 소식이었다. 하지만 전체 벌 가운데 90퍼센트가 죽는 나쁜 소식도 뒤따랐다. 벌은 4.9밀리미터 작은 방에서 나오느라 진땀을 빼야 했기에 가끔씩 떼죽음을 당하기도 했다. 또한 최소한 처음 몇 세대까지는 여왕벌의 생식능력도 떨어졌다. 러스비 부부는 이 현상을 벌이 원래의 작은 크

꿀벌 없는 세상, 결실 없는 가을

기로 '되돌아가려면' 어쩔 수 없이 겪어야 할 시련으로 여겼다. 몸집이 더 작은 유전자를 가진 벌을 선택하는 데 몇 세대가 걸렸고 그 과정에서 작은 방에 제대로 적응하지 못한 벌들은 모두 죽었다. 하지만 원래의 '정상적인' 크기로 일단 돌아가고 나면 자연스레 병과 기생충에 저항력을 갖출 것이다.

러스비 부부가 처음 시작한 '작은 방 운동'은 지금도 활발히 진행되고 있다. 양봉 시설 제작을 선도했던 데이던트는 2000년부터 크기가 4.9밀리미터인 받침판을 판매하기 시작했다. 하지만 작은 크기로 바꾼 양봉가는 거의 없다. 왜냐하면 전환 과정에서 벌을 90퍼센트쯤 잃어도 될 만큼 여력도 없는 데다 많은 도구를 새로 구입해야 하기 때문이다. 하지만 새것으로 바꾼 취미 양봉가들 대부분은 살아남은 벌들이 응애 문제를 겪지 않음을 확인했다. 작은 방 벌통이 큰 방 벌통보다 응애가 10퍼센트 적다는 사실은 여러 연구 결과들을 통해 나타나고 있다.

방이 작은 벌통이 왜 응애 문제를 해결하는지는 아무도 모른다. 가장 그럴듯한 해답은 방이 작으면 양육벌이 응애의 소리를 들을 수 있기 때문이라는 이론이다. 비정상적으로 큰 방에서는 빈 공간이 많아지므로 응애가 애벌레 벌에게 조용히 다가갈 수 있지만, 방이 작으면 벽에 꽉 껴서 소리가 날 수밖에 없는 데다 애벌레의 발이 밖으로 밀려 나올 수도 있다. 이 때문에 양육벌이 마찰 소리를 듣고 재빨리 침입자를 퇴치할 수 있는 듯하다.

또 한 가지 장점은 개발 시간이다. 작은 방 벌통 지지자인 마이클 부시(Michael Bush)가 알아낸 바에 따르면, 4.9밀리미터 방은 알을 낳고

부터 애벌레를 밀봉하기까지 하루가 걸리며 애벌레 밀봉에서 부화하는 데도 하루가 걸린다고 한다. 그 덕분에 여왕벌이 알을 낳은 후에 성체 응애가 방 속으로 미끄러져 들어갈 수 있는 기간이 줄어들어서 밀봉되었을 때 방 속에 응애가 더 적게 들어 있다. 또한 일단 밀봉되고 나면 방에서 번식할 시간도 줄어든다. 알 낳기부터 성체까지 보통 21일이라는 발육 기간에서 단지 이틀만 줄어도 응애 수는 75퍼센트 혹은 그 이상 줄어든다.

와이오밍 주의 양봉가인 데니스 머렐(Dennis Murrell)은 시험 삼아 작은 방 벌통 몇 가지를 써보았다. 벌들이 꿀벌 응애를 어떻게 다루는지 살펴본 후 작은 방 벌통으로 바꾼 그는 응애 문제가 유전 현상과는 아무 관련이 없으며 모두 환경으로 빚어진 일이라고 믿게 되었다. 그는 이렇게 적었다. "어떤 종이든 상관없이 작은 방 벌통에 넣어둔 벌들은 꿀벌 응애를 찾아내는 능력이 있음이 밝혀졌다. 미국의 주요 여왕벌 공급업자에게서 얻은 여왕벌을 하나씩 모두 시험해보았다. 똑같은 벌인데도 큰 방 벌통에 넣어두면 그런 행동을 보이지 않았다. 작은 방 벌통에 사는 벌들은 단지 응애를 내쫓는 것에서 멈추지 않고 아예 없애버렸다. 응애 수가 90퍼센트 이상 눈에 띄게 줄었다." 벌들은 종종 응애의 다리를 물어뜯기도 했다.

하지만 작은 방 벌통도 문제점이 없지 않았다. 데니스 머렐로서는 잘 납득이 되지 않았다. 만일 이것이 벌을 키우는 자연스러운 방법이라면 왜 이토록 어려운 것인가?

어느 날 친구가 찾아와서 머렐에게 야생 벌집을 자세히 찍은 사진 한 장을 보여주었다. 이 벌들은 받침판 같은 재료도 하나 없이 스스로 집을 지었는데, 방 크기도 가지가지였다. 꼭대기쯤에 놓인 몇 줄의 방은 지름이 거의 6밀리미터에 이를 정도로 매우 컸다. 그보다 조금 작은 것이 약 5.4밀리미터로 현대식 벌통과 비슷한 크기였다. 바닥 부분에 있는 방은 4.6~4.9밀리미터 정도로 매우 작았다.

스스로 벌집을 짓도록 놔두면 벌은 여러 가지 크기로 방을 혼합하여 벌집을 구성했다. 그것이 비결이었다. 물론 현대식 벌통을 개발한 사람들도 받침판 크기를 결정할 때 자연 벌집을 연구하면서 이 같은 사실을 관찰했음이 분명하다. 하지만 당시는 19세기였다. 산업혁명이 한창 진행 중이었고, 어떤 자연 요소라도 개선시킬 수 있다는 생각이 가득 차 있었다. 벌통의 선구자들은 아마도 서로 다른 방 크기 때문에 벌집이 너저분하다고 여겼을 것이다.

하지만 머렐의 생각은 달랐다. 그렇게 벌집을 설계한 이유가 있을 것이다. 그 까닭을 알아내기 위해 직접 꼭대기에 막대가 달린 벌통을 만들었다. 이 벌통은 틀이나 받침판이 없다. 그 대신 꼭대기에 나무 막대가 달린 빈 상자를 놓고 벌이 스스로 집을 지을 수 있는 구조였다. 측면은 꽉 끼는 셔츠처럼 아래로 갈수록 좁아진다. 벌집의 자연스러운 모양을 따른 것이다.

이후 10년 동안 머렐은 그의 꼭대기 벌통, 랭스트로스의 큰 방 벌통, 랭스트로스의 작은 방 벌통, 이렇게 총 세 가지로 실험을 실시했다. 그 과정은 자세히 기록되었다. 마침내 그는 이렇게 적었다. "이제껏 알고 있던 양봉 방법이 잘못되었음을 깨달았다. 최신 양봉 기법으로 알고 있던 일로 수십 년 세월을 보냈다. 언제나 새로 개발된 최신 기술의 맨 꼭대기에 앉아 있었다. 내 지식과 집중 관리 덕분에 벌이 건강하게 자라온 것이라고 자부했었다. 그래서 내가 없으면 벌이 더 잘 지낼 수 있음을 깨닫고는 더욱 큰 충격을 받았다."

꼭대기에 막대가 달린 벌통이기만 하면 방 크기가 5.4밀리미터 건 4.9밀리미터건 상관없이 어떤 벌을 넣어도 금세 아래가 잘록한 모양으로 천연 벌집이 생겨났다. 게다가 받침판을 이용하는 벌들보다 더 빨랐다. 응애도 벌통에서 사라졌다. 꼭대기 막대 벌통에서는 일주일에 한 마리꼴로 응애가 나온 반면, 5.4밀리미터 벌통에서는 100마리 이상 나왔다. 어떻게 해서든 봉군의 집단 지성이 벌통의 구조로 깨어났음이 분명했다. 벌들은 응애를 뒤져서 죽이는 임무에 돌입했을 뿐 아니라 세대가 갈수록 그런 능력이 나아졌다. 마치 100년간 잠들어 있던 유전자가 새롭게 바뀐 것만 같았다.

다른 여러 질병, 특히 백묵병도 자취를 감췄다. 자연 벌통은 아주 활기가 넘쳤다. 봄철에 나타나는 봉군 이동은 전혀 문젯거리가 되지 않았다. 벌통당 평균 100킬로그램씩 꿀을 생산했다. 반면 다른 벌통에서는 고작 30킬로그램이 나왔다. 여왕벌도 알을 많이 낳았다. 양봉가들은 대부분 여왕벌이 쇠약해질 때마다 매년 여왕벌을 새로 교체해주어야 한다. 플로리다에서는 여섯 달에 한 번씩 교체한다. 하지만 머렐의 천연 여왕벌은 예외 없이 3년을 살았고 그 이상 살기도 했다. 심지어는 표준 벌통에서 쇠약해가는 여왕벌을 꺼내 꼭대기 막대 벌통에 넣어주면 '기적처럼' 회복했다.

천연 벌통이 꿀벌 응애, 백묵병 따위의 문제를 해결할 수 있다면 CCD도 퇴치할 수 있을까? 꽤 구미가 당기는 발상이다. CCD에 관한 다중 원인 이론이 옳다면 천연 벌통도 한 가지 해답이 될 수 있다. 응애도 없고 살충제도 없으면 질병도 적어질 것이다. 그러면 벌은 든든하고 즐거운 환경 속에서 스트레스를 적게 받으며 살 수 있다.

머렐은 관찰용으로 꼭대기 막대 벌통을 몇 가지 설계했다. 측면에 유리를 대서 내부를 살필 수 있게 한 벌통이었다. 벌통을 관찰하면 할수록 벌통 구조 속에 깃든 벌의 지성에 대한 이해가 더욱 깊어졌다. 입구 근처에 있는 벌통 바닥을 따라 지어진 작은 방들은 봉아를 위한 보금자리의 중심부다. 벌은 이 중심부에서 겨울을 보내는데, 공간이 작을수록 더욱 빽빽하게 모여 따뜻하게 지낼 수 있다. 그곳에서 봉아를 돌보고 기생충을 잡고 최소한 아끼면서 먹이를 먹는다. 봄이 오면 여왕벌은 이 조그만 방에 알을 낳기 시작한다. 그동안 봉군은 저장된 꿀을 먹으며 겨울을 보내기 때문에 핵심부 위쪽 방들은 뚫려 있다. 여왕벌은 이 빈 공간에도 알을 낳는다.

봄이 무르익으면서 봉군은 저장된 벌꿀을 계속 먹어가면서 더 큰 방으로 이동한다. 여왕벌은 그 뒤를 따르며 빈 방에서 알을 놓는다. 개체 수가 늘어나면서 먹이구하기 벌도 많아진다. 먹이가 벌통 속으로 흘러들면 구석진 곳에 쌓아둔다. 늦봄의 봉군 이동을 준비하기 위해 천연 벌통으로 이루어진 봉군은 여행 중에 먹을 양식으로 쓰려고 비어 있는 핵심부에 다시 먹이를 채운다. 이 때문에 여왕벌은 작은 방에 알을 더 이상 낳을 수 없고 또한 남은 벌들이 많은 애벌레들을 돌보도록 내버려둔다. 실제로 이 시기에 여왕벌은 양육 핵심부의 좁은 방에서 알 낳는 일을 본능적으로 꺼린다. 바로 이런 이유로 한 해의 중반 무렵이면 여왕벌이 작은 방 벌통에서 번식을 많이 하지 않는다.

여름 내내 여왕벌은 5.4밀리미터 크기의 개방된 방에서 알 낳기를 좋아한다. 그 후에는 마지막으로 꼭대기에 있는 6밀리미터 크기의 수벌 방에서 알을 낳는다. 커다란 여름 벌은 5.4밀리미터 방에서 부화한다. 이 벌들은 벌통 속 짐꾼으로서 늦여름과 초가을에 몰려드는 먹이를 차곡차곡 모아둔다. 겨울을 대비해 육아실에 먹이를 채우는 등 자원을 모으지만 핵심부는 제외된다. 그곳은 다시 비워진다. 다만 한 해의 마지막 알이 그곳에 놓인다. 가을 벌은 봄 벌과 마찬가지로 다시 작아진다. 영양가 높은 먹이를 공급받는데도 나누어줄 봉아가 매우 적기에 수명이 긴 겨울 벌이 될 수 있다.

계절에 따른 봉군의 생활 주기를 이해하면 큰 방 벌통과 작은 방 벌통이 가진 문제가 드러난다. 큰 방 벌통은 봉아의 핵심부가 제대로 없다. 그 대신 새끼들은 창고 공간에서 길러진다. 당연히 해충이 들러붙는다. 한편, 작은 방 벌통은 봉아의 핵심부 말고는 아무 공간도 없다. 이 때문에 응애 문제는 해소되지만 여왕벌을 혼란에 빠뜨려 여름에 봉군의 개체 수 팽창을 더디게 한다.

만약 머렐이 옳다면 현대 양봉의 기본 축인 받침판은 근본적인 문제를 안고 있다. 요즘은 자연 밀랍보다도 훨씬 저렴한 플라스틱 받침판이 유행이다. 누구나 인정하듯 벌이 싫어하는 것이긴 하지만, 확실히 내구성이 좋긴 하다. 이 받침판을 받아들이도록 벌에게 속임수를 쓸 때도 종종 있다. 하지만 봉군을 하나의 거대한 유기체로 본다면 플라스틱 받침판은 위험한 발상의 산물이다. 밀랍은 벌의 몸에서 생긴다. 따라서 사람의 머리카락이나 손톱처럼 살아 있는 봉군의 일부다. 벌집은 봉군의 뼈대다. 뼈대를 사각형으로 바꾸고 우리 필요에 맞게 손질하여 플라스틱 판을 덧대어놓고서 어떻게 벌이 몰락하지 않기를 바랄 수 있는가?

대안적인 벌통에 대해서도 논란이 있기에 본문에 넣기보다는 관련 정보를 부록에 실었음을 밝혀둔다. 큰 방 벌통이 자연스럽지 않다거나 천연 벌통이 문제를 해결한다고 믿는 양봉가는 소수일 뿐이다. 천연 벌통은 내구성이 강하지 않아 지게차나 산업용 벌꿀 채취기를 사용할 수 없다. 재래식 도구에 수십만 달러를 투자한 대규모 양봉가는 어쩔 수 없이 그런 장치를 쓸 수밖에 없다. 천연 벌통 혁명이 농업을 구해내지는 못할 것이다.

하지만 취미 양봉가들을 되살려낼 수는 있다. 데니스 머렐에게 조언을 구하러 찾아가는 젊은 양봉가들이 많이 있다. 유기농 농사를 짓는 새로운 세대와 마찬가지로 이들은 새로운 발상과 독창적인 해결책에 열려 있으므로 자연의 이치를 더 잘 따를 수 있다. 머렐은 이 젊은이들에게 무슨 말을 할까? "벌이 알아서 하도록 놓아두라"가 그의 답이다. 그럴 수 있다면 우리와 벌의 오랜 인연을 결국에는 되살릴 수 있을지도 모른다.

부록 2
벌 기르기

여러분이 이 책을 읽고 나서 벌통을 처음으로 구해볼 생각이 간절해
진다면 나로서는 기쁘기 그지없다. 실제로 나도 그랬기에, 초심자이
긴 해도 우리는 한 배를 타고 가는 셈이다. 벌 기르기는 이상적이며
삶을 아름답게 만드는 취미다. 한번쯤은 그런 생각이 들기도 하듯이,
만약 시골과 교외의 집집마다 (심지어 몇몇 도시의 주택에서도) 벌을 직접
기른다면 우리는 현재의 가루받이 위기에 중요한 역할을 할 수 있다.
채소밭의 생산성을 높이며 새로운 자세를 갖게 될 것이다. 벌을 무서
워하지 않고 이들이 우리 삶에 끼치는 영향을 아는 사람들은 더 나은
길을 찾을 것이다.

　　몇백 달러를 마련해 벌과 양봉 도구를 살 준비를 갖추도록 하자.
가장 큰 양봉 도구 공급사 중 하나인 베터비(www.betterbee.com)는 벌통,
얼굴 가리개, 장갑, 훈연기 등 벌을 제외한 모든 것이 들어 있는 입문
자용 키트를 약 230달러에 판다. 벌은 벌통 핵당 80~150달러 정도 들
지만 벌통 핵의 틀 수와 벌 상태에 따라 값이 달라진다. 꽤 돈이 드는
취미지만, 계속 길러보면 헐값이나 다름없다. 살아 있는 생명체와 교

　　　　　　　　　　꿀벌 없는 세상, 결실 없는 가을

감을 나누고 땅을 전혀 새로운 관점에서 보는 즐거움을 얻기 때문이다. 아주 좁은 땅에서도 양봉은 가능하다.

그렇다고 가벼운 마음으로만 양봉을 시작하지는 말자. 시간적·정신적으로 에너지가 많이 드는 진지한 일이다. 벌은 죽는다. 그에 관한 온갖 이유는 앞서 설명했다. 게다가 덜 불가사의한 이유도 많다. 내가 아는 양봉가 가운데 곰 때문에 벌을 잃은 사람도 놀랄 만큼 많다. 양봉가 모임에 가서 사람들이 내놓는 아이디어와 해결책을 듣고 있으면 즐겁다. 철조망 울타리? 너무 약한걸. 전기 울타리? 곰이 쉽게 넘어올 수 있지. 못이 뾰족하게 박힌 베니어합판? 글쎄, 어쩌면.

벌은 특히 초보자들 손에 잘 죽는다. 나는 애초에 기대 수준을 낮게 잡았기에 응애에 저항력이 있으면서도 이미 미기후(微氣候)에 적응된 벌을 구하려고 애썼다. 여러분도 그러기를 바란다. 여러분이 사는 지역의 벌을 구하기 바란다.

그래도 수만 가지 문제가 생길 수 있으니 벌을 기르려면 전문가의 조언이 필요하다. 책에서도 어느 정도 얻을 수 있다. 1877년 출간된 이래 현재 41판이 나온 양봉업의 바이블은 930쪽에 달하는 《양봉의 ABC와 XYZ(ABC & XYZ of Bee Culture)》다. 이 책은 www.beeculture.com에서 주문할 수 있다. 이 사이트는 공급 도서 목록뿐 아니라 권위 있는 양대 양봉잡지 중 하나인 〈비 컬처〉 구독 기회도 제공한다.(개인적으로 이 잡지의 원래 옛 이름인 〈클리닝 인 비 컬처(Cleaning in Bee Culture)〉를 계속 썼으면 좋겠다.) 더 작고 간략한 안내서로 〈비 컬처〉의 편집자인 킴 플로툼(Kim Flottum)이 쓴 책 《뒷마당 양봉(Backyard Beekeeping)》이 있다. 유기농 양봉을 계획하고 있다면 로스 콘래드(Ross Conrad)가 쓴 상세하고 사려 깊은 책으로서 2007년에 출간된《천연 양봉: 현대 양봉업의 유기농 방안(Natural Beekeeping: Organic Approaches to Modern Apiculture)》을 적극 권한다. 양봉업계의 발전 사항을 따라가려면 〈아메리칸 비 저널〉은 귀중한 잡지다. 모든 주제마다 내가 이해한 양봉의 근본 원리를 뒤집는 기사들이 실려 있다. 벌에 관한 모든 정보와 더불어 그런 내용은 www.dadant.com에 나와 있다.

책이나 잡지보다 더 나은 것이 양봉 모임이다. 모임에 나가면 많은 양봉의 대가로부터 원하는 질문에 대한 조언을 흔쾌히 얻을 수 있다. www.beesource.com에 가면 각 주별로 정리된 미국 양봉협회 목록이 나와 있다.

만약 커크 웹스터의 러시아 벌에 특히 관심이 간다면 당장 신청하기 바란다. 그가 키우는 벌은 판매일보다 1년 일찍 주문이 완료된다. 벌을 데려오려면 5월까지 기다려야 한다. 그런 다음 마당에 러시아 벌통 핵이 몇 개 있다고 말하면 사람들은 깜짝 놀랄 것이다. 주소와 전화번호는 다음과 같다. Champlain Valley Bees and Queens, Box 381, Middlebury, VT 05753, 802-758-2501.

천연 벌통을 짓고 싶다면 www.bwrangler.com에서 데니스 머렐이 많은 조언을 해줄 것이다.

마지막으로 지금 당장은 벌통을 키울 수 없지만 꿀벌이 현재 위기에서 벗어나길 원한다면 프로젝트 아피스(Project Apis)라는 비영리단체에 기부하면 된다. 이곳은 꿀벌의 건강 증진을 위한 연구에 자금을 모으는 단체로서 홈페이지 주소는 www.projectapism.org다.

부록 3
꽃과 곤충이 어울려 사는 정원 가꾸기

우리는 은연중에 사람이 사는 곳과 야생 지역을 엄격하게 구분하는 습성이 있다. 사람은 도시, 마을, 그리고 교외에 살고 야생 동식물은 국립수목원에 산다는 식이다. 이들을 보고 싶으면 국립공원에 가야 한다고 여긴다. 하지만 실제로는 전혀 그렇지 않다. 사람 사는 집 정원에 사슴이 들어와 어지럽히는 경우도 있다. 분명한 경계선은 지도 상에나 존재한다. 실제로는 야생 환경과 인간이 사는 지역이 깍지 낀 손처럼 서로 얽혀 있기에 자연을 몸소 체험할 기회는 많다. 자연을 대하는 자세를 바꾸고 사자, 호랑이, 곰처럼 '무시무시한 큰 짐승'만 염두에 두는 습관을 버리기만 하면 값진 체험을 할 수 있다. 박각시나방은 회색 곰만큼이나 야생성이지만 기르기에는 훨씬 안전하다.

마당에 꽃 가루받이를 해줄 곤충들을 두면 야생과 인간이 서로 만날 수 있다. 야생을 바로 문 앞에 데려오는 것이다. 꽃 속에서 벌에 쏘이는 경우는 거의 없기에 가족 모두가 야생을 감상하고 교감을 맺을 수 있을 뿐 아니라 세상을 조금이나마 바꿀 수 있다. 자그마한 정원이 위기에 빠진 곤충들을 구해내진 못하겠지만 어려운 시기를 대비해 요긴한 비상식량을 마련해줄 수는 있다. 이웃들에게도 권하면 여러분이 사는 지역을 실세로 자연 보존 구역으로 변모시킬 수도 있다. 마침 골프 코스, 대학 캠퍼스, 심지어 도로 주변처럼 넓은 땅에서 일하는 사람이면 꽃을 가루받이할 곤충들의 서식지를 가꾸는 소중한 기회를 얻을 수 있다.

모든 식물이 평등하게 창조되지는 않았다. 꽃꿀이나 꽃가루를 비교적 더 많이 내놓는 식물이 있다. 어떤 식물은 특정 종에게만 매력을 주기에 누구나 흥미로워할 만한 식물들을 두루 갖추는 편이 좋다. 처음 시작할 때 도움이 될 10가지 정보를 준비해보았다.

- '장식용' 꽃은 피한다. 이중접시꽃과 해바라기 같은 현대적이고 화려한 꽃들은 꽃꿀이나 꽃가루가 없다. 이들은 화사한 겉모양을 감상하려고 기르는 꽃들로서 꽃의 본래 역할을 잃어버렸기에 인공적인 음식만큼이나 유익하지 못하다. 이 꽃들은 실제로 유용한 꽃에게서 곤충들을 쫓아낸다. 튤립, 샐비어, 팬지, 라일락, 백일홍 등은 곤충들에게는 거의 아무런 쓸모가 없다. 이 장의 끝에 곤충에게 쓸모 있는 식물들을 실어놓았다.
- 토박이 종을 심는다. 토박이 종이 아니어도 영양 성분이 많은 꽃이 있긴 하지만, 다 그렇지는 않다. 토박이 종으로 심어야 곤충들의 먹을거리가 정원에 가득 한다. 그렇지 않은 꽃들은 더 이상 생존하시 못한다. 평균적으로 토박이 꽃들은 그렇지 않은 꽃들에 비해 곤충들을 4배 이상 끌어들인다. 어떤 지역은 토종 식물 협회에서 토종

식물 목록을 구할 수 있고 종묘장에서도 종종 얻을 수 있다. 기초적인 것은 이 부록 끝부분에 있는 자료를 활용할 수도 있다.

- **습지에 피는 꽃처럼 생각한다.** 오랜 세월 동안 습지에 피는 꽃들은 서로 협력하여 가루받이를 도와줄 동물들을 건강하게 만드는 쪽으로 진화했다. 이 꽃들은 짧은 시기에 한꺼번에 피지 않는다. 대신 꾸준히 꽃을 피우는데, 한두 종이 1~2주씩 돌아가며 꽃을 피다가 다른 종에 바통을 넘겨준다. 이런 방식으로 세 계절 동안 꾸준하게 먹이를 제공해준다. 꽃 피는 철이 길어지도록 정원을 설계하면 당신 눈도 즐겁고 근처에 사는 곤충들의 입도 즐겁다.
- **여러 꽃을 섞어 심는다.** 꽃 가루받이를 돕는 곤충들은 대부분 필요한 영양분을 완벽하게 얻기 위해서 한 종류 이상의 꽃을 찾는다. 다양한 색깔, 모양, 유형의 꽃을 함께 심어야 만찬을 흡족하게 즐길 수 있다.
- **크기가 중요하다.** 가루받이 매개 곤충들은 대부분 멀리서 꽃을 포착하기 때문에 단색의 큰 꽃잎이 눈에 띌 확률이 크다. 여러 색이 섞인 꽃잎은 주목을 받지 못한다.
- **먹이에 약을 치지 않는다.** 어떤 종류든 화학약품은 정원에서 멀리하도록 한다. 살충제, 곰팡이 제거제, 제초제 따위가 비록 한 대상만 죽인다 해도 나머지까지 모두 죽을 수 있다. 어떤 종류라도 잔디 관리 제품은 흙 속으로 스며들기에 잔디밭을 쑥대밭으로 만들 수 있다. 인공적으로 다듬어진 잔디밭은 생태학적으로 볼 때 불모지나 마찬가지다.
- **보금자리를 마련해준다.** 가루받이 매개 곤충들은 먹이만으로 살지

는 않는다. 보금자리도 필요하다. 전반적으로, 적절한 보금자리는 먹이보다 더 찾기 어려운 실정이다. 물론 여러분이 도움을 줄 수 있다. 정원을 단지 가루받이 매개 곤충들을 위한 식당으로 여기지 말고 전체적으로 계획된 마을로 여겨야 한다. 골프 카트 같은 것이 일체 없는, 오로지 곤충들만을 위한 마을로 가꾸어보자. 야생벌의 약 3분의 1은 나무 속에 보금자리를 짓기에, 나무상자에 구멍을 뚫어서 벌을 위한 콘도를 마련해주면 좋다. 건조하지 않도록 지붕을 덮은 다음 나뭇가지나 푯말에 고정시키면 된다. 이 장 끝부분에는 벌이 살아갈 나무상자(종묘장과 정원 가꾸기 센터에서 구입할 수도 있음)를 만드는 방법이 나오는 웹사이트 주소가 실려 있다. 더 좋은 방법은 자연의 콘도인 죽은 나무의 가치를 새롭게 인식하는 것이다. 죽은 나무를 세워두면 생태계의 훌륭한 일원이 된다. 벌, 딱정벌레, 애벌레, 박쥐, 새 등의 보금자리로서 안성맞춤이다.

- 있는 그대로 둔다. 벌 종 가운데 3분의 2는 오래된 구덩이나 움푹 팬 땅에 집을 짓는다. 이들에게 물이 잘 빠지고 흙이 드러난 조그만 땅을 허락해주되 가급적이면 따뜻하게 지낼 수 있는 남향이 좋다.

- 풀숲을 택한다. 뒤영벌을 비롯한 여러 곤충들은 종종 키가 큰 풀숲 속에 보금자리를 마련한다. 여러 종의 나방, 나비, 벌, 그리고 딱정벌레는 식물 줄기 속에서 겨울을 보낸다. 1년에 여러 차례 풀을 깎아내면 이런 보금자리들이 모두 사라진다. 구역을 나누어 순차적으로 풀을 벰으로써 늘 훼손되지 않는 부분이 남아 있도록 한다.

- 새끼를 염두에 둔다. 벌은 새끼에게 먹이를 주지만 대부분의 다른 가루받이 매개 곤충들은 그렇지 않다. 나비나 나방이 많이 날아들

꿀벌 없는 세상, 결실 없는 가을

도록 정원을 가꾸면 새끼 벌의 먹이인 송충이도 제공되는 셈이다. 예를 들면 유액 분비 식물의 잎은 제주왕나비의 송충이에게 꼭 필요한 먹이가 된다.

더 자 세 한 정 보

크세르세스 협회(Xerces Society)

www.xerces.org

503-232-6639

미국에서 처음으로 멸종한 나비인 크세르세스 블루의 이름을 딴 크세르세스 협회는 무척추동물을 보존하는 데 헌신하는 단체다. 이 협회에서 운영하는 멋진 웹사이트에서는 기존에 발표된 많은 자료를 피디에프(pdf) 파일 형태로 내려받을 수 있다. *Farming for Bees: Guidelines for Providing Native Bee Habitat on Farms, Pollinator-Frienddly Parks: How to Enhance Parks and Greenspaces for Native Pollinator Insects, Making Room for Native Pollinators: How to Create Habitat for Pollinator Insects on Golf Courses, Pollinators in Natural Areas: A Prime for Habitat Management.* 또한 이 협회가 펴낸 아름다운 책인 *Pollinator Conservation Handbook*도 주문할 수 있다. 이 책은 나비가 깃든 정원 가꾸기를 꿈꾸는 개인이나 학자 모두에게 이상적인 종합 설명서다.

폴리네이터 파트너십

www.pollinator.org

이 정보 사이트에는 가루받이 매개 동물에 관한 온갖 정보가 연결되어 있다. "How to Build a Pollinator Garden"에서부터 벌에게 인기 있는 토종 식물 목록과 벌통 제작 매뉴얼까지 다양하다.

자연 속의 보금자리 일구기

더그 탤레미가 2008년 출간한 《자연 속의 보금자리 일구기(Bringing Nature Home)》에는 식물과 곤충 및 여러 야생 생명체들의 상호 관련성을 보여주는 자세한 '먹이그물'이 소개되어 있다. 또한 땅에서 야생의 생명력을 극대화시키는 방법도 나와 있다.

토종벌에 인기 있는 식물 목록

속(屬)명	일반명	비고
Abelia	댕강나무	
Acacia	아카시아	
Acer	단풍나무	
Achillea	서양톱풀	A. millefolium 잡초성
Acontium	투구꽃	
Agastache	히솝풀	
Ajuga	카펫 뷰글(carpet bugle)	
Althea	접시꽃	겹꽃 제외
Allium	파속 식물	
Amelanchier	채진목속 식물	
Anchusa	야생 물망초	
Anethum	딜(dill)	

속(屬)명	일반명	비고
Aquilegia	참매발톱꽃	겹꽃 제외
Arctostaphylos	만자니타(manzanita)	
Argemone	가시양귀비	
Armeria	시 스리프트(sea thrift)	
Aster	쑥부쟁이	겹꽃 제외
Astragalus	로코초(草)	
Baileya	사막 금잔화	
Baptisia	폴스 인디고(false indigo)	
Berberis	매자나무	
Borago	보리지	
Brassica	겨자	*B. kaber* 및 *B. nigra* 잡초성
Calamintha	캐러민트(calamint)	
Callirhoe	와인컵(wine cup),	
	파피맬로우(poppy mallow)	
Calluna	헤더	
Camissonia	캐미소니아(camissonia)	
Campanula	초롱꽃	
Caragena	시베리안 피시럽(Siberian peashrub)	
Carpobrotus	채송화	일부는 잡초성
Carthamnus	잇꽃	
Caryopteris	층꽃풀	
Cassia	센나(senna)	
Ceanothus	백브러시(backbrush)	
Centaurea	배첼러 버튼(bachelor's button),	겹꽃 제외, 일부 잡초성
	수레국화	
Cerastium	스노우인섬머(snow-in-summer)	별꽃을 싫어함
Cercidium	팔로 베르데(palo verde)	
Cercis	박태기나무	
Cercocarpus	마운틴 마호가니	
Chaenomeles	명자나무	

속(屬)명	일반명	비고
Chilopsis	사막 버드나무	
Chrysanthemum	국화	홑꽃
Chrysothamnus	래빗 브러시(rabbit brush)	
Citrullus	수박	
Citrus	포도, 오렌지, 레몬	
Coronilla	황금싸리	
Cucurbita	스쿼시(squash), 호리병, 호박	
Clarkia	클라키어(clarkia)	겹꽃 제외
Cosmos	코스모스	
Coriandrum	고수풀	
Coreopsis	큰금계국	
Cuphea	폴스 헤더(false heather)	*C. hyssopifolia*
Cydonia	모과나무	
Cynara	아티초크(artichoke), 카르둔(cardoon)	
Cynoglossum	나래지치	
Daucus	당근	일부 잡초성
Delphinium	참제비꽃깔	겹꽃 제외
Digitalis	디기탈리스	
Echinacea	루드베키아	
Echium	프라이드 오브 마데이라 (pride of Madeira)	*E. fastuosum*
Erigeron	개망초	
Eriodictyon	산타풀	
Eriogonum	야생 메밀	
Eryngium	에링고(eringo), 코요테 엉겅퀴, 버튼 셀러리(button celery)	
Erysimum	계란풀	
Eupatorium	능솔나불	*E. capillifolium*은 아님
Euphorbia	등대풀	일부 잡초성
Ferocactus	공선인장	

꿀벌 없는 세상, 결실 없는 가을

속(屬)명	일반명	비고
Foeniculum	회향	F. vulgare
Fragaria	딸기	
Fremontodendron	플란넬부시(flannelbush)	
Gaillardia	천인국	겹꽃 제외
Gaura	백접초	
Gentiana	용담	
Geraea	사막 해바라기	
Geum	뱀무	
Gilia	길리아(gilia)	푸른색 또는 보라색
Glycyrrhiza	감초	
Grindelia	검위드(gumweed)	
Hackelia	야생 물망초	
Hedeoma	스위트센트(sweetscent), 목 페니로열(mock pennyroyal)	
Hedysarum	스위트베치(sweet betch), 프렌치 하니수클(French honeysuckle)	
Heleium	스니즈위드(sneezeweed)	
Helianthella	해바라기	
Helianthus	해바라기	겹꽃 제외
Heliotropium	헬리오트로프(heliotrope)	
Hibiscus	무궁화, 접시꽃	겹꽃 제외
Hieracium	조팝나물	
Holodiscus	클리프 스피리어(cliff spirea), 마운틴스프레이(mountainspray)	
Hymenopappus	가짜 코스모스	
Hymenoxys	고산 해바라기	
Hyptis	사막 라벤더	
Ilex	서양호랑가시나무	
Iliamna	산 접시꽃	
Kallstroemia	아리조나 양귀비	

속(屬)명	일반명	비고
Keckiclla	부시 펜스테몬(bush penstemon)	
Lamium	광대수염	*Lamiastrum* 포함
Larrea	크레오소트 부시(creosote bush)	
Lathyrus	에버래스팅 피(everlasting pea)	
Lavendula	라벤더	
Layia	라이아	
Lespedeza	부시 클로버(bush clover)	특히 *L. cuneata*
Lesquerella	블레이더포드(bladderpod)	
Liatris	리아트리스	
Limnanthes	메도우폼(meadowfoam), 프라이드 에그 플라워(fried egg flower)	
Linanthus	산 협죽도	
Linaria	좁은잎해란초	*L. dalmatica*와 *vulgaris*는 잡초성
Linum	아마	
Lotus	벌노랑이, 연꽃	
Lycium	구기자	
Mahonia	뿔남천	
Malus	사과	
Malva	맬로우(mallow)	
Medicago	자주개자리	
Mdlilotus	전동싸리	잡초성일 경우도 있음
Mentha	민트	
Mentzelia	블레이징 스타(blazing star)	
Mertensia	블루벨(bluebell)	
Mimulus	물꽈리아재비	
Monarda	향수박하	붉은색 제외
Myoponum	마이오포룸(myoporum)	*M. laetum*
Nemophila	블루 아이즈(blue eyes)	
Nepeta	개박하	특히 잡종 *N. xfaassenii*

꿀벌 없는 세상, 결실 없는 가을

속(屬)명	일반명	비고
Ocimum	나륵풀	
Oenothera	달맞이꽃	
Opuntia	페어 캑터스(pear cactus)	
Origanum	꽃박하	
Oxydendrum	사우어우드(sourwood)	
Oxytropis	로코초(草)	
Parkinsonia	멕시칸 팔로 베르데	
	(Mexican palo verde)	
Pedicularis	송이풀	
Penstemon	펜스테몬(penstemon)	붉은색 제외, *P. strictus*를 추천함
Perovskia	러시안 세이지(Russian sage),	*P. atriplicifolia*
	필리그란(filigran)	
Petalostemon	프레이리 클로버(prairie clover)	
Phacelia	블루벨, 스콜피온위드(scorpionweed)	
Phyllodoce	마운틴 히스(mountain-heath)	
Physalis	꽈리	
Physocarpus	나인바크(ninebark)	
Physostegia	오비디언트 플랜트(obedient plant)	
Pieris	페터부시(fetterbush)	
Platystemon	크림컵스(creamcups)	
Polemonium	꽃고비	
Pontederia	피커렐위드(pickerelweed)	
Prosopis	메스키트(mesquite)	
Prunella	광대나물	
Prunus	체리, 자두	겹꽃 제외
Psorothamnus	달레아	
Purshia	클리프 로즈(cliff rose)	
Pycnanthmum	마운틴 민트(mountain mint)	
Raphanus	겨자	
Ratibida	멕시칸 햇(Mexican hat)	

속(屬)명	일반명	비고
Rhamnus	갈매나무	
Rhus	옻나무	
Ribes	까치밥나무	
Robinia	블랙 로커스트(black locust)	
Romneya	마틸리야 파피(Matilija poppy)	
Rosa	루고자(rugosa)식 장미 및 들장미	겹꽃 제외, 일부 잡초성
Rosmarinus	로즈마리	
Rubus	나무딸기, 검은딸기, 가시나무	일부 잡초성
Rudbeckia	노랑데이지	
Salix	버드나무	수양버들은 해당 안 됨
Salvia	샐비어	푸른색 또는 보란색
Sambucus	말오줌나무	
Scabiosa	핀쿠션(pincushion) 꽃	겹꽃 제외
Sedum	꿩의비름	
Senecio	금불초	
Sidalcea	체커맬로우(체커맬로우)	
Silybum	큰엉겅퀴	
Solanum	가지	일부 잡초성
Solidago	메역취	
Sphaeralcea	글로버맬로우(globemallow)	
Spiraea	조팝나무	
Stachys	램즈이어(lamb's ear)	
Stanleya	프린스즈플룸(prince's plume)	
Sympytum	나래지치	잡초성일 경우도 있음
Talinum	불꽃화	
Tanacetum	쑥국화	
Tecoma	옐로우 트럼펫 부시 (yellow trumpet bush)	
Teucrium	개곽향	
Thermopsis	폴스 루핀(false lupine),	

꿀벌 없는 세상, 결실 없는 가을

속(屬)명	일반명	비고
	골든 피(golden pea)	
Thymus	백리향	
Tilia	참피나무	
Tithonia	멕시코 해바라기	
Trichostema	블루컬즈(bluecurls)	
Trifolium	클로버	
Vaccinium	블루베리, 크랜베리, 허클베리	산성 토양 필요
Valeriana	쥐오줌풀	
Verbena	버베나(verbena)	붉은색 제외
Verbesina	골든 크라운비어드 (golden crownbeard)	
Veronica	꼬리풀, 눈꼬리풀	
Viburnum	애로우드(arrowood), 스노우볼 부시(snowball bush)	
Vicia	살갈퀴덩쿨	
Viguiera	쇼우이 골든아이 (showy golden-eye)	
Viola	제비꽃	팬지 제외
Wyethia	뮬즈이어(mules ear)	
Zinnia	지니아(zinnia)	겹꽃 제외

출처: 미국 농무부 산하 농업연구소의 로건 벌 실험실

나비 애벌레가 기생하는 식물

미루나무

체리

클로버

회향

벼과(科)식물

층층이부채꽃

자운영

아스클레피아스

쐐기풀

페인트브러시(paintbrush)

파슬리

질경이

자두나무

로즈 윌로우(rose willow)

조팝나무

엉겅퀴

살갈퀴덩쿨

제비꽃

야생당근

나도냉이

출처: 크세르세스 협회

부록 4
벌꿀의 치유력

언젠가《자연 양봉(Natural Beekeeping)》의 저자인 로스 콘래드는 꿀벌의 치유 본성에 관해 이런 멋진 말을 했다. "내가 아는 한, 꿀벌은 생존을 위해 단 한 가지도 해치지 않는 유일한 동물이다. 이들은 식물이 베풀어준 꽃꿀과 꽃가루를 취하여 경이로운 치유 물질인 벌꿀, 밀랍, 벌 꽃가루 등을 만들어낸다. 심지어 쏘는 독마저도 유용할 때가 있다. 치유 능력을 지닌 꿀벌은 지속 가능한 미래의 핵심 역할을 맡으리라고 나는 생각한다."

벌꿀을 얻을 수 있었던 모든 문화는 저마다 그것을 치유 목적으로 활용했다. 고대 힌두, 수메르, 이집트, 중국, 그리스 및 로마의 기록은 모두 벌꿀을 응급치료를 위한 기본 약품으로 여겼다. 직관을 통해 알아낸 사실이었다. 오직 21세기 산업문명 속에 사는 우리들만 인류가 오랫동안 알고 있던 것을 이해하기 위해 과학자가 필요하다.

벌꿀이 약에 혁신을 가져온다거나 꿀벌을 살려야 할 주된 이유가 벌 제품의 의학적 활용인 봉산물 요법(apitherapy) 때문이라고 주장하고 싶지는 않다. 하지만 농업의 건강성과 봉산물 요법 기술의 동반 쇠퇴가 순전히 우연이라고는 생각하지 않는다. 커크 웹스터도 "우리는 생명체를 돌보는 능력을 잃어가고 있다"라고 말한다. 하지만 2008년에 벌꿀 및 인간 건강에 관한 제1차 국제 심포지엄에서 나는 잊힌 봉산물 요법이 되살아날 수 있다는 희망의 신호들을 몇 가지 보았다.

모든 고대 문화에서는 벌꿀을 상처 치료에 활용했다. 1940년에 항생제가 도입되기 전까지는 현대사회에서도 표준적으로 쓰이던 방법이다. 끈적거리는 성질 덕분에 붕대를 감기 전 베인 곳이나 화상에 벌꿀을 바르면 안성맞춤이었다. 이것이 전부가 아니다. 벌꿀은 지구에서 가장 위대한 항균 물질 가운데 하나다. 벌꿀은 세균과 곰팡이, 그리고 여러 미생물을 죽인다.✿ 꿀벌 속에는 여러 가지 무기가 들어 있다. 다른 당 물질처럼 수분 흡수력이 있기에 습기를 빨아들인다. 세균 무리 속에 벌꿀을 투입하면 세균 속 수분을 빨아들인다. 세균은 몸이 오그라들며 죽는다. 수분 흡수를 가까스로 피한 세균이라도 벌꿀의 산성 성질이나 벌꿀이 물을 빨아들일 때 생기는 과산화수소수 때문에 죽는다. 게다가 일부 벌꿀은 이러한 요소로는 설명할 수 없는 불가사의한 항균 작용을 보인다. 뉴질랜드의 마누카 꿀과 호주의 젤리부시 꿀 같은 벌꿀은 세계 시장에서 메디허니(치료용 꿀)로 판매되고 있다. 이 벌꿀은 다른 벌꿀에 비해 항균 능력이 100배나 강하다.

그래서 어떻다는 뜻인가? 벌꿀도 항균 작용이 뛰어나지만 항생제도 마찬가지 아닌가? 맞는 말이긴 하지만, 상처에 바르는 전형적인

✿ 벌꿀은 뛰어난 살정제(殺精劑)이기도 하다. 그렇다고 고대 이집트에서와 같이 벌꿀과 말린 악어 똥을 혼합하여 만든 살정제가 조만간 다시 등장하지는 않을 것이다.

꿀벌 없는 세상, 결실 없는 가을

항생제 연고는 건강한 세포까지 해친다. 한편 벌꿀은 새로 생긴 세포에 영양을 공급하며 원활환 치료에 최적인 촉촉한 환경을 조성한다. 화상 환자를 대상으로 한 연구에서 벌꿀로 치료를 받은 환자 중 87퍼센트는 15일 만에 완전히 회복한 반면 항생제 연고로 치료받은 환자는 10퍼센트만 회복되었다.

그리고 누구나 알듯이 항생제의 효과를 늘 기대할 수는 없다. 항생제에 내성이 생긴 포도상구균 감염이 서구의 병원에 유행하여 해마다 수만 명이 사망한다. 또한 아프리카와 다른 여러 개발도상국에까지 퍼졌다. 하지만 꿀벌은 이런 여러 세균 감염을 멋지게 다스릴 뿐아니라 귀한 항생제에 비해 훨씬 저렴하고 구하기 쉽다. 그래서 요즘에는 벌꿀을 다시 상처 치료에 활용하는 의사들이 꽤 많다.

따라서 나는 앞으로 벌꿀이 의료용으로 본격 활용될 가능성이 크다고 본다. 벌꿀에는 이것 말고도 다음과 같은 흥미로운 점이 몇 가지 있다.

감 기 약

2007년에 FDA는 6세 이하의 아이들에게 감기약을 사용하지 말 것을 권고했다. 제약회사들은 그 권고안에 항의했지만 2세 이하의 아이에게 감기약 및 기침약 사용을 잠정적으로 철회했다. 그래도 아직은 부족한 조치다. 아직은 감기약이 증상을 악화시킨다는 증거가 거의 없다. 하지만 위험성은 다분하다. 매년 약 750명의 아이들이 감기약 때문에 응급실을 찾는다. 1969년 이래 감기약으로 최소한 54명이 죽었

다. 덱스트로메토르판(로비투신을 비롯한 기침 억제제에 대부분 들어 있는 성분)
이 주범이다. 아이들의 몸은 이 성분을 쉽게 대사시킬 수 없다.

만약 한밤중에 아이가 기침을 심하게 하면 어떻게 대처하는가?
떠오르는 방법이 있을 것이다. 펜 스테이트에 있는 과학자들이 알아
낸 바에 의하면, 아이들의 기침을 가라앉히고 잠을 편안하게 자게 하
는 데는 메밀꿀을 단 한 번 먹이는 것이 덱스트로메토르판이나 플라
시보보다 훨씬 더 효과적이라고 한다. 메밀꿀이 선택된 까닭은 여느
벌꿀에 비해서 항산화 성분이 매우 많은 편이기 때문이다. 하지만 과
학자들은 아직도 벌꿀 자체에 있는 항산화·항세균·기관지 강화 기
능 때문인지 모르고 있다.

당뇨병, 비만, 심장 혈관 질환, 그리고 스트레스

다시 말하지만, 벌꿀은 아이들이 더 깊이 잠들도록 해줄 것이다. 스코
틀랜드의 운동 생리학자이자 《동면 다이어트(The Hibernation Diet)》의 저
자인 마이크 매킨스(Mike McInnes)가 이런 의견을 내놓았다. 매킨스는
10년에 걸쳐 글리코겐이 원기를 회복시키는 수면의 질을 높이는 데
어떤 역할을 하는지 연구했다. 원기 회복 수면이란 몸을 치유하며 성
장을 촉진시키는 깊은 잠을 의미한다. 글리코겐은 뇌 활동의 에너지
원이다. 뇌는 항상 지속적으로 영양을 공급받아야 한다. 심지어 수면
중에도 그렇다. 만약 영양분이 바닥나면 뇌세포는 죽기 시작한다. 하
지만 특정한 순간에는 고작 30초 사용 분량만 글리코겐을 공급받는
다. 글리코겐은 간에서 생성되므로 간은 밤낮없이 글리코겐을 뇌로

보낸다. 하지만 간은 단 8시간 사용량만 글리코겐을 저장할 수 있다. 따라서 저녁을 일찍 먹고서 잠들기 전에 아무것도 먹지 않으면 밤새 글리코겐이 바닥난다. 그러면 뇌에 비상이 걸리고 여러 스트레스 호르몬, 특히 코르티솔(cortisol)이 가득 분비된다. 코르티솔은 일종의 경고신호를 보냄으로써 몸에서 근육조직을 태워 뇌에 보낼 글리코겐으로 전환시킨다. 이 덕분에 밤새 뇌가 작동하므로 혼수상태에 빠지지 않는 것이다. 잘된 일이긴 하지만 스트레스 호르몬은 원기 회복 수면을 방해한다. 쉴 새 없이 바쁜 몸은 뼈와 근육을 고치고 면역 세포를 기르거나 여타의 관리 임무(이 모든 활동은 지방을 에너지원으로 삼는다)를 수행하는 대신, 코르티솔에 동력을 받아 "싸울까 말까" 상태로 나머지 밤 시간을 보낸다. 심장박동은 빨라지며 혈액 속의 포도당과 인슐린 수치는 올라간다(일어나지도 않는 활동에 대비하여 에너지원을 공급하기 위해). 또한 지방은 대사 작용 대신에 저장된다. 그 결과로 당뇨, 비만, 심장 질환, 면역력 저하, 노화 촉진 등이 온다.

이런 연쇄반응을 방지하기 위한 열쇠는 자기 전에 뇌에 충분한 영양을 공급하는 것이다. 많은 음식이 필요하지는 않다. 간이 가장 좋아하는 과당과 포도당이 반반씩 들어 있고 대사산물로 작용하는 몇 가지 미네랄이 조금 든 딱 100칼로리의 음식이면 충분하다. 매킨스는 연구 중에 이상적인 음식원을 발견했다. 여러분도 짐작이 갈 것이다. 만약 매킨스가 옳다면 잠자기 전에 한두 숟가락의 벌꿀을 먹으면 깊고 편안한 휴식이 촉진되고 체중 감소와 장기적인 건강이 보장된다. 아이들이라면 학습 능력과 성장이 촉진될 것이다.

너무 근사한 말이어서 어쩐지 사실처럼 들리지 않는다. 하지만 매킨스의 이론은 다른 연구 분야에서도 확인되고 있다. 어떤 벌꿀, 특히 미국 니사나무 벌꿀은 당뇨에 가장 좋은 당분이라고 늘 여겨졌다. 지금은 모두들 이 사실을 알고 있다. 벌꿀은 혈당 지수가 상당히 낮다. 혈당 지수는 섭취한 음식의 탄수화물이 혈당 수치에 미치는 영향을 표시한 값이다. 즉, 당뇨병 환자는 옥수수 시럽이나 설탕보다 꿀을 먹을 때 인슐린을 훨씬 적게 투여받아도 된다는 뜻이다. 뉴질랜드에서 실행된 연구에 따르면, 벌꿀을 먹인 쥐는 자당(蔗糖)이나 무가당을 섭취한 쥐보다 혈당 수치가 낮았다. 또한 체지방 비율이 낮고 체중이 줄었으며 불안 증세가 덜하고 기억력 검사에서 더 높은 성적이 나왔다. 꿀벌 속에 든 특정 성분이 혈액에 매우 좋다는 점은 분명하다. 물론 뇌에도 좋다.

우리 귀를 쫑긋하게 만들 소식이 몇 가지 더 있다. 통구이 소스에 벌꿀을 넣으면 구운 고기의 발암 성분이 억제되었다. 꿀벌에 포함된 천연 염증 예방 성분은 염증성 장 질환 치료제인 프레드니손(prednisone)만큼이나 효과가 크다. 벌꿀을 섭취한 암 환자 중 40퍼센트는 화학요법 후에 면역력 증강을 위해 투여하는 (하루에 수천 달러를 써야 하는) 집락자극인자(colony stimulating factor)가 필요 없었다. 벌꿀은 효과적인 생균제이며 이로 인해 장 속에 유익한 세균이 많이 생긴다(벌의 몸속에서도 똑같은 일이 일어난다).

이 정도면 충분히 이해가 될 것이다. 우리는 블루베리를 풍성하게 수확하는 것보다 벌과 조화를 이루며 살아갈 때 훨씬 큰 이익을 얻는다. 벌꿀의 건강상 혜택에 관한 최신 연구를 지속적으로 알고 싶다

꿀벌 없는 세상, 결실 없는 가을

면 벌꿀과 건강촉진협회 www.prohoneyandhealth.com을 방문하기
바란다. 아울러 이 협회에서는 가능한 한 자연 상태에서 자란 천연 벌
꿀을 통해 모든 연구를 진행했음을 기억하기 바란다. 벌꿀은 활기차
며 살아 있는 음식이다. 따라서 열을 가하면 좋은 성분이 파괴된다.

감사의 말

나는 버몬트 주에 있는 오래된 농가에 산다. 집 주변에는 야생화 밭이 펼쳐져 있고 옹이투성이 사과나무들은 남쪽에 있는 호수를 향해 살짝 기울어져 있다. 샌프란시스코에서 벌을 기르곤 했던 내 친구 카터 스토웰이 어느 날 찾아와서는 주변 풍경을 둘러보더니 이렇게 말했다. "벌통이 있으면 아주 좋겠는걸." 그래서 그해 가을에 뉴햄프셔 주의 한 양봉가에게서 벌통 두 개를 예약해둔 다음 이듬해 봄에 가져올 참이었다. 하지만 이른 봄이어서인지 그 양봉가는 고객들에게 짧은 전자우편을 보냈다. 내용인즉, 올해에는 벌이 없다는 것이었다. 모두 죽었다고 했다. 그래서 그는 돈을 모두 돌려주었다. 나는 벌을 얻지는 못했지만 그 상황에 대해 계속 생각해보았다. 이런 까닭으로 내가 꿀벌 문제에 관심을 갖게 되었으니, 내 친구 카터에게 고마움을 전한다. 카터는 새롭고도, 바라건대 좀 더 성공적인 벌 탐구에 길잡이 역할을 해주었다.

애닉 라파지는 이 계획을 주도하며 책이 나오는 데 핵심적인 역할을 했다. 이 자리를 빌어 감사드린다. 케시 벨덴은 어려운 진행 과

꿀벌 없는 세상, 결실 없는 가을

정에서도 훌륭한 미덕을 보여주었고, 스테파니 에반스는 첫날부터 끝까지 열정적으로 임해주었다. 섬세한 손과 꼼꼼한 눈길로 책을 다듬어준 매리 엘더 제이콥슨에게 감사드리며 미국 니사나무에서 골베리에 이르기까지 해박한 지식을 아낌없이 베풀어준 에릭 제이콥슨에게도 감사드린다.

많은 양봉가와 과학자들이 흔쾌히 시간과 정보를 내주었다. 덕분에 나는 힘겨운 양봉업계의 현실을 소상히 이해할 수 있었다. 몇 시간씩이나 초보적인 질문에 차분히 대답해준 빌 로즈 씨와 커크 웹스터 씨에게 특별한 감사를 전하며 아울러 심오한 통찰력과 관점을 제시해준 제리 헤이스 씨에게도 감사드린다. 양봉업계를 되살릴 사람은 바로 이분들이다.

참고 문헌

01 미국에서 맞는 아침식사

지금 우리가 가루받이 매개 동물에 관해 관심을 갖게 된 데에는 Stephen Buchmann과 Garry Paul Nabhan이 1996년에 발표한 기념비적인 저서인 《The Forgotten Pollinators》의 영향이 크다. 《침묵의 봄》만큼이나 중요한 이 책은 모든 사람들이 읽어보아야 할 저서다. 지난 사반세기 동안 나온 도서 중에서 가장 중요한 책으로 여겨질 것이라고 확신한다.

레이첼 카슨의 인용문은 당연히 《침묵의 봄》에서 나왔다.

Buchmann, Stephen L. and Gary Paul Nabhan. *The Forgotten Pollinators*. Wahington, D.C.: Island Press, 1996.

Carson, Rachel. *Silent Spring*. New York: Houghton Mifflin, 1962.

02 꿀벌은 어떻게 세상을 정복했는가

꿀벌의 의사소통과 피드백 체계에 관한 정보는 Thomas Seeley가 쓴 훌륭한 책인 《The Wisdom of the Hive》(하버드대학 출판부, 1995년)에서 얻었다. 전문 과학서여서 독자들이 가볍게 읽을 책은 아니지만 Seeley의 책에는 정교한 실험과 관찰을 바탕으로 하며 가끔씩은 과학을 뛰어넘는 진지한 열정까지 엿볼 수 있어 흥미로운 점이 많다.

꿀벌의 역사에 관한 뛰어난 안내서로서 내가 참고한 책은 Eva Crane의 《World History of Beekeeping and Honey Hunting》이다. 꿀벌에 관한 기본 내용이 실린 다른 좋은 책으로는 Holley Bishop의 《Robbing the Bees》, Bill Mare의 《Bees Besieged》 그리고 《Natural Beekeeping》을 들 수 있다.

벌 영양에 관한 핵심 정보는 Randy Oliver의 "Fat Bees" 연재 기사에서 얻었다. 이 기사는 〈아메리칸 비 저널〉에 2007년 8월에서 12월까지 연재되었다. Oliver는 캘리포니아의 양봉가로서 놀라운 활기와 열정적인 성격을 지닌 사람이다. 그가 쓴 글은 전부 읽을 가치가 있으며 많은 내용이 그의 웹사이트인 www.scientificbeekeeping.com에 올라와 있다.

Bishop, Holley. *Robbing the Bees: A Biography of Honey.* New York: Free Press, 2005.

Conrad, Ross. *Natural Beekeeping: Organic Approaches to Modern Apiculture.* White River Junction, VT: Chelsea Green, 2007.

Crane, Eva. *World History of Beekeeping and Honey Hunting.* New York: Routledge, 1999.

Lovell, John Harvey. *The Flower and the Bee.* London: Constable, 1919.

Mares, Bill. *Bees Besieged: One Beekeeper's Bittersweet Journey to Understanding.* Medina, OH: A. I. Root, 2005.

McGee, Harold. *On Food and Cooking: The Science and Lore of the Kitchen.* New York: Scribner, 2004. Source of the Washington Irving quote.

Mangum, Wyatt. "Moving Beehives in Times Before Bobcat Loaders, Tractor Trailers, and Pickup Trucks(with Cup Holders)." *American Bee Journal*, February 2008. Quotes M. G. Dadant.

Oliver, Randy. "Fat Bees." Pts. 1-4. *American Bee Journal*, August 2007-December 2007.

Seeley, Thomas D. *The Wisdom of the Hive: The Social Physiology of Honey Bee Colonies.* Cambridge, MA: Harvard University Press, 1995.

University of Illinois at Urbana-Champaign. "Honey Bee Chemoreceptors Found for Smell and Taste." Press release, October 27, 2006.

Wilson, E. O. *Success and Dominance in Ecosystems: The Case of the Social Insects.* Oldendorf/Luge, Germany: Ecology Institute, 1990.

03 붕괴

양봉에 대한 기본 사항, 벌 생리학과 CCD를 비롯한 여러 꿀벌 관련 질병에 관한 매우 귀중한 정보의 출처는 Mid-Atlantic Apiculture Research and Extension Consortium (http://maarec.cas.pus.edu)다. 이곳은 과학자들이 최근에 파악한 CCD 관련 정보가 모인 최상의 종합 정보 사이트다.

Barrionuevo, Alexei. "Honeybees Vanish, Leaving Keepers in Peril." *New York Times*, February 27, 2007.

Boecking, Otto, and Kirsten Traynor. "Varroa Biology and Methods of control." Pt. I. *American Bee Journal*, October 2007.

Chong, Jia-Rui, and Thomas H. Maugh II. "Suddenly, the Bees Are Simply Vanishing." *Los Angeles Times*, June 10. 2007.

Kolbert, Elizabeth. "Stung." *New Yorker*, August 6, 2007.

Laurenson, John. "Plight of France's Honey Bee." BBC News, October 14, 2003.

Pennsylvania State University. "Bee Mites Suppress Bee Immunity, Opens Door for Viruses and Bacteria." Press release, May 18, 2005.

Vidal, John. "Threat to Agriculture as Mystery Killer Wipers Out Honeybee Hives." *Guardian*, April 12, 2007.

04 원인을 찾아서

American Bee Journal. "Questions and Answers About Colony Collapse Disorder and Israeli Acute Paralysis Virus." November 2007.

Cameron, Craig, and Ilan Sela. "Characterization of Bee Viruses and an Investigation of Their Mode of Spread." BRAD US-3205-01R, Final Scientific Report, March 31, 2005.

Chen, Yanping, and Jay Evans. "Historical Presence of Israeli Acute Paralysis Virus in the United State." *American Bee Journal*, December 2007.

Chong, Jia-Rui, and Thomas H. Maugh II. "Experts May Have Found What's Bugging the Bees." *Los Angeles Times*, April 26, 2007.

Christian Newswire. "Missing Bees, Cell Phones and Fulfillment of Bible Prophecy." April 27, 2007. http://christiannewswire.com/news/27552961.html.

Cox-foster, Diana, et al. "A Metagenomic Survey of Microbes in Honey Bee Colony Collapse Disorder." *Science Express*, September 6, 2007.

Dayton, Leigh. "Bee Acquittal Stings Journal." *Australian*, November 21. 2007.

Fischer, James, "A Beekeeper Reads the Paper." *Bee Culture*, September 2007.

Harst, Wolfgang, Jochen Kuhn, and Hermann Stever. "Can Electromagnetic Exposure Cause a Change in Behaviour? Studying Possible Non-Thermal Influences on Honey Bees–An Approach within the Framework of Educational Informatics." *Acta Systemica* 6 (I), 2006.

Hayes, Jerry. "Colony Collapse Disorder: Research Update." *American Bee Journal*, December 2007.

Information Liberation. "No Organic Bee Losses." May 10, 2007. www.informationliberation.com/index.php?id=21912.

Johnson, Chloe. "Widespread Die Off May Be Affecting Area's Bees." *Foster's Daily Democrat*, April 22, 2007.

Milius, Susan. "Not-so-Elementary Bee Mystery." *Science News*, July 28, 2007.

Nikiforuk, Andrew. "Is the Bee Virus Bunk?" *Toronto Globe and Mail*, November 3, 2007.

Oldroyd, Benjamin P. "What's Killing American Honey Bees?" *PLoS Biology*, June 2007.

Oliver, Randy. "The Nosema Twins." Pt. I. *American Bee Journal*, December 2007.

Wall Street Journal. "Bee Mystery: Virus Linked to Colony Deaths." August 6, 2007.

05 서서히 퍼지는 독

Bonmatin, J. M., et al. "Quantification of Imidacloprid Uptake in Maize Crops." *Journal of Agriculture and Food Chemistry* 53(13), 2005.

Bortolotti, Laura, et al. "Effects of Sublethal Imidacloprid Doses on the Homing Rate and Foraging Activity of Honey Bees." *Bulletin of Insectology* 56 (1), 2003.

Chauzat, M. P., et al. "Survey of Pesticide Residues in Pollen Loads Collected by Honey Bees in France." *Journal of Economic Entomology* 99 (2), 2006.

Comité Scientifique et Technique de l'Etude Multifactorielle des Troubles des Abeilles. *Imidaclopride utilisé en enrobage de semences(Gaucho®) et troubles abeilles.* Final report, September 18, 2003.

Cox, Caroline. "Imidacloprid." *Journal of Pesticide Reform* 21(1), Spring 2001.

Fishel, Frederick M. "Pesticide Toxicity Profile: Neonicotinoid Pesticides." University of Florida Extension Service, October 2005.

Frazier, Maryann. "Protecting Honey Bees from Pesticides." *Crop Talk*, May 2007.

Greatti, Moreno, et al. "Presence of the A. I. Imidacloprid on Vegetation Near Corn Fields Sown with Gaucho® Dressed Seeds." *Bulletin of Insectology* 59 (2), 2006.

Maus, Christian M., Gaëlle Curé, and Richard Schmuck. "Safety of Imidacloprid Seed Dresings to Honey Bees." *Bulletin of Insectology* 56 (1), 2003.

Medrzycki, P. et al. "Effects of Imidacloprid Administered in subLethal Doses on Honey Bee Behaviour." *Bulletin of Insectology* 56 (1), 2003.

Newark (NJ) STAR-Ledger. "possible culprit Identified in Decline of Honeybees." May 28, 2007.

Preston, Richard. "A Death in the Forest." *New Yorker*, December 10, 2007.

Ramirex-Romero, Ricardo. "Effects of Cry1Ab Protoxin, Deltamethrin and Imidacloprid on the Foraging Activity and the Learning Performances of the Honeybee *Apis mellifera*, a Comparative Approach." *Apidologie 36*, 2005.

Rortais, A., et al. "Modes of Honeybees Exposure to Systemic Insecticides: Estimated Amounts of Contaminated Pollen and Nectar Consumed by Different Categories of Bees." *Apidologie 36*, 2005.

꿀벌 없는 세상, 결실 없는 가을

Schneider, Franklin. "Buzz Kill." *Washington City Paper*, June 14, 2007.

U.S Environmental Protection Agency. "Reregistration Eligibility Decision for Tau-fluvalinate." September 2005.

06 플로리다, 2007년 11월

Barboza, David. "In China, Farming Fish in Toxic Waters." *New York Times*, December 15, 2007.

Ezenwa, Sylvia. "Contaminated Honey Imports from China: An Ongoing Concern." Pts. 1 and 2. *American Bee Journal*, July 2007 and August 2007.

Lee, Don. "Cleaning Up China's Honey." *Los Angeles Times*, May 3, 2007.

Mckay, Rich. "Beekeepers stung by Imports." *Orlando Sentinel*, July 8, 2000.

Pollan, Michael. "Our Decrepit Food Factories." *New York Times* Magazine, December 16, 2007.

Sanford, Malcolm. "Pollination of citrus by Honeybees." University of Florida Extension Service, 1992.

07 아몬드의 향연

Agnew, Singeli. "The Almond and the Bee." SFGate.com, October 14, 2007.

Almond Board of California. *Almond Industry Position Report*. May 2007.

Blue Diamond. "A Historical Reference of the Almond." www.bludiamond.com/almonds/history.

Burke, Garance. "Beekeepers Get Stung by Hive Heists as California Nut Trees Bloom." *North Country (CA) Times*, March 11, 2008.

Cline, Harry. "Almond Growers Facing Bee Crisis." *Western Farm Press*, May 27, 2005.

McGregor, S. E. *Insect Pollination of Cultivated Crop Plants*. Agricultrue Handbook No. 496. Washington, D.C.: U.S. Government Printing Office, 1976.

Nachbaur, Andy. "SAD and BAD Bees." www.beesource.com, January 1989.

Traynor, Joe. "Improved Pollination Will Improve Yields." *Pacific Nut Producer*, February 2004.

08 신경쇠약 직전의 벌들

아프리카 벌과 작은벌집딱정벌레에 관한 훌륭한 역사 기록은 Bill Mare의 2005년 책인 《Bees Besieged》에서 찾았다. 플로리다 주의 농업 및 소비자 서비스 부에는 이 두 가지 벌에 관한 최신 정보가 실려 있다. www.doacs.state.fl.us/pi.
토비아스 올로프손과 알레얀드라 베스쿠에스가 행한 벌 속 유산균 연구에 관한 정보는 www.prohoney andhealth.com에서 찾을 수 있다.
투손 비 다이어트(Tucson Bee Diet)에 관한 더 자세한 정보는 www.megabeediet.com에서 얻을 수 있다. 랜디 올리버가 쓴 벌 영양 및 비텔로제닌에 관한 기사는 www.scientificbeekeeping.com에서 얻을 수 있다. 벌 영양에 관한 광범위한 연구 방법을 알고 싶으면 Doug Somerville가 2005년에 호주에서 발간한 책인 《Fat Bees, Skinny Bees》를 무료로 다운로드할 수 있다. 주소는 www.rirdc.gov.au/reports/HBE/05-054.pdf.

Ferrari, Thomas. "When Bees Carry Dead Pollen." *Bee Culture*, December 2007.

Llauener, Paul, and Marie-Laure Combes. "French Beekeepers Brace for Asian Sting." Associated Press, April 13, 2007.

Mares, Bill. *Bees Besieged: One Beekeeper's Bittersweet Journey ot Understanding.* Medina, OH:A. I. Root, 2005.

Oliver, Randy. "Fat Bees." Pts. 1 and 2. *American Bee Journal*, August 2007 and September 2007.

Salon.com "Who Killed the Honeybees?" May 29, 2007. Quotes Eric Mussen.

Somerville, doug. *Fat Bees, Skinny Bees.* Barton, Australia: Rural Industries Research and Development Corporation, 2005.

Tingek, Salim, et al. "A New Record of a Parasite of Honey Bees in Sabah, Malaysia, Borneo: An Additional Danger for Worldwide Beekeeping?" *American Bee Journal*, December 2007.

09 회복, 그리고 러시아 벌

Kirk Webster의 기사는 〈아메리칸 비 저널〉에 실린 것으로서 www.dadant.com에 서 읽을 수 있다. Webster에게 처음 관심을 갖게 된 계기는 Bill McKibben 덕분이 었다. Bill은 〈Orion〉지의 206년 7/8월 기사인 "Of Mites and Men"이란 훌륭한 글 을 갖고 있다.

Kirk Webster의 기사는 Albert Howard 경의 저서를 훌륭하게 소개하고 있다. 마이 클 폴란의《잡식동물의 딜레마》에는 더 자세한 소개가 나온다.

러시아 여왕벌 사육 프로젝트의 연대기를 얻으려면 www.ars.usda.gov에 가면 된다.

복원력 운동의 바이블은 Brian Walker와 David Salt가 쓴 《Resilience Thinking》이 다. 복원력에 관한 훌륭한 기사는 Chip Ward의 "Diesel-Driven Bee Slums and Impotent Turkeys: The Case for Resilience"로서 www.TomDispatch.com 2007년 7월 30일자에서 볼 수 있다.

Burley, Lisa Maric. "The Effects of Miticides on the Reproductive Physiology of Honey Bee (*apis mellifera L.*) Queens and drones." Master of science thesis, Virginia Polytechnic Institute, 2007.

Chang, Kenneth. "Mathematics Explains Mysterious Midge Behavior." *New York Times*, March 7, 2008.

Flottum, Kim. "Cold country Queens." *Bee Culture*, December 2007.

Garreau, Joel. "Honey, I'm Gone." *Washington Post*, June 1, 2007. Quotes Barry Lopez.

Harder, Ben. "Powerful Pollinators, Wild Bees May Favor Eco-Farms." *National Geographic news*, October 28, 2004.

Kremen, Claire, et al. "The Area Requirements of an Ecosystem service: Crop Pollination by Native Bee Communities in California." *Ecology Letters* 7, 2004.

McKibben, Bill. "Of Mites and Men." *Orion*, July-August 2006.

North Carolina cooperative Extension Service. "A Comparison of Russian and Italian Honey Bees," May 2005.

Pollan, Michael. *The Omnivore's Dilemma.* New York: Penguin, 2006.

Richard, Freddie-Jeanne, David R. Tarpy, and christina M. Grozinger. "Effects of

Insemination Quantity on Honey Bee Queen Physiology." *PLoS One 2* (10), 2007.

Romanov, Boris, "Russian Bees in USA and Canada." www.beebehavior.com.

Surowiecki, James. "Bonds Unbound." *New Yorker*, February 11 and 18, 2008. He's paraphrasing the sociologist Charles Perrow.

Walker, Brian, and David Salt. *Resilience Thinking: Sustaining Ecosystems and People in a changing World.* Washngton, D.C.: Island Press, 2006.

Ward, Chip. "diesel-Driven Bee Slums and Impotent Turkeys: The Case for Resilience." www. Tomdispatch.com, July 30, 2007.

Webster, Kirk. "A Beekeeping diary." *American Bee Journal*, January-December 2007.

10 아름다운 생명체의 탄생

마이클 폴란의 사상은 이 책의 여러 장에 걸쳐 밑바탕을 이루고 있기에 그의 생각은 이 책을 통해서도 엿볼 수 있다. 그가 쓴 《욕망하는 식물(Botany of Desire)》에서 튤립에 관한 장은 꽃, 아름다움 그리고 욕망에 관한 뛰어난 사색의 결과다. 나는 본 저서를 집필하기 훨씬 이전에 그 책을 읽었지만 그의 생각은 내 머릿속에 깊숙이 자리 잡고 있었음이 분명하다. 각 장 제목을 전부 스스로 떠올렸다고 생각했지만 내 원고를 다시 훑어보면서 《욕망하는 식물》을 다시 읽어보았더니 세상에나 이런 구절이 눈에 들어왔다. "아름다움의 탄생은 인간의 욕망이 생기기 이전 아주 먼 옛날로 거슬러 올라간다. 세상이 온통 잎사귀로만 덮여 있던 그때 최초의 꽃이 피어났다."

벌의 전략과 진화에 관한 아주 즐거운 설명은 Bastiaan Meeuse와 Sean Morris가 쓴 《The Sex Life of Flowers》에 나와 있다. 이 주제를 다룬 훌륭한 책 두 권으로는 Gary Paul Nabhan과 Stephen Buchmann이 쓴 《The Forgotten Pollinators》와 Bernd Heinrich가 쓴 《Bumblebee Economics》를 들 수 있다.

Buchmann, Stephen L., and Gary Paul Nabhan. *The Forgotten Pollinators.*

Washington, D. C.: Island Press, 1996.

Heinrich, Bernd. *Bumblebee Economics*. Cambridge, MA: Harvard University Press, 1979. Heinrich's clover quote can be found here.

Meeuse, Bastiaan, and Sean Morris. *The Sex Life of Flowers*. New York: Facts on File, 1984.

Pollan, Michael. *The Botany of Desire: A Plant's-Eye View of the World*. New York: Random House, 2001.

Raine, Nigel, and Lars Chittka. "The Adaptive Significance of Sensory Bias in a Foraging Context: Floral colour Preferences in the Bumblebee *Bombus terrestris*." www.plosone.org, June 20, 2007.

University of Chicage. "Amino Acids in Nectar Engance Butterfly Fecundity: A Long Awaited Link." Press release, February 23, 2005.

11 결실 없는 가을

가루받이 매개자들이 처한 어려움을 알 수 있는 가장 좋은 문헌은 《The Forgotten Pollinators》이다. 이 책은 1996년에 출간되었기 때문에 최신 정보를 원한다면 Xerces Society(www.xerxes.org)를 참조하기 바란다.

Berenbaum, May. "The Birds and the Bees: How Pollinators Help Maintain Healthy Ecosystems." Written testimony before the Subcommittee on Fisheries, Wildlife and Oceanes, Committee on Natural Resources, U.S. House of Representatives, June 26, 2007.

Biesmeijer, J. C., et al. "Parallel Declines in Pollinators and Insect Pollinated Plants in Britain and the Netherlands." *Science*, July 21, 2006.

Bodin, Madeline. "A Mysterious Nighttime disappearance." *Times Argus*, July 15, 2007.

_____, "The Plight of the Bumblebee." *Times Argus*, August 5, 2007.

Buchmann, Stephen L., and Gary Paul Nabhan. *The Forgotten Pollinators*. Washington,

D.C.: Island Press, 1996.

Goddard Space Flight Center. "Tropical Deforestation Affects US Climate." Press release, September 20, 2005.

Harder, Ben. "Powerful Pollinators, Wild Bees May Favor EcoFarms." National Geographic news, October 28, 2004.

Harrar, Sari. "Bee Crisis." Organic Gardening, November-January 2007-2008.

Klein, Alexandra-Maria, et al. "Importance of Pollinators in Changing Landscapes for World crops." Proceedings of the Royal Society B 274, October 27, 2006.

Levine, Ketzel. "Rock Star Botany 202." NPR. org, January 2, 2008.

Losey, John, and Mace Vaughan. "The Economic Value of ecological Services Provided by Insects." Bioscience, April 2006.

National Research Council. Status of Pollinators in North America. Committee report. Washington, D.C.: National Academies Press, 2007.

Partap, Uma, and Tej Partap. "Declining Apple Production and Worried Himalayan Farmers: Promotion of Honeybees for Pollination." Issues in Mountain Development 1, 2001.

Raver, Anne. "To Feed the Birds, First Feed the Bugs." New York Times, March 6, 2008.

Science Daily. "Flowers' Fragrance Diminished by Air Pollution, Study Indicates." April 11, 2008.

_____, "Wild Bees Make Honybees Better Pollinatiors." September 24, 2006.

Tang, Ya, et al. "Hand Pollination of Pears and Its Implications for Biodiversity Conservation and Envirionmental Protection: A Case Study from Hanyuan County, sichuan Province, China." College of the Environment, Sichuan University, 2003.

Xerces Society. "Bumble Bees in decline." www.xerces.org.bumblebees/index.html.

부록 1 아프리카 벌의 역설

Dennis Murrell이 행한 천연 벌통에 관한 광범위한 연구는 www.brangler.com에

서 얻을 수 있다.

Roubik, David. "The Value of Bees to the Coffee Harvest." *Nature* 417, June 13, 2002.

부록 4 벌꿀의 치유력

부록에 인용된 연구 사례는 대부분 이 책이 출간될 때까지 발표되지 않고 있었다. 업데이트된 내용을 보고 싶으면 www.prohoneyandhealth.com을 참조하기 바란다.

Harris, Gardner. "FDA Panel Urges Ban on Medicine for Child Colds." *New York Times*, October 20, 2007.

McInnes, Mike, and Stuart McInnes. *The Hibernation Diet*. London: souvenir Press, 2006.

Pifer, Jennifer. "child Deaths Lead to FDA Hearing on Cough, Cold Meds." CNN.com, October 17, 2007.

찾아보기

가루받이
　감귤의 - 136
　-를 위한 농부들의 벌 대여 021~
　022
　손 가루받이 252~253
　수박의 - 230
　'윙윙 가루받이' 246~247
　커피의 - 274
　풍매, 바람에 의한 - 15, 236
　현 위기의 예측 033
가우초(이미다클로프리드) 116, 119~
　122, 141
가톨릭교와 꿀벌 23
감귤그린병 145~146, 181
감기약 303~304
개발이 불러온 질병 194
게리 폴 네이번 33
겨울 벌 70~71, 80, 82, 126, 190~
　191, 282
겨울 적응 40~42, 70~71

경고 프로젝트 264
계상 48, 52, 73, 82,
곤충과 식물의 고고학 233~238
골베리 꽃 135, 144, 146, 194, 309
과일 15~18, 22, 24~26, 28~29, 32,
　34, 36~37, 94, 136, 147, 161~
　163, 169, 181, 215, 233, 241, 252,
　254~255, 259, 265, 268
교살무화과 254
국립양봉연구소(이탈리아) 116
군집 붕괴 현상(CCD)
　-과 고과당 옥수수 시럽 식사 88,
　97, 137, 140, 142, 150, 157~159,
　187, 191, 193, 211, 306
　-과 꿀벌 응애 79
　-과 아몬드 가루받이 27, 171, 175
　-과 유기농 양봉가 96, 219
　-과 유전자조작 농산물 92~93
　-과 지구온난화 177, 254
　-과 호주 벌 102~104, 107

꿀벌 없는 세상, 결실 없는 가을

-과 IAPV 100, 102, 104~109, 123, 174, 177, 181, 229

단백질 결핍에서 오는- 190

벌에서 검출된(발견된) 바이러스 85, 177~182

붕괴된 벌통에 방사선 쐬기 98~99, 122~123, 182

펜 스테이트에 있는 과학자들 304

프랑스의 이미다클로프리드 금지 118~120, 122, 141

글로리아 데그란디 호프만 190, 193

글리코겐 304~305

꼭대기 막대 벌통 280~281

꼴을 먹고 자란 소 30

꽃가루

  꽃가루에서 얻은 비텔로제닌 068~069

  모으기 기술 067

  봉아를 위한- 065~068

  새끼 벌을 먹이기 위한- 52

  - 속 이미다클로프리드 116~117

  양육벌을 위해 먹이로 가공하기 067~068

  옥수수- 093

《꽃과 벌》(로벨) 25

꽃꿀

  겨울철 플로리다의- 9~14

  -과 가루받이 매개 49, 272~273

  - 속의 이미다클로프리드 122~125

옥수수 시럽 대- 97

  -을 모으는 과정 37, 46, 54, 57~58

꽃밥 17~18

꽃의 씨방 18~19

꿀

  1832년 꿀 사냥에 관한 어빙의 이야기 23

  금속 용기 오염 156

  꿀의 치유력 305~306

  메밀꿀 304

  오렌지 꽃 벌꿀 135, 146

  인간의 꿀 사냥 35~39

  중국으로부터 미국으로 꿀 수출 151~152

꿀 사냥 23, 35~39

꿀 사냥 그림 035

꿀벌

  -과 비교한 아프리카 벌 272~273

  - 속의 유산균 184~186, 316

  수벌 51~52, 71, 130, 197~200, 209, 218~219, 273, 282

  유타 주의 꿀벌 금지 25

  -의 대인 30·-33, 230~231

  이미다클로프리드의 효과 118~123, 126

  일생(생활) 21, 50~51, 53, 57~58, 69, 94, 179, 189, 192, 194, 198, 205, 212, 256, 272, 282

  지능 20, 50, 57

  토종벌 230, 265~266, 292

꿀벌 먹이 130

꿀벌 사육 유전 생리 연구소(배턴루지) 199~200

꿀벌 스트레스 요인 5, 63, 96, 104, 107, 144, 171, 178~180, 187, 190

꿀벌 응애(varroa mite) 10~11, 14, 77~82, 85, 96~97, 100, 106, 110, 135, 159, 175, 177, 181, 183~184, 188, 199~201, 204~205, 207, 209~210, 213, 215~216, 229, 272, 274~276, 278, 280

 - 살충제와 CCD 097

 -에 대한 러시아 벌의 내성 199~201, 214~215

 -와 벌 크기 275~277

 -와 상호작용하는 바이러스 182~183

 -와 아프리카 벌 274~275

 -와 애벌레의 발육 시기 276~277

 -와 유럽 꿀벌 대 아시아 꿀벌 209~210

 퇴치 080~081

꿀벌보호법(1922) 78, 101

꿀벌의 바이러스 부하 99~105, 107~110, 177~182

꿀잡이새 38

나무이 145, 149

나방 10, 31, 33, 83, 241, 244~245, 253, 262, 264, 266~267, 287, 290

나비 43, 53, 241~142, 239, 244, 263, 266~267, 290~291, 300

나비 보호 단체(영국) 264

난초 241, 247~250

날개기형 바이러스(DWV) 108~109, 123, 183

남아메리카, 남아메리카의 CCD 28, 86, 181, 266, 275

낸시 모런 184

네덜란드 155, 264

노제마 105~106, 109~110, 123, 181, 188, 261

녹슨 쇳조각 뒤영벌 260

농업

  단일경작 취약성 229

  사업적 성향 222~224, 228

  살충제와 양봉가, 그리고 - 115

  살충제 '축적' 129

  상업 양봉가의 은퇴 271

  수박 농장 230

 - 위기 33

  유기농 93, 208, 228, 230~231, 270, 283

  인간의 개입 없는 식량 생산 195

  주택 개발 대 - 145~149

《농업에 관한 고백》(하워드) 208

〈뉴욕 타임스 매거진〉 154

뉴질랜드 49, 302, 306

니사나무 꿀 194, 306

꿀벌 없는 세상, 결실 없는 가을

니코틴 92, 112

다니엘 레이 95
다수의 지혜 58, 71
단백질 19, 52, 65~71, 83, 93, 186~
    193, 233, 241, 236~237, 267
    ＊'비텔로제닌'도 참조
단백질 보충제 193
단백질 셰이크 193
달선인장 244~245
담배 92, 112, 125, 252, 268
당뇨병 190, 306
대기오염과 꽃향기 261~262
대장균 183
《대평원 여행》(어빙) 223
W. 이언 리프킨 박사 99~100, 104
더 빌리지스, 플로리다 주 레이크 카
    운티 146
더그 탤레미 292
데니스 머렐 278~283, 286
데니스 반엔젤스도르프 84~85, 89
데니스 앤더슨 105
데이브 멘더스 123
데이브 엘링턴 87~88, 142
데이브 하켄버그 9~14, 77, 82~86,
    88, 98, 110, 122, 124, 126, 141,
    182, 212
데이비드 루빅 274~275
덱스트로메토르판 304

델라웨어, 위험에 처한 종들 267
《동면 다이어트》(매킨스) 304
두레박난초와 황금벌 249
뒤영벌 31, 33, 41, 231, 236, 239, 243,
    246~247, 260~263, 270, 290
뒤영벌 봉군 붕괴 261
《뒷마당 양봉》(플로툼) 285
딴꽃가루받이 21, 163~164, 167, 240,
    244~245, 249, 257~258, 266
떨림 춤 59, 64

라이언 코진스 171
랜디 올리버 68, 316
러시아 40, 86, 199~201,
러시아 벌 200~206, 214~216, 270,
    286, 317
러시아 여왕벌 사육 프로젝트 317
레이첼 윈프리 265
레이첼 카슨 32~33, 310
레이프 리처드슨 260
로렌조 로레인 랭스트로스 40, 46~
    48, 275~276, 279
로스 콘래드 285, 301
〈로스앤젤레스 타임스〉 97, 155
로열젤리 20, 53, 67~70, 79~80,
    101, 105, 189

마거릿 애투드 34

마누카 꿀 302

마브릭으로 응애 퇴치 81

마이크 매킨스 304~306

마이클 부시 277

마이클 폴란 49, 154, 187, 317, 318

마크 브래디 101, 149, 271

마크 윈스턴 107

말벌 31, 33, 50, 236, 249, 256~259, 263, 266

《망각된 수분 매개 곤충》(부흐만과 네이번) 33

매를라 스피벡 216

머라이언 프레이저 115, 126~127, 129, 218

먹이구하기 벌 53~56, 58~59, 62~68, 70~72, 125, 165, 179, 190, 273, 281

메가비 단백질 보충제 193~195

메디허니(호주의 젤리부시 꿀) 302

메밀꿀 304

메이슨 벌 231

멕시코 159, 254, 263~264, 266, 274

멜라루카 146~149

멜리포나 벌 254

면역 체계 5, 85, 99, 102, 123~124, 178~186, 188, 193

면충(綿蟲) 113~114

모리스 마리 121

목화 11, 14, 30, 169

미 국가과학위원회 259, 263

미국 국방부 74~75

미국 농무부 벌 연구소(메릴랜드 주 벨츠빌) 106

미국 농무부(USDA) 93, 103, 105~106, 190, 199, 299

미국 부저병 177, 184~185

미국 산림청 113

미국꿀생산자협회 101, 103, 149, 271

미국동식물검역소(APHIS) 101~103

미바튼 호수(아이슬란드) 225

미친 벌 질병 → '군집 붕괴 현상'

미 환경 보호국(EPA) 114, 120, 129~130

민들레 239~240, 265

밀랍(꽃꿀) 20, 23, 40~42, 45~47, 52~54, 126, 128, 200, 215, 218, 276, 282, 301

밀랍, 응애 살충제 검출 128, 218

바닐라 꽃(난초과) 247, 254, 263

바람에 의한 가루받이, 풍매 15, 236

바랑크 폰도 동굴(에스파냐 발렌시아) 35~36

바실리우스 투린지엔시스(Bt) 92~93

바이러스 탐색 장치 108

바이엘 사 115~116, 118~119, 121, 125, 127~128

박각시나방 245, 253, 287

박쥐 17, 241, 245~255, 263, 290

박하과 식물 242~243

받침판 276~280, 282

밝기와 벌의 춤 60

밥 케이시 103

방향 찾기 비행 54~56

배리 로페즈 231

백묵병 280

백악기 233, 236

버지니아대학 261

번식 17~19, 24, 28, 32~33, 37, 51,
72, 79~80, 163~164, 167, 183,
185, 187, 202, 204~205, 209~
212, 215~218, 232, 234~235,
252~254, 262, 271~273, 278,
281

벌꿀과 건강촉진협회 307

벌꿀 및 인간 건강에 관한 국제 심포
지엄(2008) 302

벌꿀의 혈당 지수 306

"벌 바이러스, 터무니없는 말일까?"(〈토
론토 글로브〉) 107

벌밥 67, 123, 186

벌새 21, 31, 241, 243~244, 263

벌에 연기 쏘이기 12, 38~39

벌 연구소(아리조나 주 투손) 190, 193

벌 자가면역 장애(BAD) 175

벌집나방 10, 83

벌집딱정벌레 10, 177, 181, 183, 206,
272, 316

《벌집의 지혜》(실리) 58, 61

벌침 없는 벌 263

벌통 확장 93

벌통(벌집)
과 벌떼 71~72, 202~203
꼭대기 막대 벌통 279
받침판과 벌의 크기 276~280, 282
-을 통한 CCD 전파 98
-의 파괴와 절도 166
천연 벌집 280
핵(nuc) 202, 211, 216, 270, 284,
286

베른트 하인리히 41, 247

베터비 284

베트남 메기 154

벨, 호러스, 루엘라 158, 173

벨기에와 프랑스의 야생벌 조사 264

보르네오 181

복원력의 생태 과학 224~231

볼프강 하르스트 91

봉산물 요법 301~302

봉아
-를 위한 벌통 방 42, 277~279,
280, 282~283
-와 벌 환경 288~291
-와 이미다클로프리드 125

봉아 페로몬 66

부저병 177, 184~185

〈북아메리카 가루받이 담당 동물의
현 상태〉(미 국가과학위원회) 263

분봉(分蜂) 71~73

붕괴된 벌통에 방사선 쬐기 98~99, 122~123, 182
브라질 181, 272~274
브라질 고추 9~10, 14, 46, 136, 144, 146~147, 149,
블루베리 15~16, 21, 28, 123, 168, 170, 247, 262~263, 266, 299, 306
〈비 컬처〉 103, 285
비텔로제닌 단백질 68~71, 189~190, 192, 316
빌 로즈 133~150, 158, 171, 182, 191, 309

사과나무 22~23, 27, 32, 56, 253, 308
사우스다코타 27, 137, 140~142, 144
〈사이언스〉 100~105, 109
사회적 곤충 50~51
산란관 256, 258
살충제
　곰팡이 제거제와 상호작용 183
　-로 죽은 벌 114
　벌에 축적된 - 127~129
　- 없이 정원 가꾸기 289
　-와 토종 곤충 032~034
　천연 살충제로서의 Bt 92
　- 혼합 130~131

살충제 혼합 130
새끼 벌 → '봉아'
생존 224~228
샤론 래브추크 96
서부 뒤영벌 260
석탄기 233
설탕 37, 44~45, 54, 61, 65, 67, 74, 116, 192~193, 306
성서로 해석한 CCD 예견 40, 95, 161
세균 79, 92, 97, 100, 108~109, 151, 154~155, 177, 183~187, 302~303, 306
세인트오거스틴, 플로리다 주 023
속씨식물 폭발 236
송충이 266~267, 291
수박 농장 230
수벌 51~52, 71, 130, 197~200, 209, 218~219, 273, 282
스쿼시 벌 29
스트레스 심화성 쇠퇴(SAD) 175~176
스티브 펄만 253
스티븐 부흐만 33
습지 꽃 289
《시녀 이야기》(애투드) 34
시스템 관점 22
시스템 붕괴 028~029
시프로플로삭신 153
식물과 가루받이 동물의 상호부조 251, 254~259
식물과 동물 사이의 동반자 관계

꿀벌 없는 세상, 결실 없는 가을

233~238
식물의 밑씨 18~19, 234
씨앗 16, 30, 65, 114, 116, 120~121,
    141, 246, 253~254, 265

아르헨티나 95, 122, 153, 159
〈아메리칸 비 저널〉 48, 159, 195, 207,
    209, 229, 286
아몬드 15~16, 21, 27~29, 87, 101,
    140, 144, 160~175, 189, 191~
    192, 194, 202, 212, 228~230, 241,
    247, 258, 266
아몬드 가루받이 27, 87, 140, 162,
    170~171, 173, 175, 191~192,
    202, 212
  벌 부족 27, 166, 169, 228
  벌통 대여 168~170, 172
아몬드 숲
  개요 86~88, 160~165
  쇠약한 봉군 거부 140, 170
  -에 날리는 꽃가루 188~190
  -에서 봉군을 잃다 171, 192
  -을 위한 최적의 나무 배치 167
  -의 가치 167~169, 171
  -의 취약성 229
아몬드 위원회 167
아세틸콜린(신경전달물질) 112
아시아 호박벌 181
아프리카 벌 181, 220, 273~275

아플리카 식품 안전 연구소(독일) 153
아피스탄 80~81, 128, 180, 184, 210,
    214, 218
알디카브 123, 146, 181
알레얀드라 베스쿠에스 185, 316
알룰라 꽃 253
알칼리 벌 246
암술머리 018
《양봉의 ABC와 XYZ》 285
애벌레 방의 밀랍 덮개 52
앤디 나쉬바우어 175~176
앤서니 이브스 225~226
앨버트 하워드 경 208, 210
M. G. 데이던트 25, 275, 277
야생벌 24~26, 215, 230, 261, 264,
    266, 290
야생화 꿀 30
《야외 양봉장과 그 관리》(데이던트) 25
양봉 모임 286
양봉가
  -가 되기 위한 조언 284~286
  -와 벌떼 71~72
  -와 아몬드 가루받이 계약 140, 191
양육 일벌 12~13, 52, 63, 67, 69~
    70, 121, 124, 189~191, 193, 277
어린이와 감기약 303
에드(Ed)와 디 러스비(Dee Lusby) 275~
    277
에드워드 홈즈 177
에릭 뮤센 115, 189

에릭 올슨 173

에스파냐 23, 35, 86, 106, 136, 160~161

ADPEN 연구소(플로리다 주 잭슨빌) 153

여왕벌 12, 41, 43~44, 49, 51~53, 57, 68~72, 85, 88, 97~98, 103, 124, 130, 134~135, 137, 141, 143, 165, 178, 193, 197~203, 205, 207, 210~211, 216~220, 224, 261, 269, 272~273, 276, 278, 280~282, 317

여왕벌 교체 203, 217~218

여왕벌 우리(격왕판) 48, 52, 98, 137, 143

여왕벌을 위한 로열젤리 69

여왕벌의 인공수정 219

열대우림 무화과 255~259

열대우림에 사는 파리 29

오렌지 꽃꿀 59~60

옥수수 18, 92~93, 116, 118, 121, 134, 141~142, 149, 187~188, 207, 241

옥수수 시럽
　꿀과 섞어 먹이기 157
　벌에게 먹이기 88, 97, 137, 140, 159, 180, 191, 193

온실 토마토 생산 246

요한계시록 6장 6절, CCD 예언 94~95

요헨 쿤 91~92

《욕망하는 식물》(폴란) 318

우루과이 95~96

워릭 커 272~273

워싱턴 어빙 23

워커 벌꿀 회사 11

원추리 240,

〈월스트리트 저널〉 100

윙윙 가루받이 246~247

유기 인산 살충제 81, 111, 114, 127, 213, 262

유기농 93, 228, 231, 270, 283

유기농 양봉가 96, 219

유럽
　경고 프로젝트 264
　노제마 병원균의 발견 106
　유전자조작 농산물 금지 93
　-의 양봉 22, 27~28, 39~40
　중국 벌꿀의 거부 153

유럽 꿀벌
　-과 노제마 106~107
　-과 아몬드 가루받이 165~166
　-과 이미다클로프리드 113
　바이러스와 살충제 부담 179~182

유사 교미 249

유산균(LAB) 184

유카탄 264

육각형 42, 52, 276

《음식과 요리에 관하여》(맥기) 185

응애 살충제 80, 97

꿀벌 없는 세상, 결실 없는 가을

이동 벌, 꿀벌 21~23

이미다클로프리드

  -가 벌에 미치는 영향 111~112,
    115~121

  -로 인한 면역 체계 파괴 123~124

  미국 산림청의 - 도입 113

  바이엘사 115~116, 118~121, 125,
    127~128

  양봉가와 과학자의 의견 불일치
    182~183

  -의 준치명적 효과 118~119

  캐나다의 - 122~123

이미다클로프리드의 준치명적 효과
    118~119

이스라엘 급성 마비 바이러스(IAPV)
    100, 102, 104~109, 123, 174, 177,
    181, 229

이스라엘 급성 마비 바이러스(IAPV) 발
    견에 대한 언론 보도 102~103

이스라엘 레호브 시 39

E. O. 윌슨 50

이집트 27, 39, 161, 301~302

이탈리아 48~49, 86, 116, 118, 205,
    238

이탈리아 꿀벌 49, 200~203, 205~
    206, 211, 216, 272

인간과 꿀벌의 동반 관계 24, 44, 49

인간과 동물의 관계 19, 213

인간의 스트레스 179

인간의 스트레스 요인 178~179

* '꿀벌 스트레스 요인' 참조

인공수정된 여왕벌 219

인도 35, 39, 157, 208

인도산 벌꿀 유사품 157

일란 셸라 104

일벌

  -과 응애 살충제 218

  꽃가루 모으기 벌 067

  꽃 위치 찾기 위한 의사소통 55~
    56

  먹이구하기 벌 53~56, 58~59,
    62~68, 70~72, 125, 165, 179,
    190, 273, 281

  비텔로제닌 단백질 부족 070

  -의 일생 50~57

일벌의 난소 51

《자연 속의 보금자리 일구기》(탤레미)
    292

자주개자리 25, 29, 141, 153, 216,
    245~246, 266, 296

《잡식동물의 딜레마》(폴란) 187, 317

전자기파 90~92

젖소 28~29, 149

제꽃가루받이 136, 163, 172, 258,
    265, 274

제리 브로멘센크 74, 96, 108, 182

제리 헤이스 77, 82~83, 85, 88, 102,
    115, 123, 130, 177, 309

J. C. 비에스메이저 264

제임스 수로비에츠키 228

제임스 피셔 103, 109

젤리부시 꿀 302

조 트레이너 170, 173

조너선 스위프트 49

존 하비 로벨 25

종자식물(꽃 피우는 식물)

　-과 대기오염 261

　-의 고고학적 역사 233~238

　제꽃가루받이 136, 163, 172, 258,
　265, 274

중국 26, 86, 101, 105, 113, 145, 150~
　159, 161~162, 172, 181, 252,
　268

중국 벌을 위한 페니실린 156

중국 스촨성 252

중국 해산물 156

중국산 꿀 관세 152~154

중국의 수산업 155

중국의 아카시아 나무 156

중앙아메리카 181, 249, 263, 274~
　275

지구온난화와 CCD 177

지뢰 74~75, 96

지혜, -의 정의 49, 57~65, 76, 116,
　221

진홍로벨리아 241, 243

짐나르기 벌 56, 58~59

짝짓기 비행 198~199, 273

찰스 프라즈 206

찰스 윅 108

참매발톱꽃 243, 293

챔플레인 밸리, 버몬트 주 29, 203,
　206~207, 216, 220

천연 벌통 280~281, 283, 286, 320

천연 서식지, 생산성 270

《천연 양봉》(콘래드) 286

체크마이트 81, 128, 180, 184, 210,
　214, 217

초생물종을 이루는 무화과와 무화과
　말벌 259

춤, 의미 60

《침묵의 봄》(카슨) 32~33, 310

침투성 살충제

　네오니코티노이드 111~114, 116,
　124, 126~127, 131

　-를 금지한 프랑스 120

　벌밥 속의 - 123

　피프로닐 121~122

카슈미르 벌 바이러스 109, 178

카카오나무 29

캐나다 28, 86, 94, 104, 107, 122,
　133, 151, 157~159, 262

캘리미르나 258

캘리포니아 21, 27, 86~88, 98, 106,
　136, 140, 149, 160~162, 166~
　167, 169~171, 173, 175~176,

꿀벌 없는 세상, 결실 없는 가을

182, 193, 228, 258, 262, 274, 311
커크 웹스터　195, 201, 203~204,
　206~217, 219~222, 224, 229~
　230, 270, 286, 302, 309
커피콩　16, 28, 275
코노피드 파리　181
코르티솔　305
쿠마포스　81, 128~129, 217~218
크세르세스 협회　291, 300
클레멘타인(만다린)　136
클레어 크레멘　230
클로람페니콜　151~152
클린트 워커　11~12, 14
킴 플로툼　285

타우플루밸리네이트　129
타일로신　186~187
텍사스　11, 14, 87~88, 149, 151, 181~
　182, 219, 266, 274
〈토론토 글로브 앤 메일〉　107
토마토　16, 112, 246~247, 261, 265~
　266
토머스 실리　58, 61, 63, 65
토머스 제퍼슨　23
토머스 페라리　188
토비아스 올로프손　185, 316
토종 가루받이 매개자　231, 264
토종벌　230, 265~266, 292
토종 식물　147, 267, 288~289, 292

톰 런더러　181, 199~201, 219
투손 벌 다이어트　193
트라이아스기　233

파리(fly)　20, 23, 29, 31, 74, 120, 233,
　235, 239, 241, 242, 244, 265
파블로프식 벌 훈련　74
팔메토 꽃　135, 146
8자 춤　55, 59~66, 72~73, 219
패커즈 블렌드　158
펜실베이니아 주립대학　89
편광 필터와 벌의 방향　060
포도상구균 감염, 포도상구균에 대한
　항생제 내성 변종　154, 155, 228,
　303
포식자　256, 263
푸른 과수원 벌　231
퓨마길린　106
프랑스　41, 86, 118~122, 141, 181,
　193, 264
프랑스 과학기술협회　120~121
프랑스 농림부　120~121
프랭클린 뒤영벌　260
프로젝트 아피스　286
프로큐어(곰팡이 제거제)　131
프린스에드워드 섬(PEI) 대학(캐나다)
　122
플로리다
　감귤의 쇠퇴　144~126

감귤 중심지로서 레이크 카운티 135

멜라루카 146~149

퇴직자 주택단지 더 빌리지스 146

＊'데이브 하켄버그' 참조

플로리다의 아팔라치콜라 강 194

플루르퀴놀린 154

플루밸리네이트 80~81, 128~129, 131, 218, 229

피터 맥가우런 105

피페로닐부톡사이드(PBO) 131

피프로닐(침투성 살충제) 121~122

하겐다즈 29

하와이 카우아이 섬 253

하인두샘 67, 79~80

항균 물질 155, 185, 302

항균성 펩티드 109, 183

항생제 96, 151~156, 159, 177, 179~ 180, 184, 186~187, 195, 211~ 212, 228, 302~303

해럴드 맥기 185

핵(nuc) 202, 211, 216, 270, 284, 286

핵심종 254~255

향수박하 꽃 31, 241~243, 296

헴록 나무 113~114

호러스 벨 벌꿀 회사(플로리다 주 드랜드) 158~159, 173

호주

벌꿀 사냥 36

- 벌들의 IAPV 102~105

-에서 꿀벌 응애 미발견 82

-에서 수입된 벌 101, 104~105, 174, 195

-에서 CCD 미발견 103, 107

- 원산인 멜라루카 146~149

- 젤리부시 꿀 302

호주인 107

화상 환자 303

황금벌과 두레박난초 249

황색포도상구균 감염, 포도상구균에 대한 항생제 내성 변종 154

휴대전화 소문 90~93

《흙과 건강》(하워드) 208

흔들기(shaking) 신호 56, 59, 64~65, 67

히말라야 253

꿀벌 없는 세상, 결실 없는 가을